Lindauer Texte

Texte zur psychotherapeutischen Fort- und Weiterbildung

Herausgeber:
P. Buchheim M. Cierpka Th. Seifert

Springer
Berlin
Heidelberg
New York
Barcelona
Budapest
Hongkong
London
Mailand
Paris
Santa Clara
Singapur
Tokio

P. Buchheim M. Cierpka Th. Seifert (Hrsg.)

Teil 1 Sexualität - zwischen Phantasie und Realität

Teil 2 Qualitätssicherung

Unter Mitwirkung von:

W. Berner, C. Buddeberg, I. Eibl-Eibesfeldt, A. Guggenbühl, M. Hauch, K. Heer, V. Kast, B. Kring, W. Lutz, A. Massing, F. Pfäfflin, U. Rauchfleisch, H. Richter-Appelt, H.-G. Wiedemann

Springer

Herausgeber

Prof. Dr. med. Peter Buchheim
Institut und Poliklinik für Psychosomatische Medizin
und Psychotherapie der Technischen Universität München
Klinikum rechts der Isar
Langerstraße 3
81675 München

Prof. Dr. Manfred Cierpka
Georg-August-Universität Göttingen
Abt. Psychosomatik und Psychotherapie
- Schwerpunkt Familientherapie

Humboldtallee 38
D-37073 Göttingen

Dr. Theodor Seifert
Mörikestraße 54
D-71299 Wimsheim

ISSN 1431-5440

ISBN 3-540-62607-7 Springer-Verlag Berlin Heidelberg New York

Die Deutsche Bibliothek - CIP-Einheitsaufnahme beantragt.

Satz: Reproduktionsfertige Vorlagen von den Herausgebern

Herstellung: Druckerei Henrich, Frankfurt a. M.
SPIN: 10548026 26/3134 - 5 4 3 2 1 0 - Gedruckt auf säurefreiem Papier

Vorwort

In diesem Jahr können wir den siebten Band der *Lindauer Texte* vorlegen, der ein Nachlesen der Vorträge der 2. Woche der 46. Lindauer Psychotherapiewochen ermöglicht und einen ausführlichen Beitrag zur Qualitätssicherung in der psychotherapeutischen Fort- und Weiterbildung enthält.

In Teil 1 werden zu dem Leitthema "Sexualität zwischen Phantasie und Realität" neben den psychotherapeutischen Ansätzen der Sexualtherapie in den verschiedensten Aufgabenbereichen, insbesondere die aktuellen Fragen von sexuellem Mißbrauch sowie die Aspekte der geschlechtlichen Identität behandelt. Darüberhinaus geht es um die kulturellen, ethologischen und biologischen Dimensionen der Sexualität.

In Teil 2 beschreiben Mitarbeiter der Forschungsstelle für Pschotherapie Stuttgart Aufbau, Implementierung und Adaptation des mehrstufigen Qualitätssicherungskonzepts der Lindauer Psychotherapiewochen. Das kontinuierliche Erfassen und Einschätzen der Fort- und Weiterbildungsveranstaltungen durch die Teilnehmer wurde in den letzten Jahren weiterentwickelt und optimiert. Anhand der Untersuchungsergebnisse wird dargestellt, wie das Qualitätssicherungskonzept jetzt im Sinne eines modernen Qualitätsmanagements genutzt werden kann.

Wir bedanken uns bei den Autorinnen und Autoren für die gute Zusammenarbeit bei der Bearbeitung des Themas und die hilfreiche Mitwirkung bei der Gestaltung dieses Bandes.

Die Vorträge der 1. Woche werden unter dem Titel "Psychotherapie als Beruf" von P. L. Janssen zu einem späteren Zeitpunkt herausgegeben.

Wiederum gilt unser besonderer Dank Frau Dipl. Psych. Anna Buchheim für die sorgfältige Aufbereitung und redaktionelle Bearbeitung der Texte bis zur druckreifen Herstellung des Bandes. Weiterhin bedanken wir uns sehr herzlich bei Frau Regine Karcher-Reiners für ihre stete Unterstützung bei der redaktionellen Arbeit.

Wir überreichen dieses Buch den Teilnehmerinnen und Teilnehmern der 47. Lindauer Psychotherapiewochen und allen Interessierten, die letztes Jahr nicht in Lindau sein konnten.

April 1997

Peter Buchheim, München
Manfred Cierpka, Göttingen
Theodor Seifert, Wimsheim

Inhaltsverzeichnis

Teil 1 Sexualität - zwischen Phantasie und Realität

Teil 2 Qualitätssicherung

Mitarbeiterverzeichnis

Wolfgang Berner, Prof. Dr. med.
Martinistraße 52, D-20246 Hamburg

Claus Buddeberg, Prof. Dr. med.
Culmannstraße 8, CH-8091 Zürich

Irenäus Eibl-Eibesfeldt, Prof. Dr.
Von-der-Tann-Straße 3-5, D-82346 Andechs

Allan Guggenbühl, Priv.-Doz. Dr. phil.
Effingerstraße 6, CH-3011 Bern

Margret Hauch, Dipl.- Psych.
Martinistraße 52, D-20246 Hamburg

Klaus Heer, Dr. phil.
Hubelmattstraße 23, CH-3007 Bern

Verena Kast, Prof. Dr. phil.
Hirtenstraße 15, CH-9010 St. Gallen

Horst Kächele, Prof. Dr. med.
Am Hochsträß 8, D-89081 Ulm

Brunhilde Kring, M. D.
111 East 210th Street Bronx, New York 10467-2490, USA

Wolfgang Lutz, Dipl. Psych.
Christian-Belser-Straße 79a, D-70597 Stuttgart

Almuth Massing, Dr. med.
Hanssenstraße 6, D-37073 Göttingen

Friedemann Pfäfflin, Prof. Dr. med.
Am Hochsträß 8, D-89081 Ulm

Udo Rauchfleisch, Prof. Dr. rer. nat., Dipl.- Psych.
Psychiatrische Universitätspoliklinik Kantonsspital, CH-4031 Basel

Hertha Richter-Appelt, Priv.- Doz. Dr. med.
Martinistraße 52, D-20246 Hamburg

Hans-Georg Wiedemann, Dr. theol.
Sandträgerweg 101, D-40627 Düsseldorf

Menschliche Sexualität im Spannungsfeld von Dominanz, Unterwerfung und Liebe

Irenäus Eibl-Eibesfeldt

Dominanzstreben und Fürsorglichkeit bilden zwei Eckpfeiler menschlichen Sozialverhaltens. Sie sind fest in unserem stammesgeschichtlichen Erbe verwurzelt und stehen oft miteinander im Widerstreit. Das belastet das Zusammenleben in Familie und Gesellschaft. Das Dominanzstreben ist aggressiv motiviert. Im Wettstreit um begrenzte Ressourcen wie Reviere versuchen Tier und Mensch gleicherweise durch Kämpfen, Drohen oder Bluff ihre Eigeninteressen gegen den Widerstand der Konkurrenten durchzusetzen. Flucht und Unterwerfung sind dem aggressiven Verhalten funktionell zugeordnet, sie bilden ein funktionelles Systemganzes, das man als agonistisches System bezeichnet.

Die innerartliche Aggression ist altes Wirbeltiererbe. Das Sozialverhalten der Reptilien basiert im wesentlichen auf Dominanz und Unterwerfung. Reptilien kennen keine Freundlichkeit. Das fiel mir zum ersten Mal auf, als ich 1954 auf der mittlerweile Geschichte gewordenen, ersten Xarifa-Expedition von Hans Hass auf den Galápagos-Inseln Meerechsen beobachtete. Zu Hunderten bedeckten sie die dunklen Lavafelsen, oft sogar in körperlichem Kontakt miteinander (Abb. 1).

Aber irgendwie befremdete mich ihr Verhalten. Ich hatte bis dahin v. a. mit Vögeln und Säugern gearbeitet, und gegen den Hintergrund der Erfahrungen mit diesen Tieren fiel mir auf: Diese Echsen taten einander nichts Freundliches. Sie leckten einander nicht ab, fütterten einander nicht und erwiesen sich auch sonst keinerlei Zärtlichkeit. Ihr soziales Verhalten beschränkte sich im wesentlichen auf die Verhaltensweisen des Imponierens, Kämpfens und der Unterwerfung.

Zur Paarungszeit grenzen die männlichen Meerechsen kleine Reviere am Ufer ab, wenige Quadratmeter Fels. Dort dulden sie Weibchen. Kommt aber ein anderes Männchen in das Revier, dann droht der Revierinhaber, indem er seinem Gegner die Breitseite zeigt, auf erhobenen Beinen einherstolziert, mit dem Kopf nickt, und das Maul aufreißt, als wollte er beißen. Weicht der Gegner nicht, dann kommt es zum Kampf: Die Gegner stürzen aufeinander los. Aber anstatt ihre Drohung wahrzumachen und den anderen zu beißen, senken sie vor dem Zusammenprall den Kopf, so daß Schädeldach gegen Schädeldach aufeinandertreffen. Und nun beginnt ein Ringkampf, in dessen Verlauf die Gegner einander aus

Leibeskräften drückend vom Platz zu schieben versuchen. Merkt schließlich einer, daß er dem Gegner nicht gewachsen ist, dann unterwirft er sich in Demutsstellung, indem er sich flach vor den Kontrahenten hinlegt. Der stellt daraufhin das Kämpfen ein und wartet in Drohstellung, bis der Besiegte das Feld räumt. Ein Turnierkampf also, nach Regeln, die verhindern, daß Rivalen einander beschädigen (Abb. 2).

Abb. 1. An der Küste der Galápagos-Inseln, wie hier auf der Insel Española findet man gelegentlich große Ansammlungen von Meerechsen. Die Echsen dulden einander, können aber nicht freundlich miteinander umgehen. Ihre sozialen Interaktionen beschränken sich auf Verhaltensweisen der Dominanz und Unterwerfung. (Photo: I. Eibl-Eibesfeldt)

Abb. 2. Kämpfende Meerechsenmännchen.
Oben: Kampf durch Schädeldrücken; *Unten*: Demutsstellung vor dem Sieger: Die sich unterwerfende Echse (rechts) legt sich flach auf den Bauch.

Auch das Paarungsverhalten dieser Echsen spielt sich auf der Ebene des Imponierens und der Unterwerfung ab. Begegnet ein Meerechsenmännchen einem Weibchen, dann zeigt es das sog. Drohimponieren. Auf steifen Beinen hoch stelzend umschreitet das Männchen mit aufgerichtetem Rücken- und Nackenkamm das Weibchen. Es nickt dabei mit dem Kopf, reißt das Maul auf, als wollte es beißen, und zeigt dem Weibchen seine Breitseite. Ist sie paarungswillig, dann unterwirft sie sich, indem sie sich flach auf den Boden legt. Er packt sie dann am Nacken, und die Paarung findet statt. Ist sie nicht paarungswillig, dann läuft sie davon. Einschüchterung und Unterwerfung, Dominanz und Submission kennzeichnen diese Reptilstufe der Sozialität. Von einem Werben kann man eigentlich nicht sprechen. Echsen können zwar ritterlich sein, aber sie kennen keinerlei Freundlichkeit (Eibl-Eibesfeldt 1955, 1970), und sie unterscheiden auch nicht nach dem Grad der Bekanntheit.

Vögel und Säuger verhalten sich da ganz anders. Zwar geben auch hier die Männchen beim Werben durch Imponieren an. Aber darüber hinaus erweisen sie der Umworbenen viele Freundlichkeiten. Ein Kormoran bietet seinem Weibchen Nestmaterial an, eine Seeschwalbe wirbt mit einem Fischchen im Schnabel, und Kolkraben schnäbeln und übertragen dabei manchmal Futter, manchmal beschränken sie sich auf diese Gebärde. Katzen, die miteinander befreundet sind, putzen sich oft mit Hingabe gegenseitig das Fell, und jeder Tierhalter weiß, daß er sich mit vielen Säugetieren anfreunden kann, wenn er sie streichelt und zart mit den Fingern ihr Fell durchkämmt. Vögel und Säuger können zueinander freundlich sein. Wie erwarben sie diese Fähigkeit?

Der Vergleich der Verhaltensweisen des Werbens und anderer, eine Bindung zwischen Tieren herstellender und erhaltender Verhaltensweisen bei Vögeln und Säugern gibt uns Auskunft. Es stellt sich dabei heraus, daß es sich um aus der Mutter-Kind-Beziehung entlehnte Verhaltensweisen handelt. Mit der Entwicklung der individualisierten Brutpflege kam die Freundlichkeit in die Welt! Es entwikkelten sich die mütterlichen Verhaltensweisen der Betreuung wie das Jungefüttern, Wärmen, soziale Körperpflegehandlungen und die Jungenverteidigung, ferner die Motivation zu betreuen und schließlich bei vielen Arten die Fähigkeit, eigene Jungtiere von fremden zu unterscheiden. Als Partnersignale entwickelten sich Kind-Signale, über die mütterliche Fürsorge ausgelöst werden kann. Viele Jungtiere können überdies ihre Mutter erkennen (Eibl-Eibesfeldt 1960; Wickler 1967a).

Damit war ein Instrumentarium zum Freundlichsein vorhanden, das sekundär in den Dienst der Erwachsenenbindung gestellt wurde. Wirbt ein Sperlingsmann um ein Weibchen, dann verhält er sich vor ihr wie ein bettelnder Jungvogel. Er flattert mit den Flügeln, sperrt den Schnabel auf und äußert Bettelrufe, ein starker Appell für das Weibchen, das dadurch seine Scheu überwindet. Die Rollen wechseln; auch Sperlingsweibchen betteln mit infantilen Verhaltensmustern, was Betreuung seitens des Männchens auslöst. Das kann bis zur Fütterung gehen (Abb. 3).

Abb. 3. Beispiele für Brutpflegefüttern (links) und Zärtlichkeitsfüttern (rechts). *Oben*: Seeschwalbe, ihr Junges fütternd und daneben Männchen, ein Weibchen mit einem Fisch umwerbend. *Unten*: Kolkrabe, ein Junges fütternd und Kolkrabenpaar "schnäbelnd".

Oft allerdings bleibt es bei der symbolischen Handlung des Schnäbelns, die auch viele andere Vögel als Ausdruck der Zärtlichkeit kennen. Jeder, der Wellensittiche hält, hat das schon gesehen. Weitere von der Brutpflege abgeleitete, freundliche Verhaltensweisen sind jene der sozialen Gefiederpflege bzw. Fellpflege bei Säugern. An ihren Wangen tragen Wellensittiche ein durch Färbung abgesetztes Feld, ein Signal, mit dem sie zur sozialen Gefiederpflege – dem Kraulen – auffordern können.

Diese primär freundlich stimmenden Verhaltensweisen aus dem Brutpflegebereich konnten aber nicht nur beim Werben, sondern ganz generell zur Stiftung freundlicher Beziehungen und zur Beschwichtigung von Aggressionen eingesetzt werden. Nähert sich ein rangniederer Wolf einem ranghohen, dann stößt er mit seiner Schnauze wie ein futterbettelnder Welpe gegen den Mundwinkel des ranghohen. Unsere Hunde tun das gleiche, wenn sie mit der Schnauze kontaktauffordernd unser Knie bestupsen. Ein Wolf kann auch einen Kampf beenden, indem sich der Unterlegene vor dem Gegner in Demutsstellung auf den Rücken wirft. Das ist die Stellung, in der sich ein Welpe der Mutter zur Säuberung darbietet. Dazu harnt er oft ein klein wenig, was geradezu reflektorisches Sauberlecken auslöst. Auf diese Weise kann eine Auseinandersetzung, die als Kampf begann, sogar freundlich enden. Der Ranghohe leckt den Sich-Unterwerfenden trocken, der beginnt mit dem Schwanz zu wedeln, und was feindselig begann, endet als Spiel. Wenn wir unseren Dackel ausschimpfen, unterwirft er sich ebenso, und er produziert gelegentlich auch sein Angstbächlein, das uns allerdings dann weniger freundlich stimmt, obgleich es freundlich gemeint ist (Abb. 4).

Abb. 4. Infantile Verhaltensweisen als Beschwichtigungsgebärden des Wolfes. *Rechts oben:* Ein rangniederer Wolf unterwirft sich einem ranghohen, indem er sich auf den Rücken wirft, so wie es Welpen tun, wenn sie sich ihrer Mutter zur Säuberung darbieten. *Links unten:* Ein rangniederer Wolf nähert sich einem ranghohen. Mit seiner Schnauze stößt er gegen den Mundwinkel des ranghohen wie ein um Futter bettelnder Welpe.

Mit der Brutpflege kamen aber nicht allein die "Werkzeuge" zum Freundlichsein in die Welt. Bei vielen Vögeln und Säugetieren, die ihre Jungen über einen längeren Zeitraum betreuen, war es wichtig, daß Mutter und Kind einander persönlich erkannten. Mutter und Kind mußten ja genau aufeinander abgestimmt sein, wenn die Aufzucht garantiert sein sollte. Außerdem war es stets wichtig, daß eine Mutter ihr eigenes Junges betreut und damit ihr biologisches Erbe weitergibt. So entwickelte sich die Fähigkeit zur persönlichen Bindung, der Liebe. Sie ist als Liebe zu den Eltern, zum Geschwister, zur Mutter oder dem Vater, zu den Kindern oder zum Freund immer persönlich. Eine anonyme Liebe gibt es nicht.

Persönliche Bindung hemmt außerdem Aggressionen. Auch das ist bereits im Tierreich so. Lachmöwen haben bei der Paarbildung Schwierigkeiten. Beide Geschlechter tragen nämlich mit ihrer schwarzen Gesichtsmaske ständig ein Drohsignal zur Schau. Hat nun ein Männchen ein kleines Brutrevier in einer Lachmöwenkolonie besetzt, dann ruft es nach einem Weibchen. Landet eines bei ihm, dann werden widerstreitende Verhaltenstendenzen wachgerufen. Einerseits will er das Weibchen umwerben, andererseits löst aber die schwarze Gesichtsmaske Aggressionen aus. Oft vertreibt ein Männchen daher sein Weibchen, kaum daß er es herbeirief. Sie kann seine Aggressionen allerdings überwinden, indem sie sich geduckt und wie ein Junges futterbettelnd nähert. Dann überwiegt der aktivierte Bindetrieb, er muß sogar Futter hochwürgen und sie füttern. Beide verfügen in dieser ersten Phase der Paarbildung auch über eine als "headflagging" benannte Beschwichtigungsgebärde. Nachdem sie sich anschauen, wenden sie einander demonstrativ den Hinterkopf zu und verbergen so die schwarze Gesichtsmaske. Kennen die Tiere einander schließlich persönlich, dann bedarf es dieser Freundlichkeiten nicht mehr. Die Vögel können einander voll ins Gesicht sehen. Ihr Verhalten ist durch gegenseitiges Vertrauen gekennzeichnet (Tinbergen 1963) (Abb. 5 nach Tinbergen).

Abb. 5. Lachmöwenweibchen durch kindliches Futterbetteln beschwichtigend.

Wenden wir uns dem Menschen zu, dann werden wir finden, daß er sich für den freundlichen Umgang mit anderen ebenfalls aus der Mutter-Kind-Beziehung entlehnter Verhaltensweisen bedient. Wir umarmen einander bei herzlicher Begrüßung, wir streicheln und kraulen eine uns nahestehende Person, die traurig ist, um sie zu beruhigen, und wir küssen einander als Zeichen der Zuneigung. Der Kuß ist ein ritualisiertes Füttern. Mütter kußfüttern in vielen Kulturen, einst auch bei uns in Europa, ihre Kleinen in der Phase des Abstillens mit Beikost, die sie zuvor zerkauten. Daraus entwickelte sich die freundliche Handlung (Abb. 6 und 7) (Eibl-Eibesfeldt 1970, 1986).

Abb. 6a, b. Zärtliches Kußfüttern zwischen Großmutter und Enkelin bei den Himba (Kaokoland Namibia). (Aus einem 16 mm Film, Photo: I. Eibl-Eibesfeldt)

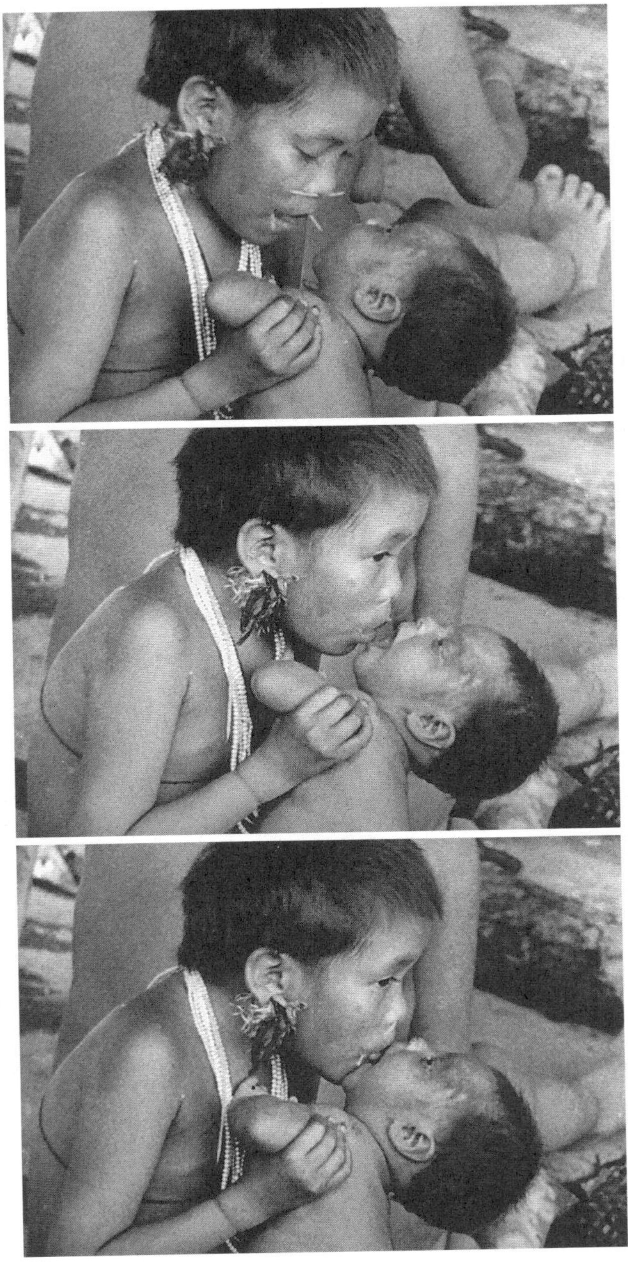

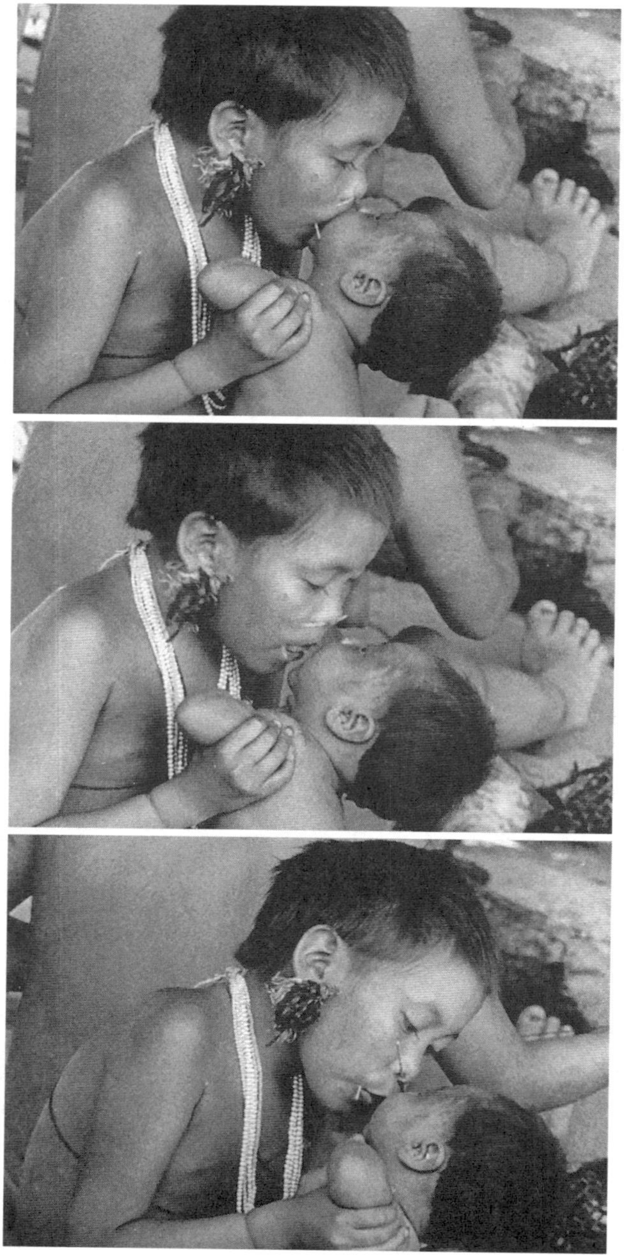

Abb. 7a-f. Zärtliches Kußfüttern zwischen Geschwistern bei den Yanomami, Oberer Orinoko. Die ältere Schwester füttert ihr kleines Geschwisterchen als Geste der Zuwendung mit Speichel und spricht anschließend zärtlich zu ihm.

Übrigens ist das bereits bei Schimpansen so. Schimpansen füttern ihre Kleinen gelegentlich von Mund zu Mund, und wenn sich zwei Freunde begrüßen, umarmen sie einander und pressen die Lippen kurz aufeinander (Goodall 1986). Beim Menschen kleidet sich das Bedürfnis, Freundlichkeit durch Füttern auszudrücken, in eine Vielzahl kultureller Bräuche. Wir bewirten unsere Gäste. Auf Bali werden bei der Reifezeremonie (Initiation) je ein Bursche und ein Mädchen mit einem Schal um den Hals verbunden. Die so symbolisch Vereinten stecken einander Leckerbissen in den Mund. Das soll sie auf die Rolle als künftige Ehepartner vorbereiten (Abb. 8).

Abb. 8. Das gegenseitige Sich-Füttern wird auch in viele Rituale wie hier im Initiationsritual der Balinesen einbezogen und erfährt so mannigfache Ausgestaltung. Im Anschluß an die Zahnfeilzeremonie werden die jungen Initianten paarweise mit einem Schal verbunden. Sie füttern sich dann gegenseitig mit Leckerbissen, eine symbolische Vorbereitung für freundliche Partnerschaft in der Ehe. (Photo: I. Eibl-Eibesfeldt)

Bei höheren Säugern und beim Menschen kam die agonale Sozialität – das Reptilerbe – unter zunehmende Kontrolle der freundlichen, affiliativen Sozialität, die beim Menschen überdies durch die individualisierte Bindung – also Liebe – gekennzeichnet ist. Das Reptilerbe der agonalen Sozialität spielt allerdings auch bei uns Menschen weiterhin eine große Rolle. Männer imponieren nach wie vor, und männliche Dominanz ist in einer bemerkenswerten Weise mit männlicher Sexualität gekoppelt. Amerikanische Untersuchungen ergaben, daß bei Tennisspielern, die einen Sieg errangen, der Bluttestosteronspiegel innerhalb von 24 Stunden steil ansteigt. Der gleiche Hormonmechanismus wird auch bei der geistigen Herausforderung aktiviert: Fallen Medizinstudenten durch, dann sinkt der Bluttestosteronspiegel ab. Bestehen sie die Prüfung, dann steigt er an (Mazur u. Lamb 1980).

In diesem Zusammenhang ist bemerkenswert, daß das archaische Reptilienhirn auch bei uns noch anatomisch und physiologisch nachzuweisen ist (MacLean 1970, 1987). Es befindet sich im Vorderhirn als eine etwa faustgroße Ganglienmasse, die in ihrer inneren Organisation und ihrem Chemismus bestimmten Regionen des Reptilienhirns entspricht. So ist Dopamin, das als Energetikum wirkt, in dieser Region konzentriert. Ihr überlagert sich der alte limbische Kortex, auch Altsäugerhirn genannt, und diesem ist wiederum der Neokortex der höheren Säuger überlagert. Die menschliche Aggression ist in diesem Reptilienhirn verwurzelt, und es besteht eine enge Bindung zwischen ihr und dem sexuellen Verhalten. So wie bei den niederen Wirbeltieren verträgt sich männliche Sexualität mit Aggressionen, nicht aber mit Fluchtbereitschaft, als dessen subjektives Korrelat wir bekanntlich Angst erleben, während die sexuelle Bereitschaft oder Gestimmtheit der Frau durch Aggression unterdrückt wird, nicht aber durch Angst, vorausgesetzt, diese ist nicht zu stark. Dies soll nicht als Plädoyer für Gewalt im sexuellen Bereich mißverstanden werden. Ich weise hier nur auf archaische Wurzeln auch unseres Sexualverhaltens hin, betone aber zugleich und ausdrücklich, daß die geschlechtlichen Beziehungen ohne Zärtlichkeit und Bindung sicher als Devianz oder Aggression aufzufassen sind und als solche nicht befürwortet werden können.

Die Verbindung von männlicher Aggressivität mit Sexualität ist durch eine Fülle von Daten gut dokumentiert (Zillmann 1986), und eine große Anzahl von Untersuchungen an Säugern belegt dasselbe, im Physiologischen wie im Verhaltensbereich. So steigt der Bluttestosteronspiegel bei dominanten Spitzhörnchen (Tupaja) an, und er fällt bei den subdominanten und submissiven, also ganz ähnlich wie bei uns Menschen. Es gibt außerdem bei männlichen Primaten eine ganze Reihe von Dominanzgebärden, die sich vom männlichen Sexualverhalten ableiten. Wenn eine Gruppe von Meerkatzen frißt, dann beobachten wir, daß einige Männchen immer Wache sitzen, und zwar mit dem Rücken zu ihrer Gruppe, wobei sie ihre auffällig gefärbten äußeren Geschlechtsorgane zur Schau stellen. Sie sitzen gewissermaßen als lebende Grenzposten da, und ihr Verhalten richtet sich gegen Artgenossen fremder Gruppen. Kommen diese zu nah heran, dann bekommen die Wachesitzenden oft Erektionen. Es handelt sich um eine ritualisierte Aufreitdrohung (Wickler 1967b). Aufreiten ist ja bei vielen männlichen Säugetieren Ausdruck der Dominanz. Es hat sich in dieser Funktion als Ausdrucksverhalten von seiner ursprünglichen Funktion gewissermaßen emanzipiert. Solche phallischen Imponiergesten sind interessanterweise nicht nur auf die nichtmenschlichen Primaten beschränkt. Sie kommen auch bei uns Menschen vor. Bei einigen Naturvölkern tragen die Männer auffällige Penishülsen, die in gewisser Weise die Männlichkeit unterstreichen, und wenn sie ihre Gegner verspotten, dann lösen sie die Schnur, die die Penisspitze am Körper befestigt, und sie springen auf der Stelle, so daß die Penishülse auffällig auf und ab schwingt. Das haben wir u.a. bei den Eipo in Neuguinea beobachtet. In der gleichen Volksgruppe schnippen auch die Männer mit dem Daumennagel mit einer hinweisenden Gebärde wiederholt gegen die Peniskalebasse, wenn sie über irgend etwas überrascht oder erschrocken sind. Es entsteht dabei ein Klickgeräusch, und durch diese Geste soll wohl eine potentielle Gefahr abgewiesen werden.

Wir finden ferner in vielen Kulturen übelbannende Skulpturen und Malereien, die phallisches Präsentieren in Verbindung mit anderen Drohgebärden darstellen (Eibl-Eibesfeldt u. Sütterlin 1992). Wir finden sie in Afrika, in der neuen Welt, Indonesien und bei uns auf alten Kirchen. Im modernen Japan werden heute noch phallische Amulette vertrieben, die dem Träger Schutz gewähren sollen, z. B. gegen Autounfälle. Schließlich wird beim Menschen phallisches Drohen oft verbalisiert. So, wenn die Araber einem Gegner drohen: "Den Phallus in dein Auge!" Im süditalienischen Raum gibt es auch eine phallische Fingergeste, und ritualisiertes Aufreiten gehört bei uns Menschen noch zur Dominanzbekundung. Der letzte algerische Konsul wurde von den Aufständischen rituell auf diese Weise gedemütigt. In diesem Zusammenhang sind auch die aggressiv motivierten Vergewaltigungsorgien siegreicher Truppen zu deuten. Schließlich wäre noch auf institutionalisierte Formen homosexueller Praktiken hinzuweisen, die bei der Männerinitiation einiger Gesellschaften des melanesischen Bereiches eine große Rolle spielen (Creed 1984). Auf diese Weise festigen die alten Männer symbolisch noch einmal ihre führend dominante Position über die jungen.

Im normalen männlichen Sexualverhalten dürfte eine Dominanzlustkomponente noch eine gewisse Rolle spielen. Sie steht aber normalerweise unter Kontrolle der fürsorglichen Liebessexualität. Entfällt diese, dann führt dies zur Devianz, ja zur Pathologie, wie im Falle des Sadismus, den ich als Form ausufernder sexueller Dominanzlust deute. Man könnte auch von einer partiellen Regression auf Reptilerbe sprechen, nur, Reptilien vergewaltigen nicht! Manche Fälle von Homosexualität und Pädophilie zeichnen sich durch Mangel an Bindung (Liebe) und deutliches Dominanzgebaren aus. Als instinktverunsichertes Wesen ist der Mensch devianzanfällig. Als Gegenstück der männlichen Dominanzsexualität gibt es wohl so etwas wie eine weibliche Submissionssexualität und Submissionslust. Kitzinger (1984) untersuchte die sexuellen Phantasien von Frauen. Angst und Unterwerfung unter Dominanz spielte in diesen eine große Rolle. Kitzinger meint, dies sei ein Spiegel der sozialen Realität unserer Gesellschaft, aber das scheint mir eine zu einfache Deutung. Es gibt noch andere Hinweise dafür, daß es so etwas wie eine weibliche, sexuelle Unterwerfungslust gibt. Stoller (1979) befragte Kleptomaninnen nach deren Motiven. Sie waren eindeutig sexueller Natur. Viele Frauen empfanden beim Stehlen sexuelle Erregung, die sich auf der Flucht bisweilen bis zum Orgasmus steigerte. Auch gibt es bereits bei nichtmenschlichen Primaten vom weiblichen Präsentierverhalten abgeleitete Präsentierbewegungen der Beschwichtigung. Sie wurden bei den Pavianen zum festen Bestandteil des Grußzeremoniells. Sowohl männliche wie weibliche Tiere präsentieren Ranghöheren zur Begrüßung, indem sie ihnen die Kehrseite zuwenden. Ranghohe reiten dann symbolisch kurz auf. Beim Mantelpavian ist die Gesäßregion der männlichen Tiere in einer Mimikry der weiblichen Kehrseite rot gefärbt. Es handelt sich um eine Imitation der weiblichen Auslöser, die wohl dazu dient, die beschwichtigende Wirkung der Geste zu verstärken (Wickler 1967b). Wie gesagt geht es hier nicht mehr um sexuelle Verhaltensweisen, sondern um Grußgebärden, die vom sexuellen Verhalten abgeleitet sind, die uns aber über die enge Verknüpfung zwischen Dominanz und männlichem Sexualverhalten einerseits, und Submission und weiblichem Sexualverhalten andererseits als archaisches Erbanteil im Verhalten der Primaten Aufschluß geben.

Die individualisierte Bindung, durch die Liebe definiert ist, hat ihre hormonale Grundlage. Bei Schafen gehen Mutter und Kind kurz nach der Geburt eine enge Bindung ein. Beläßt man ein Lämmchen für fünf Minuten nach der Geburt bei der Mutter, entfernt man es dann für eine Stunde, und setzt es nach dieser Zeit mit einem gleichaltrigen, fremden Lämmchen der Mutter vor, dann vertreibt diese das fremde und nimmt das eigene Jungtier an. Nimmt man dagegen der Mutter das eigene Lämmchen unmittelbar nach der Geburt weg und erlaubt man erst eine Stunde danach den ersten Kontakt, dann vertreibt die Mutter das Junge. Sie nimmt es nicht mehr als eigenes an. Offenbar beschränkt sich die Bereitschaft, das Junge zu akzeptieren, auf eine kurze, sensible Periode. Und dafür ist das Hormon Oxytocin verantwortlich. Es wird beim Durchtritt durch den Gebärmutterhals ausgeschüttet. Das Hormon wird schnell abgebaut. Man kann nun durch mechanische Ausdehnung des Gebärmutterhalses auch bei Schafen, die noch nie geboren haben, diesen Hormonreflex auslösen. Bietet man ihnen dann sogleich ein neugeborenes Lämmchen an, dann verhalten sie sich wie Mütter. Sie begrüßen es mit Blöken, säubern es, und man kann dann die Versuche machen, die ich gerade schilderte. Entfernt man das Lämmchen für eine Stunde und bietet man es danach mit einem anderen zum Wahlversuch an, dann verhalten sich diese Lämmer so, als hätten sie das Junge zur Welt gebracht, sie akzeptieren es und vertreiben das Fremde. Mittlerweile hat man entdeckt, daß dieses Hormon beim Menschen nicht nur, wie wohlbekannt, bei der Geburt, sondern auch beim Orgasmus der Frau, beim Stillen und bei sexuellen Vorspielen mit der Brust ausgeschieden wird. Beim männlichen Orgasmus kommt es ebenfalls zur Oxytocinausschüttung, aber die ist weniger stark. Mittlerweile hat man zwei nah verwandte amerikanische Wühlmäuse der Gattung Microtus, von denen die eine ehig, die andere promisk ist, auf ihr Paarungsverhalten und ihre Hormone untersucht. Die ehigen Mäuse geraten bei ihrer Erstbegegnung in eine Art Paarungsrausch. Sie paaren sich mehrere Dutzend Male hintereinander und dabei kommt es bei beiden zu massiven Oxytocinausschüttungen. Und damit sind sie schon in der Falle der Verliebtheit gefangen. Sie erweisen sich als unzertrennlich, putzen einander, sitzen beieinander, und wurden die Jungen geboren, dann beteiligt sich das Männchen an der Brutpflege (Winslow et al. 1993).

Freundlichkeit und Liebe wurden damit im Laufe der Evolution zu einem tragenden Element menschlichen Sozialverhaltens, aber auch das Dominanzstreben blieb erhalten, und es handelt sich um eine "Problemanlage", auch wenn sie ihre nützlichen Seiten hat. Der Mensch kann ja seine Emotionalität, in diesem Fall seine Aggression, auch instrumentell einsetzen, etwa zur Bewältigung von Aufgaben und zur Überwindung auch geistiger Hindernisse. Wir verbeißen uns bekanntlich in Aufgaben und attackieren Probleme. Im sozialen Bereich allerdings stört sie insbesondere in der Neuzeit den inneren Frieden ebenso wie den zwischen verschiedenen Menschengruppen.

Mit der individualisierten Brutpflege kam nämlich nicht nur die Fürsorglichkeit in die Welt, sondern auch die Exklusivität, das "Wir und die Anderen". Mütter vertreiben ja bei vielen Arten fremde Artgenossen, was die überlebenswichtige Mutter-Kind-Bindung absichert. Beim Menschen macht sich diese kindliche Fremdenscheu im Alter von sechs bis acht Monaten bemerkbar. Das Kind, das bis dahin jedermann freundlich zulächelte, der sich ihm zuwandte, beginnt von da ab deutlich zwischen ihm bekannten und ihm fremden Personen zu unterscheiden. Fremde Personen lösen ein deutlich ambivalentes Verhalten aus. Verhaltensweisen freundlicher Zuwendung wie das Lächeln wechseln oder mischen sich mit Verhaltensweisen scheuer Abkehr, ja Angst, die sich bis zur Panik steigern kann, wenn der Fremde versucht, körperlichen Kontakt aufzunehmen. Über persönliches Bekanntwerden wird diese Scheu abgebaut. Das Kind bezieht auf diese Weise allmählich die anderen Mitglieder einer lokalen Gruppe quasi in die Familie ein. Eine Kleingruppe ist auf diese Weise quasi-familial verbunden. Sie grenzt sich über die bis ins Erwachsenenalter erhaltene Fremdenscheu von anderen ab.

Über die längste Zeit der Geschichte lebte der Mensch in so sich abgrenzenden und miteinander konkurrierenden Kleingruppen, die sich gelegentlich auch verbünden konnten, aber als politische Einheit in der Regel die Interessen der eigenen Lokalgruppe oft im Kampf mit anderen, ebensolchen vertraten. Das war sicher ein Faktor, der die rasche Evolution des Menschen mit förderte. In der Konkurrenz der Gruppen waren auf lange Sicht jene erfolgreicher, denen es gelang, über besondere Sozialtechniken größere, die Lokalgruppen übergreifende Verbände zu bilden. Denn die waren in der Lage, eine größere Anzahl von wehrkräftigen Männern zu rekrutieren. Die Fähigkeit, größere Verbände zu bilden, basiert ebenfalls auf unserer familialen Veranlagung. Das geht so weit, daß wir über Symbolidentifikation und Indoktrinierung selbst Menschen, die wir gar nicht kennen, zu unseren Brüdern und Schwestern erklären können, wobei wir uns meist auf Abstammung aus einer familialen Wurzel auf die gemeinsame Herkunft berufen. Auch diese Großgruppen grenzen sich von anderen als Völker ethnischer Nationalstaaten oder auch als Föderationen, die mehrere Völkerschaften umfassen, ab.

Auffällig ist die hohe Bereitschaft zur Symbolidentifikation, man denke an die Fahnensymbolik und die damit verbundenen Rituale. Der Mensch scheint um die Zeit der Pubertät in einer Phase der Wertsuche besonders anfällig für solche prägungsähnliche Fixation auf Symbole. Ich vermute, daß hier im Familien- und Kleingruppenkontext entwickelte Prägungsbereitschaften kulturell genützt werden, um die Identifikation mit der Großgruppe zu bekräftigen, eine Notwendigkeit, die sich ja aus der Tatsache ableitet, daß wir von Natur aus Kleingruppenwesen sind. Über die längste Zeit unserer Geschichte lebten ja unsere Vorfahren als altsteinzeitliche Jäger und Sammler in Kleinverbänden, deren Mitglieder einander kannten. Mit Unbekannten auch der gleichen Großgruppe sind wir viel loser verbunden, ja wir scheuen in gewisser Weise den Kontakt, so wie das Kind den Kontakt mit ihm Unbekannten scheut. Aber über Symbole identifizieren wir uns, und es ist auffällig, daß mit solchen Symbolen und dem Absingen von Hymnen eine deutliche kollektive Aggressionsbereitschaft aktiviert wird. Bereits Konrad Lorenz wies auf den "Schauer der Ergriffenheit" hin, den wir empfinden, wenn sich bei solchen Bekundungen kollektiver Solidarität unsere Haaraufrichter kontrahieren, wir also unseren nicht mehr vorhandenen Pelz sträuben. Visuell tritt dies als "Gänsehaut" in Erscheinung. Diese elementaren physiologischen Prozesse bedürften einer näheren Untersuchung. Auf einem von unserer Forschungsstelle organisierten Symposium zum Thema "Ideology, Indoctrination and Warfare" wurde die Problematik aus verschiedenen Gesichtswinkeln besprochen (Eibl-Eibesfeldt u. Salter, im Druck).

Die Anonymität der Großgruppen bedingt, daß dem solidarisierenden Bemühen zum Trotz die Verbundenheit weniger stark ist als in der traditionellen Kleingruppe. In dieser herrschen affiliativ-fürsorgliche Verhaltensmuster vor. Den Profilierungsgelüsten einzelner wirkt in solchen Kleingesellschaften ein starker egalisierender Konformitätsdruck entgegen. Repressive Dominanzbestrebungen werden nach außen gegen Gruppenfremde abgeleitet, deren Gärten, Jagdreviere oder Rinderherden man bekanntlich erobert, wenn man dafür gute Chancen wahrnimmt.

In der Großgesellschaft ist das Zusammengehörigkeitsgefühl geringer, und die Neigung, repressive Dominanzbeziehungen herzustellen, richtet sich auch gegen den fremden Mitbürger. Der, der seine Ellbogen zu gebrauchen weiß, gilt für viele sogar als tüchtig.

Zweifellos bedeutet die Großgesellschaft einen ungeheuren Fortschritt. Ohne sie gäbe es keine Universitäten, keine Forschungsinstitute, keine Opern und Konzerte, keine technische Zivilisation, keine Raumfahrt und kein elektronisches Zeitalter. Wir müssen sie bejahen und versuchen, das Leben in ihr so zu gestalten, daß unsere freundlichen Anlagen die aggressiven Dispositionen am Zügel halten. Seit es Großgesellschaften gibt, experimentiert der Mensch mit Ideologien, sozialen Techniken der Führung, um hier die rechte Balance von Fürsorglichkeit und Machtausübung zu finden. Aber das zu diskutieren würde den Rahmen dieser Präsentation sprengen.

Literatur

Creed GW (1984) Sexual subordination: Institutionalized homosexuality and social control in Melanesia. Ethnology 13: 157-176

Eibl-Eibesfeldt I (1955) Der Kommentkampf der Meerechse (Amblyrhynchus cristatus Bell) nebst einigen Notizen zur Biologie dieser Art. Z Tierpsychol 12: 49-62

Eibl-Eibesfeldt I (1960) Galápagos. Die Arche Noah im Pazifik. Piper, München

Eibl-Eibesfeldt I (1970) Liebe und Haß. Zur Naturgeschichte elementarer Verhaltensweisen. Piper, (Serie Piper 113, 1976) München

Eibl-Eibesfeldt I (1986) Die Biologie des menschlichen Verhaltens – Grundriß der Humanethologie. Piper, München

Eibl-Eibesfeldt I, Salter F (im Druck) Indoctrinability, ideology, and warfare. Evolutionary perspectives. Berghahn, Oxford

Eibl-Eibesfeldt I, Sütterlin Ch (1992) Im Banne der Angst. Piper, München

Goodall J (1986) The chimpanzees of gombe, patterns of behavior. Belknap Press of Harvard University Press, Cambridge MA London

Kitzinger S (1984) Sexualität im Leben der Frau. Biederstein, München

Mazur A, Lamb ThA (1980) Testosterone, status, and mood in human males. Hormones Behav 14: 236-246

Mac Lean PD (1970) The triune brain, emotion and scientific bias. In: Schmitt FO, Quarton GC, Meilnechuk Th, Adelmann G (eds) The Neurosciences. Rockefeller Univ Press, New York

Mac Lean PD (1987) The evolution of the three mentalities of the brain. In: Neumann G (ed) Origins of human aggression. Human Sciences Press, New York

Stoller RJ (1979) Perversion, die erotische Form von Haß. Rowohlt, Hamburg. (Deutsche Übersetzung von Stoller RJ (1975) The erotic form of hatred. Pantheon Books, New York)

Tinbergen N (1963) The herring gull's world. A study of the social behavior of birds. Collins, London

Wickler W (1967a) Vergleichende Verhaltensforschung und Phylogenetik. In: Heberer G (Hrsg) Die Evolution der Organismen. Fischer, Stuttgart, S 420-508

Wickler W (1967b) Socio-sexual signals and their intraspecific imitation among primates. In: Morris D (ed) Primate ethology. Weidenfeld & Nicolson, London

Winslow, Hastings N, Carter CS, Harbbaugh CR, Insel TR (1993) A role for central vasopressin in pair bonding in monogamous prairie voles. Nature 365: 545-547

Zillmann D (1986) Effects of prolonged consumption of pornography. In: Mulvey EP, Haugaard JL (eds) Report of the surgeon seneral's Workshop on Pornography and Public Health. Washington, D.C. (U.S. Public Health Service and U.S. Department of Health and Human Services), pp 98-135

Der Sex - das Sexuelle - die Sexualtherapie

Claus Buddeberg

Die Bedeutung des Sexuellen für die Entwicklung neurotischer und psychosomatischer Störungen ist in allen tiefenpsychologischen Schulen anerkannt. Vor allem in der älteren Psychoanalyse werden der Sexualität und ungelösten Sexualkonflikten für Entwicklungsvorgänge in der Kindheit und Jugendzeit eine zentrale Rolle beigemessen. Die folgenden Ausführungen gliedern sich in drei Abschnitte. Zunächst wird anhand einiger Zitate aus verschiedenen Arbeiten Sigmund Freuds und anderer Psychoanalytiker der Umgang mit sexuellen Fragen in der älteren und neueren Psychoanalyse skizziert. Die Psychoanalyse steht dabei stellvertretend für andere tiefenpsychologische Schulen, in denen das Sexuelle in ähnlicher Weise thematisiert wird. In einem zweiten Abschnitt sollen einige sexuelle Trends beschrieben werden, die in den letzten 20 Jahren zu beobachten sind und die für die Psychotherapie eine Herausforderung darstellen. Und schließlich wird der Versuch unternommen, mit einigen Bemerkungen die aktuelle Situation der Sexualtherapie zu beleuchten.

Das Sexuelle in der Psychoanalyse

Sigmund Freud hat sich während seines ganzen Lebens eingehend mit Fragen der Sexualität befaßt und zahlreiche Schriften über die Bedeutung sexueller Konflikte für die Entstehung von Neurosen verfaßt.

Die Ansichten Freuds zur menschlichen Sexualität und ihr Stellenwert in der traditionellen Psychoanalyse lassen sich in *drei Feststellungen* zusammenfassen:

- Die Auffassungen Freuds zur männlichen und weiblichen Sexualität werden von einer großen Zahl männlicher Psychoanalytiker bis heute wie Reliquien verehrt.

- Freuds Ausführungen zur Sexualität sind über weite Strecken eine Huldigung an einen jahrhundertealten phallokratischen Kult und ein Versuch, die angebliche sexuelle Minderwertigkeit der Frau logisch zu begründen.
- Die neuere psychoanalytische Literatur praktiziert gegenüber aktuellen Fragen der Sexualität eine weitgehende Abstinenz oder thematisiert sie in einer komplizierten, realitätsfremden Sprache.

Die wissenschaftliche und öffentliche Diskussion über sexuelle Fragen wurde bis in jüngste Zeit vorwiegend von Männern geführt und von ihren Vorstellungen und Phantasien geprägt. Daß dabei die Frau in ihrer Sexualität häufig als unterentwikkelt und defizitär beschrieben wird, dazu hat Sigmund Freund einen wesentlichen Beitrag geleistet. Hierzu ein Zitat Freuds aus einer seiner letzten Arbeiten (Freud 1931):

"Das Weib anerkennt die Tatsache seiner Kastration und damit auch die Überlegenheit des Mannes und seine eigene Minderwertigkeit, aber es sträubt sich auch gegen diesen unliebsamen Sachverhalt."

Aus dieser zwiespältigen Einstellung leitet Freud drei Entwicklungsrichtungen ab:

"Die erste führt zur allgemeinen Abwendung von der Sexualität. Das kleine Weib, durch den Vergleich mit dem Knaben geschreckt, wird mit seiner Klitoris unzufrieden, verzichtet auf seine phallische Betätigung und damit auf die Sexualität überhaupt ... Die zweite Richtung hält in trotziger Selbstbehauptung an der bedrohten Männlichkeit fest; die Hoffnung, noch einmal einen Penis zu bekommen, bleibt bis in unglaublich späte Zeiten aufrecht ... Dieser (Männlichkeitskomplex) des Weibes kann in manifest homosexuelle Objektwahl ausgehen. Erst eine dritte, recht umwegige Entwicklung mündet in die normal weibliche Endgestaltung aus ..."

In jüngerer Zeit haben zwar einige Psychoanalytikerinnen wie z. B. Olivier (1989) auf die Unhaltbarkeit dieser Ansichten Freuds zur weiblichen Sexualität nachdrücklich hingewiesen. Daß aber die Kritik an der Freudschen Sexualtheorie v. a. von männlichen Psychoanalytikern nur teilweise aufgenommen wurde, zeigt ein Zitat aus einer Arbeit des französischen Psychoanalytikers Pujol aus dem Jahre 1977 (Pujol 1977):

"Die Frau verkörpert die allgemeine Kastration, die das Lebewesen durch die Sprache erfährt; als penisloses Mangelgeschöpf verkörpert sie vollkommenen Sprachverlust."

Freud hat sich nicht nur mit der weiblichen Sexualität befaßt, sondern sich auch zur sexuellen Entwicklung des Jungen und zur Sexualität des erwachsenen

Mannes geäußert. Auch hierzu einen Passus aus einer Arbeit Freuds aus dem Jahre 1912 (Freud 1912):

"Das Liebesverhalten des Mannes in unserer heutigen Kulturwelt trägt den Typus der psychischen Impotenz an sich ... Die zärtliche und die sinnliche Strömung sind bei den wenigsten unter den Gebildeten miteinander verschmolzen. Fast immer fühlt sich der Mann in seiner sexuellen Betätigung durch den Respekt vor dem Weibe beengt und entwickelt seine volle Potenz erst, wenn er ein erniedrigtes Sexualobjekt vor sich hat ... Daher rührt sein Bedürfnis nach einem Weibe, das ethisch minderwertig ist, dem er ästhetische Bedenken nicht zuzutrauen braucht ... Einem solchen Weibe widmet er am liebsten seine sexuelle Kraft, auch wenn seine Zärtlichkeit durchaus einem höherstehenden gehört."

Die Sprache, in welcher in neueren psychoanalytischen Arbeiten zur Sexualität und zu sexuellen Störungen Stellung genommen wird, ist weniger direkt und nicht so unverblümt wie die Sprache Freuds. Nicht wenige Psychoanalytiker im deutschsprachigen Raum ignorieren aber das Sexuelle schlichtweg oder reden darüber in einer so gekünstelten und komplizierten Sprache, daß man den Eindruck hat, es handle sich um einen elektronischen Gegenstand, welcher in hohem Masse störanfällig ist und nur in emotional steriler Atmosphäre diskutiert werden kann.

Zum Schluß dieses Abschnitts noch ein kurzer Hinweis auf die Abstinenz mancher Psychoanalytiker dem Sexuellen gegenüber. In dem bekannten Lehrbuch der psychoanalytischen Therapie von Thomä und Kächele (1985) finden sich im Band 1 "Grundlagen" unter dem Stichwort "Sexualität" lediglich 5 Seitenangaben. Liest man die entsprechenden Stellen, so wird dabei die Sexualität nur beiläufig und an keiner Stelle als zentrales Thema behandelt. Die Stichworte "erotische Übertragung", "sexuelle Übergriffe" und "sexueller Mißbrauch" fehlen im erwähnten Lehrbuch völlig.

Liest man in deutschsprachigen Psychotherapiezeitschriften neuere Arbeiten männlicher Autoren zu sexuellen Fragen, so leuchtet im Hintergrund entweder immer noch der phallokratische Kult der Freudschen Sexualtheorie auf oder man findet zwar geistreiche, aber höchst komplexe Gedankengebilde, in denen sexuelle Phantasien, Wünsche und Gefühle als sterile Informationselemente zu anderen Aspekten der menschlichen Psyche in Beziehung gebracht werden.

Ich möchte hier die *kritische* Frage stellen und sie bewußt offen lassen, ob die Art der Behandlung oder eben Nichtbehandlung sexueller Fragen in den traditionellen psychotherapeutischen Schulen und ihre Vernachlässigung in der Ausbildung von Psychotherapeuten nicht ein Grund dafür sein könnte, daß sexuelle Übergriffe und sexueller Mißbrauch in psychotherapeutischen Beziehungen wesentlich häufiger stattfinden, als dies bis vor kurzem noch für möglich gehalten wurde?

Der Sex: Entwicklungstendenzen sexueller Verhaltensweisen und Einstellungen

Falls Sie in nächster Zeit nach Kopenhagen, der Kulturhauptstadt Europas 1996 kommen, möchte ich Ihnen einen Besuch im Museum Erotica empfehlen. Beim Besuch dieses kleinen, in zwei Etagen eines Altstadthauses untergebrachten Museums werden dem Besucher Entwicklungstendenzen des öffentlichen Umgangs und der kommerziellen Vermarktung von Sexualität in den letzten 25 Jahren deutlich.

Beim Betreten des Museums stehen Sie vor einer großen weiblichen Vagina und am Ende des Rundgangs empfängt Sie das erotische Tabernakel. Versucht man, den Wandel im Angebot und im Handel mit dem Produkt Sex zu charakterisieren, so lassen sich seit den 70er Jahren *drei Phasen* beschreiben, welche nicht ohne Wirkung auf das sexuelle Verhalten und die sexuellen Einstellungen breiter Bevölkerungsschichten geblieben sind. Die folgenden Aussagen betreffen den kommerziellen Umgang mit Sex in den sog. westlichen Industrieländern Europas und Nordamerikas. Sie können somit nicht verallgemeinert werden, da sie unmittelbar mit soziokulturellen Einflüssen in Zusammenhang stehen.

Ich werde jetzt teilweise meine Sprache ändern, da Sex in einem hohen Maße die emotionalen Seiten der Sexualität tangiert, also gerade den Bereich, der im Sexuellen ausgeblendet oder verdrängt wird. Der Boulevardjournalismus verwendet diese Sprache, dessen Rezepte ein früherer Chefredaktor des *Blick*, der größten Schweizer Boulevardzeitung, in folgender Weise charakterisiert hat: "Emotion, zupackende Sprache, plakativ und provokativ schreiben, Personalisierung und Dranbleiben an einem einmal gefundenen Stoff wie ein bissiger Hund am Hosenbein!" Zurück zu den drei Phasen, die sich im öffentlichen Reden oder besser Gerede über Sexualität in den letzten Jahren erkennen lassen. Als Folge der Liberalisierung der Pornographiegesetze in einigen skandinavischen Ländern Anfang der 70er Jahre fand in der sog. Sexindustrie eine *Genitalisierung der Sexualität* statt, welcher in den 80er Jahren eine *Brutalisierung der Pornographie* folgte. Seit Anfang der 90er Jahre zeigt sich eine weitere Tendenz, die v. a. in Talkshows im Fernsehen und in Illustrierten zu beobachten ist, nämlich eine *Vermarktung der Intimität.*

Zunächst zur *Genitalisierung der Sexualität.* Nicht nur in schmuddeligen Sexheften, auch in seriösen Herrenmagazinen finden Sie Woche für Woche und Monat für Monat Variationen zum selben Thema: Der Penis, seit der Antike ein Symbol für Macht und Herrschaft, wird nach wie vor gepriesen, bestaunt und bejubelt.

Welches Männerherz schlägt bei dieser Montagsbotschaft von Monika nicht höher *(Blick 1991)*: "Der Mann in den besten Jahren ist daran zu erkennen, daß er sein Jagdgebiet erweitert, obwohl die Munition knapper wird". Hier wird ein jahrzehnte- vielleicht sogar jahrhundertealtes Klischee der Sexualität des Mannes in zeitgemäßer Aufmachung repetiert und bekräftigt: Der Mann als sexueller Jäger und Sammler, der mit seiner "Waffe" Penis auf die Pirsch geht und Frauen wie eine Art Freiwild nach Lust und Laune jagen und zur Strecke bringen kann. Vergleicht man Sexjournale aus den 50er Jahren mit solchen aus den 70er Jahren, so wird deutlich, was mit Genitalisierung der Sexualität gemeint ist: Die Reduktion der Frau auf ein Loch und des Mannes auf einen Bolzen. Das Wesentliche von sexuellen Kontakten wird auf eine mechanische Begegnung von zwei Genitalwerkzeugen reduziert.

Die *Brutalisierung der Pornographie* wird einem beim Besuch des Museums Erotica in Kopenhagen im erotischen Tabernakel in unmittelbarer Weise bewußt. Dort laufen gleichzeitig auf 20 neben- und übereinander gereihten Fernsehschirmen Pornofilme unterschiedlichen Kalibers. Ich mußte nach wenigen Minuten den Raum verlassen, da es mir in Anbetracht einer solchen Überflutung mit Darstellungen sexualisierter Gewalt und Brutalität schlecht wurde.

In der schon erwähnten Schweizer Boulevardzeitung, dem *Blick*, wurde vor kurzem über mehrere Tage eine Serie über die (Porno-Heidi) Laetitia veröffentlicht, die zu einem markanten Anstieg der Verkaufszahlen führte. Nachdem Porno-Heidi in einer Fernsehsendung über ihre Erfahrungen als Darstellerin in Pornofilmen berichtet hatte, doppelte der *Blick* nach. Hier die Schlagzeilen von vier aufeinanderfolgenden Tagen:

- "Der erste Porno - die Schmerzen - Scham und Spaß"
- "Die Nacht, in der ich die Unschuld verlor"
- "Rocco nimmt mich so hart - und das ist schön"
- "Privat bin ich seit 2 Jahren keusch"

Hier wird, wie in Comics, Filmen und Live-Shows die Phantasie bekräftigt, für eine Frau gäbe es nichts Schöneres, als von einem Mann rücksichtslos hart angegangen und vergewaltigt zu werden. Inzwischen sind die Sexobjekte dieser Männerphantasien nicht nur wohlproportionierte Models, sondern kleine Mädchen, alte Frauen und Tiere.

Godenzi (1989) hat in einer Untersuchung über die Hintergründe sexueller Gewalt nachgewiesen, daß gewisse Merkmale männlicher Sexualität und Vorurteile von Männern über die Sexualität von Frauen die Entwicklung sexueller Gewalthandlungen begünstigen. Er nennt u. a. folgende Punkte:

- Fixierung auf Penis und Koitus
- Beharren auf der dominierenden Rolle

- Huldigung sexueller Quantität
- Die Vorstellung, Frauen würden sich insgeheim wünschen, vergewaltigt zu werden

Der Widerspruch zwischen dem akademischen Reden über Sexualität und der sexuellen Realität wird gegenwärtig nirgends deutlicher als in der Diskussion verschiedener Formen und Hintergründe sexueller Gewalt. Während die Psychologen und Psychotherapeuten Opfer sexueller Gewalt befragen, behandeln und über ihre Studien in Fachzeitschriften berichten, kultiviert der Pornomarkt in Verbindung mit einem sensationshungrigen Boulevardjournalismus Vorurteile und Klischees, zum Sex gehöre Aggression und Gewalt wie das Salz zur Suppe. Mir scheint, daß wir gegenwärtig zwei konträre Entwicklungen beobachten können. Eine Brutalisierung des kommerziell gesteuerten Sexgeschäfts und eine zunehmende "Befriedung und Entsexualisierung" von heterosexuellen Partnerschaften und Ehebeziehungen. Die Zusammenhänge und Ungereimtheiten dieser zwei Phänomene sind m. E. bisher von den traditionellen Psychotherapieschulen nicht zur Kenntnis genommen und schon gar nicht bearbeitet worden.

Vielleicht waren Sie vor einigen Monaten auch ein Mitglied jener Millionengemeinde, die sich vor dem Bildschirm das Interview von Lady Diana im englischen Fernsehen angeschaut hat. Falls Sie das Ereignis versäumt haben, schalten Sie heute Abend eine jener Talk-Shows ein, in denen sich v. a. prominente Zeitgenossinnen über ihr Privatleben und ihre Bettgeschichten äußern. Das öffentliche Palaver über alles und jedes, was man in einer Liebesbeziehung, beim ehelichen Geschlechtsverkehr oder beim abenteuerlichen Seitensprung erlebt hat, gehört heute zur Speisekarte nicht nur privater, sondern auch öffentlicher Fernsehanstalten. Wenn man der Prinzessin von Wales, Tina Turner oder Maria Schell zuhören kann, was sie alles über ihre langweiligen, phantasielosen, gemeinen und hinterhältigen Ehemänner zu berichten haben, dann kann man wenigstens für 60 Minuten die Langeweile in der eigenen Zweierbeziehung vergessen.

Das Gerede über Intimitäten des eigenen Privatlebens in der Öffentlichkeit ist eine raffinierte Spielart von Entwertung, wie sie Watzlawick et al. (1969) vor mehr als 25 Jahren beschrieben haben. Zum einen wird der Partner entwertet, indem persönliche Enttäuschung oder Kritik nicht an ihn, sondern an ein anonymes voyeuristisches Publikum gerichtet wird. Und zum andern entwertet man sich selbst, indem nonverbale Mitteilungen, d. h. der Gesprächsrahmen, die Situation und die affektive Atmosphäre der Plauderei in krassem Gegensatz zum Inhalt der eigenen Aussagen stehen.

Es mehren sich kritische Stimmen, die in einer immer umfassenderen Psychologisierung immer weiterer Lebensbereiche und deren Bearbeitung in allen möglichen Formen sog. Psychotherapien eine weitere Variation der Vermarktung von Intimität sehen. Vielleicht sollten wir diese Kritik nicht vorschnell mit dem

Hinweis auf das Leiden unserer Patienten und unsere Berufsethik zu entkräften versuchen. Es handelt sich bei der *Vermarktung der Intimität* nicht um eine gewaltsame, sondern um eine sanfte Form der Selbstentwertung und -schädigung.

Sexualtherapie

Zilbergeld (1995), ein bekannter amerikanischer Sexualtherapeut, hat vor kurzem in einem Rückblick auf 30 Jahre Sexualtherapie die Ansicht geäußert, daß sich die Sexualtherapie nur deshalb entwickeln konnte, weil die traditionellen psychotherapeutischen Schulen in der Behandlung sexueller Symptombildungen versagt hätten. Wahrscheinlich hat er mit dieser Einschätzung recht. Die verschiedensten tiefenpsychologischen Therapieverfahren tun sich mit der Behandlung sexueller Funktionsstörungen, Erlebnisstörungen und Deviationen nach wie vor recht schwer. Auch die Gesprächstherapie verhält sich den Sexualstörungen gegenüber wie einer terra incognita. Greenson (1975) hat Mitte der 60er Jahre in seinem klassischen Werk "Technik und Praxis der Psychoanalyse" im Kapitel "erotisierte Übertragung" eine für mich einleuchtende Erklärung für die relative Erfolglosigkeit tiefenpsychologisch orientierter Behandlungen sexueller Funktionsstörungen gegeben. Er beschreibt dabei die psychoanalytische Behandlung zweier Patientinnen, welche in den ersten Stunden auf der Couch eine starke sexuelle Übertragung auf ihn entwickelten. Nachdem er bemerkte, daß er mit seinen analysierenden Interventionen die Übertragung und die Neurose der Patientinnen nicht beeinflussen konnte, änderte er das therapeutische Setting und führte die Behandlungen in einer Position des Sich-Gegenüber-Sitzens weiter. Er kommentiert diesen Wechsel des Settings in folgender Weise (Greenson 1975, S. 348):

> "Meine Haltung war fest, direkt, freundlich, aber v. a. ausgesprochen therapeutisch", beschreibt Greenson sein weiteres Vorgehen. "Ich hielt mich streng daran, niemals verführerisch oder strafend zu sein".

Damit sind einige wesentliche Merkmale angedeutet, in denen sich eine *symptomorientierte Sexualtherapie* von anderen Psychotherapieformen unterscheidet:

Ziele
- Klärung sexualisierter Konflikte
- Abbau von Vermeidungsverhalten und Sexualängsten
- Verbesserung der Wahrnehmung sexueller Körperreaktionen
- Modifizierung fixierter sexueller Verhaltens- und Einstellungsmuster

Methode
- psychodynamisch orientierte Paargespräche
- Desensibilisierung sexueller Ängste
- Anleitung zu Körperübungen

Sexualtherapie ist eine zeitlich befristete Form der Kurzpsychotherapie. Sie hat zum Ziel, bei sexuellen Symptombildungen Widersprüche zwischen sexuellem Verhalten, Erleben und sexuellen Einstellungen des Symptomträgers und häufig auch seines Partners zu klären. Vermittlung von Information, Abbau von Erwartungs- und Versagensangst sowie von Vermeidungsverhalten sind weitere wichtige Ziele. Schließlich zielt sie auf eine Verbesserung der eigenen und der wechselseitigen Körperwahrnehmung und ein Kennenlernen der sexuellen Reaktionen und Erlebnisweisen. Über Veränderungen des wechselseitigen sexuellen Verhaltens wird schließlich versucht, fixierte und polarisierte Interaktionsmuster zu modifizieren und den Partnern mehr Flexibilität und Zufriedenheit in ihrer Sexualität zu ermöglichen. Der Therapeut verwendet dabei Techniken der kognitiven Verhaltenstherapie und der psychodynamisch orientierten Paartherapie.

Ich möchte zum Schluß meiner Ausführungen anhand einiger Behandlungsdaten unserer Sexualmedizinischen Sprechstunde in Zürich kurz andeuten, mit welchen Fragen sich die Sexualtherapie gegenwärtig v. a. konfrontiert sieht (Buddeberg 1996). Bei den *weiblichen Patientinnen*, die sexualmedizinische Behandlungseinrichtungen aufsuchen, stehen Klagen über sexuelle Lustlosigkeit und Aversion im Vordergrund. Dieses Phänomen wird übereinstimmend aus allen westeuropäischen und angelsächsischen Ländern berichtet. Betrachtet man die Qualität der Paarbeziehungen, wie sie von den Patientinnen und ihren Partnern geschildert wird, so herrscht das Bild einer friedlichen Monotonie. Im Leben dieser Paare hat sich alles eingespielt, alles läuft mehr oder weniger geordnet und reibungslos. Jeder erfüllt seine Pflicht, der eheliche Alltag bietet das Bild der friedlichen Mittelmäßigkeit. Das Interesse der Partner beschränkt sich auf den gelegentlich vom Mann gewünschten und von der Frau tolerierten Geschlechtsverkehr, der mit der Zeit zu einem immer unliebsameren und deshalb selteneren Wochenendereignis wird.

Bei den *männlichen Patienten* stehen Störungen der Erektionsfähigkeit im Vordergrund. Bei dieser Störung zeigt sich deutlich, wie eng somatische und psychische Faktoren bei der Genese sexueller Funktionsstörungen gekoppelt sein können. So wissen wir von epidemiologischen Untersuchungen (Feldman et al. 1994), daß etwa ab dem 40. Lebensjahr durch Veränderungen an den Penisgefäßen die Erektion störanfälliger wird und der Anteil von Männern mit partieller oder kompletter Impotenz mit dem Alter ansteigt. Neben den somatischen Faktoren spielen aber auch immer psychische Faktoren eine wichtige Rolle.

Für viele Männer ist die Erektion ein Gradmesser ihrer Männlichkeit und ihrer Selbstachtung. Die Zunahme unserer Lebenserwartung hat es mit sich gebracht, daß immer mehr Männer und Frauen ein hohes Alter erreichen. Männer mit Erektionsstörungen jenseits des 50. Lebensjahres äußern recht häufig eine Lebensangst, die uns mit dem Älterwerden beschleicht. In einer Zeit, in der Frauen wie Männer allzeit schlank, fit und aufgestellt zu sein haben, kann die Sprache des schlaffer werdenden Penis ein wichtiges Signal sein, daß wir mit dem Älterwerden etwas kürzer treten sollten, unser Leben etwas beschaulicher einrichten und uns einer Partnerin oder einem Partner gegenüber emotional und geistig mehr öffnen und zuwenden. Nicht nur engagierte Feministinnen sind der Auffassung, daß die sexuelle Unzufriedenheit vieler Frauen und Männer daran krankt, daß die Männer die Zeichen der Zeit noch nicht erkannt haben und immer noch ihren phallokratischen Träumen nachhängen. Die Zeit des Träumens scheint zu Ende zu gehen. Es bleibt zu hoffen, daß das Erwachen den Männern und unter ihnen auch den Psychotherapeuten neue Sichtweisen der Sexualität und Möglichkeiten des sexuellen Erlebens eröffnet und zugänglich macht.

Literatur

BLICK, Schweizer Boulevardzeitung, Ausgabe vom 14. 1. 91

Buddeberg C (1996) Sexualberatung - Eine Einführung für Ärzte, Psychotherapeuten und Familienberater. 3. Aufl. Enke, Stuttgart

Feldman HA, Goldstein J, Hatzichristou DG, Krane RJ, McKinlay JC (1994) Impotence and its medical and psychosocial correlates: results of the Massachusetts male aging study. J Urol 151: 54-61

Freud S (1912) Über die allgemeinste Erniedrigung des Liebeslebens. Jb Psychoanal Psychopath Forsch 4: 40-50

Freud S (1931) Über die weibliche Sexualität. Int Z Psychoanal 17: 317-332

Godenzi A (1989) Bieder, brutal - Frauen und Männer sprechen über sexuelle Gewalt. Unionsverlag, Zürich

Greenson RR (1975) Technik und Praxis der Psychoanalyse. Klett, Stuttgart

Olivier Ch (1989) Jokastes Kinder - Die Psyche der Frau im Schatten der Mutter. dtv, München

Pujol R (1977) La mère au féminin. Nouvelle Revue Francaise Psychoanal 16

Thomä H, Kächele H (1985) Lehrbuch der psychoanalytischen Therapie, Bd 1 Grundlagen. Springer, Berlin Heidelberg New York

Watzlawick P, Beavin JH, Jackson DD (1969) Menschliche Kommunikation. Huber, Bern

Zilbergeld B (1995) Persönliche Mitteilung, New York

Die Bedeutung der Sexualität für die weibliche Identität

Verena Kast

Die Schwierigkeit

Es ist mir schwer gefallen, diesen Beitrag zu konzipieren. Natürlich wollte ich hier etwas Wesentliches zur weiblichen Sexualität beitragen. Je länger ich mich aber mit Forschungsberichten herumschlug, um so banaler kam mir die ganze Sache vor. Schließlich verstand ich meine Unlust als Gegenübertragungsgefühl: Sexualität, die sich so geheimnisvoll, so besonders, fast für die Quintessenz des geglückten Lebens gibt, gelegentlich aber auch so wunderbar verrucht, ist auch banal. Und sogar dann, wenn man die Phantasien untersucht, die formuliert werden, bleibt eine leise Enttäuschung. Wenig wirklich Phantasievolles im Sinne des noch nie Dagewesenen, kaum etwas Verruchtes, an das wir uns nicht schon gewöhnt hätten.

An der Enttäuschung ist abzulesen: An die Sexualität ist eine ungeheure Erwartung geknüpft - eine Erwartung von Daseinslust und Glück durch das Mysterium Conjunctionis, verstärkt noch durch das Geheimnis. Das Wesentliche des menschlichen Lebens, das Glücken, das Anleben gegen den Tod, wird auf die sexuelle Begegnung projiziert, natürlich auf die heterosexuelle Begegnung, damit auch allen Theorien der Vereinigung der Gegensätze Genüge getan wird.

Kann Sexualität überhaupt die Projektion vom großen geheimnisvollen Wunder, die sie immer wieder generiert, auch nur andeutungsweise einlösen? Und um welche Sexualität geht es jetzt eigentlich, um die Sexualität, die in der Phantasie stattfindet, oder um die praktizierte Sexualität? Und sogar dann bleibt die Frage, von welcher Sexualität will ich überhaupt sprechen? Wie soll sie definiert werden? Und von welchen Frauen ist die Rede? Es gibt ja so viele verschiedene weibliche Identitäten? Das Terrain, auf das ich mich begeben will, ist weitläufig, komplex, unübersichtlich. Sexualität steht in vielfachen Bezügen. Sexualität umfaßt physische und psychische Komponenten, intra- und interpersonelle Faktoren, gesellschaftliche, politische, moralische, religiöse, wissenschaftliche Aspekte. Was wir erleben, wenn wir uns als sexuell erleben, hat nicht nur mit einer sich steigernden psychophysischen Lusterregung zu tun, die besonders dann erlebbar ist, wenn Menschen verliebt sind und die eine Ekstase, eine Bewußtseinsveränderung, mit sich bringen kann. Dieses Lusterleben ist auch eingebettet in einen ganzen Bereich von gesellschaftlichen Ideen, Verboten und Geboten.

Persönliche sexuelle Erfahrungen stehen also in einem Spannungsverhältnis zu dem, was die verschiedenen sich dafür zuständig haltenden Institutionen zu Sexualität sagen, deshalb muß sich die persönliche sexuelle Erfahrung auch immer wieder als Differenz dazu artikulieren.

Die Konsequenz aus dem Gesagten: Ich werde die Sexualität der Frau immer wieder aus verschiedenen Perspektiven beleuchten. Wenn ich von Sexualität als Sex im Sinne der sexuellen Betätigung schreibe, dann schreibe ich allerdings nicht von dem Modell Erregung, Koitus, Orgasmus, sondern ich schreibe von Sex im Sinne einer umfassenden, luststeigernden Sinnlichkeit, von Hauterotik, von Augenerotik, von intellektueller Erotik ebenso wie von genitaler Erotik, die selbstverständlich in einen Orgasmus münden kann, aber nicht muß. Von der Fortpflanzung kopple ich in diesem Beitrag die Sexualität ab. Auch werde ich mich nicht mit dem Klimakterium der Frau beschäftigen (Kast 1996).

Ein Widerspruch

Aus den Medien und den Illustrierten gewinnt man die Botschaft, daß fast jeder und fast jede - außer man selbst - ständig ein aufregendes, reiches Sexualleben hat (Michael et al. 1994). Zudem erhärtet sich der Eindruck, daß das auch das Allerwichtigste ist im Leben. Betrachtet man andererseits die Umfragen, dann ist unübersehbar, daß sexuelle Lustlosigkeit sich breit macht. Sexualität ist also einerseits allgegenwärtig, - verbunden mit einer Prise Sex läßt sich alles etwas besser verkaufen - Sexualität vermag auch phantasiemäßig sehr zu beschäftigen, sie wird aber in der Realität ganz anders erlebt als in der Phantasie. Man muß also zusätzlich auch noch unterscheiden zwischen der Sexualität als Fiktion, wie sie die Medien transportieren, und dem aktuellen sexuellen Erleben. Zwischen den beiden jedenfalls klafft ein großer Graben. Wie ist der zu verstehen?

Wenn Sexualität als Fiktion so wichtig ist, dann heißt das, daß Sexualität auch ein Symbol ist, ein Symbol, das aber möglicherweise gar nicht mehr symbolisch verstanden wird, sondern konkretistisch. Nicht mehr die Frage gilt: Was steht hinter diesem Symbol, für welches Geheimnis ist es bestmöglicher Ausdruck, sondern die Überzeugung, wenn ich mich diesen Bildern gemäß verhalte, bekomme ich das Gewünschte, habe ich die Lebensgefühle, die die Medien vermitteln. Es findet dabei eine Entleerung der Innenwelt in die Außenwelt statt. Symbol wäre die Sexualität für lustvolle, angeregte interessierte gegenseitige Durchdringung von zwei Welten, für Prozesse des sich Kennens und Erkanntwerdens, verbunden mit der Erfahrung und der Sehnsucht von Lebendigkeit, geglücktem Leben, Ganzheit, Identität und Entgrenzung, also letztlich einer Verbindung mit etwas, das über uns hinausgeht. Wenn diese Fiktion von Sexualität, die in der Medienwelt fast ausschließlich als Heterosexualität verstanden wird - Homosexualität und die Sexualität mit sich selbst sind kaum präsent, müßten aber natürlich auch zu ihrem Recht kommen - so umfassend aufrechterhalten werden muß, muß sie einen Sinn haben. Nun ist es ja nicht so, daß das alltägliche Sexualleben sich dieser Fiktion annähern würde - dann könnte man zumindest davon ausgehen, daß diese Fiktion als Leitidee einen Sinn hätte, sondern die beiden Welten klaffen immer mehr auseinander. Klaffen Phantasie und Realität aber weit auseinander, dann wird normalerweise der Versuch gemacht, die beiden Bereiche wiederum anzunähern. Gelingt das nicht, ist mit einer großen Spannung zu rechnen, die mit viel Leiden verbunden ist. Man kann das Problem aber auch durch Spaltung lösen: Hier Fiktion, die möglicherweise realer ist als die Realität, und doch immer noch die Sehnsucht danach wach hält, diese psychophysischen Zustände des undefinierbar Wunderbaren immer wieder zu erreichen, dort das gelebte Sexualleben, das mit der Fiktion nicht mehr zur Deckung zu bringen ist. Der Soziologe Luhmann (1982, 1984) meint, Sexualität scheine das Bedürfnis an intimer Kommunikation nicht mehr zu befriedigen, sie sei als Symbol für die gegenseitige Durchdringung der Welten (Interpenetration), des Einschwingens in einen Trancezustand, nicht mehr genügend, aber auch nicht mehr ausreichend für die gegenseitige Selbstvalidierung, die heute, in einer sehr unpersönlichen Welt der Kommunikation auf die intimen Beziehungen verschoben sei.

Luhmann beschäftigt sich in seiner Schrift "Liebe als Passion" (1982, 1994) intensiv mit der Differenz zwischen der gesellschaftlich definierten und der persönlich erlebten oder zu erlebenden Sexualität. Seine These: Die Gesellschaft stellt einen Code bereit, der erlaubt, wie das Gefühl der Liebe und der Sexualität sich ausdrücken darf. Für ihn ist Liebe nicht ohne Sinnlichkeit und Sexualität denkbar (Luhmann 1982, 1994, S. 35), zumindest muß man es begründen, wenn man Sexualität ganz von der Liebe abkoppeln will. Diese Ansicht könnte man historisch untermauern, man kann sie auch noch empirisch belegen: Im Report "Sexwende" wird herausgearbeitet, daß ca. 75 % der Menschen Sexualität als integralen Bestandteil einer Liebesbeziehung verstehen, etwas mehr als 25 %, die als "erlebnisorientiert" bezeichnet werden, sind dafür, Sexualität abgekoppelt von der Liebe zu verstehen (Michael et al. 1994). Viel mehr Frauen als Männer (leider gibt es keine genauen Angaben), wollen eine Liebesbeziehung als Vorbedingung für den sexuellen Verkehr (Michael et al. 1994).

Nimmt man also unsere kollektiven Phantasien, wie sie heute in den Medien und der Literatur gezeigt werden, - die Fiktion der romantischen Liebe, dargestellt im immerzu strahlenden Paar, der ständig appetente Mann, die immerzu für seine

Wünsche bereite und bewundernde Frau, halbnackt und schön - als "Code", an dem man lernen könnte, wie denn Liebe und Sexualität gelebt werden könnten, mit welchen Konsequenzen man zu rechnen hat, wenn man sich entsprechend benimmt, dann ist es ein seltsam entleerter "Code". Verglichen etwa noch mit den romantischen Romanen hat er als Anleitung zum Lieben und zum sexuellen Lieben wenig mehr mit Alltagswirklichkeit zu tun, auf der einen Seite wird der schöne Schein kultiviert (die Liebenden sind jung, schön, voll Begehren und voll Versprechen), und auf der anderen Seite wird Sex als Gymnastik und Leistungssport propagiert. Eine Kultur der Lust wird kaum dargestellt, auch keine Dialoge der Liebe. In dieser Situation befindet sich die Frau auf der Suche nach ihrer Sexualität.

Die Frau auf der Suche nach ihrer eigenen Sexualität

Was erlaubt also der Code, was erlaubt der Partner, was erlaubt die Tiefenpsychologie, was erlaubt die Frau sich selbst? Die Frau steckt im schwierigen Dilemma, daß auf der einen Seite der "Code" ihr sehr deutlich zu verstehen gibt, was ihre sexuelle Rolle ist, wie sie einen Mann sexuell an sich binden kann, und im Alltag hat sie immer weniger Lust darauf. Ich halte das allerdings für ein paardynamisches Problem. Der Mann kann gut weniger lustlos sein, wenn ihm die Frau den Part der Lustlosigkeit abnimmt. Immerhin wagen es die Frauen bereits, offen unzufrieden zu sein. Das ist ein Fortschritt: Anstelle von passiver Aggression, von funktionellen Störungen, steht offen die Lustlosigkeit. Das Problem liegt also relativ offen da und könnte auch angegangen werden.

Die Frauen fühlen sich - statistisch gesehen - einer Ideologie verpflichtet, die es ihnen fast nicht erlaubt, nicht zu lieben: Frauen werden immer noch mehrheitlich über Liebesbeziehungen zu Männern und zu Kindern definiert (Hite 1988). Sie möchten aber eine eigene, in sich selbst stehende Identität haben. Viele Frauen (Hite 1988, S. 134) wehren sich gegen diese Forderung nach altruistischem Liebenmüssen, die sie unter anderem darin sehen, daß sie sich von ihren Männern emotional und sexuell belästigt fühlen, und diese dennoch Liebe von ihnen erwarten (Hite 1988, S. 131).

89% der Frauen finden, sie müßten sich entscheiden, entweder liebevoll, oder sie selbst zu sein - das auch v. a. in der Sexualität. Das erleben sie als großen Konflikt. Frauen scheinen heute besser zu wissen, was sie eigentlich sexuell wollen, aber sie setzen ihr Bedürfnis nicht immer durch. So sagen im Hite Report noch 85% der Single Frauen, Männer würden Sexualität (gemeint ist Koitus) bei der ersten Verabredung erwarten. 65% meinen, sie würden damit, obwohl sie sich erregt fühlen, lieber warten. 76% dieser Frauen haben dann meistens doch Sex. Die Argumentation: Geht sie nicht mit ihm ins Bett, wirft er ihr vor, ein Spielchen zu spielen, geht sie allerdings ins Bett mit ihm, dann ist sie wohl leicht zu haben. Sie ist also in der Zukunft im Zugzwang zu beweisen, daß mit ihm alles ganz anders ist als mit anderen. Wie sie es auch macht, die Frau kann es nicht recht machen - und daß das nicht einfach eine Projektion ist, zeigt sich darin, daß diese Doppelmoral in den Köpfen der Männer durchaus noch besteht und untersucht werden kann. Im Hite Report wird eine Abstimmung unter Collegestudenten referiert. Diese Collegestudenten waren zu 92% der Ansicht, daß die "doppelte Moral" unfair sei. Dann wurde gefragt, ob sie eine Frau, die im letzten Jahr sexuelle Kontakte mit 10 bis 20 Männern gehabt habe, noch ernst nehmen würden. Nur 35% konnten das. Hingegen Männer, die im letzten Jahr Kontakte zu 10 bis 20 Frauen gehabt haben, fanden 95% der Studenten in Ordnung. Als Lösung schlugen sie vor, den Frauen sollten die gleichen Rechte zugestanden werden, wie den Männern, aber heiraten würden sie eine solche Frau dennoch nicht.

Die Frau hat also nicht nur die Schwierigkeit, zu ihren eigenen Bedürfnissen zu kommen und zu stehen, ihr eigenes Begehren zu finden und zu leben, sie muß das auch in einer gesellschaftlichen Situation tun, in der ein "Code" für Sexualität vorhanden ist, der sich deutlich an den Bedürfnissen der Männer orientiert, und in der Folge der sog. sexuellen Revolution ist sie mit einer mehr versteckten, alten Doppelmoral konfrontiert. Das ist aber nicht nur etwas, was von außen an sie herangetragen wird - das allerdings auch und sehr entschieden, - das ist auch immer noch ein innerer Konflikt, der sich v. a. auch in den sexuellen Phantasien der Frauen zeigt.

Ein weiteres Beispiel dafür, daß die Frauen zwar wissen, was sie wollen, dies aber in der sexuellen Beziehung nicht durchsetzen: 75% der Frauen zwischen 18 und 44 stimulieren ihren Partner oral (Michael et al. 1994, S. 199). Weniger als 20% dieser Gruppe bezeichnen aktiven Oralverkehr als "sehr reizvoll". Warum machen es denn die 55%, die es offenbar nicht wirklich wollen? Müssen wir davon ausgehen, daß noch immer die Männer die Erfüllung ihrer Wünsche besser durchdrücken als die Frauen? Es ist empirisch bewiesen, daß Frauen, die ökonomisch abhängig sind (Michael et al. 1994, S. 148), bereiter sind, sich sexuell anzupassen und sich selbst zu verleugnen. Ist es die Hoffnung der Frauen, durch die Anpassung zu etwas zu kommen, das sie unbedingt aus der Sexualität haben möchten, nämlich Nähe, ein gutes Selbstwertgefühl, Geborgenheit, ein Zuhause (Hite 1988, S. 569)?

Frauen fragen also nach ihrem originären sexuellen Selbst, aber sie stehen nicht unbedingt dazu. Möglicherweise weil ihnen Aspekte, die sie als verknüpft mit der Sexualität erleben, wichtiger sind, und das Eingehen auf die sexuellen Wünsche des Partners offenbar doch für viele Frauen *die* Währung ist, in der sie Geborgenheit, Wertschätzung als Frau eines Mannes, ein Zuhause etc. bezahlen.

Identität

Was hat Sexualität mit Identität zu tun? In unserer Ich-Identität erleben wir uns immer in Spannungen: als Teil eines Kollektivs (Frauen), gleichzeitig aber auch als davon abgegrenzt und eigenständig (eine spezielle Frau). Wir erleben uns im Wandel während des ganzen Lebens, und haben dennoch auch den Eindruck, daß etwas in uns immer auch gleich bleibt, letztlich unsere Besonderheit, unsere Eigenart, unsere Quintessenz, eben das, was wir Identität nennen, ausmacht. Identität ist nicht etwas, das einfach einmal vorhanden ist, Identität entwickelt sich über ein ganzes Leben hinweg, gerät in die Krise, formt sich neu usw. Das gilt auch für die sexuelle Identität als einem Aspekt der Identität.

Identitätskonzepte sind von einer großen Komplexität. Ich möchte deshalb vier Komponenten benennen, die zum Verständnis des Konzepts der Identität beitragen können, und die uns in unserer Fragestellung über die Bedeutung der Sexualität für die Identität hilfreich sein können.

Die Geschichte der eigenen Identität

Dazu gehört die Geschichte mit unserem Körper, unseren Emotionen, unseren Beziehungen, unseren Identifikationen, die wir allenfalls verinnerlicht haben. Dazu gehören unsere Fähigkeiten und Fertigkeiten, das Wissen darum, was man in dieser Welt bewirken und kontrollieren kann, wo man nachgeben muß. Dazu gehören auch die Welt der Werte und Haltungen und Ziele. Die Differenz, die implizit mitgedacht ist, ist die Differenz zwischen der ganz eigenen Geschichte und dem von der Sozietät und der Entwicklungspsychologie an normativem Geforderten. Je sicherer, je akzeptierter diese Identität, auch im Erleben und Akzeptieren der Differenz, um so besser ist das Selbstwertgefühl.

Das aktualisierte Erleben von Identität

Damit sind Situationen angesprochen, in denen sich ein Individuum als besonders identisch mit sich selbst erlebt, in denen das Gefühl der Identität überhaupt faßbar wird.

Frauen sprechen in diesem Zusammenhang z. B. von Körpererfahrungen, von hingegebenem Tanzen, während dessen sie sich ganz und unvermittelt spüren und das zu einer Selbstgewißheit in der Selbstvergessenheit führt. Aktualisierte Identitätserfahrungen können aber auch erlebt werden in Situationen, in denen man schwierige ethische Entscheidungen fällt, sich verantwortlich fühlt, oder in Situationen, in denen man sich fremd, sogar ausgestoßen fühlt. (Erste Erfahrungen von Identität sind z. B.: Alle Kinder machen es anders als ich, sehen anders aus, entscheiden anders, ich stehe ganz allein ihnen gegenüber, aber ich bin ich. Gutes Gefühl des Existierens und der Selbstgewißheit, neben Gefühlen des Ausgestoßenseins.)

Identitätsrelevant sind Erfahrungen, die entweder die eigenen Grenzen und deren Aufhebung in einem Akt von Vitalität darstellen, oder Situationen, in denen man in die eigenen Grenzen gewiesen wird, und dies nicht einfach nur als Kränkung verstehen muß. Es sind Situationen, in denen das originäre Selbst erlebt wird. Auskunft über das Identitätserleben kann nur das Subjekt selber geben. Der betreffende Mensch muß uns Geschichten erzählen, die für sein oder ihr Identitätserleben relevant sind.

Phantasien über sich selbst

Es geht dabei um Erinnerungen, verstanden als Phantasien, aber auch Phantasien über sich selbst und über mögliche Beziehungen in die Zukunft hinein. Phantasien beziehen sich sowohl auf den Bereich der Geschichte unserer Identität als auch auf aktualisierte Identitätserfahrungen.

Wissen um die eigene Identität (A), aktualisierte, situative Identitätserfahrungen (B) und Phantasien über sich selbst (C) finden immer im Spannungsfeld zwischen Blick von außen und dem Erleben von innen statt (D)

Identität verändert sich durch die Entwicklung, immer wieder dringt etwas altersgemäß in unser Leben und will verwirklicht werden, durch zwischenmenschliche Beziehungen, durch Begegnung mit und Lernen an Modellen, also durch Identifizierungen, die modifiziert und verinnerlicht werden, aber auch durch Reflexion, durch Identitätskrisen und deren Bewältigung. Bei der Identitätssuche geht es letztlich darum, das Ausmaß an Möglichkeiten der Selbstverwirklichung zu optimieren oder den Grad an auferlegter Entfremdung (Hausser 1995) zu minimieren. Dabei geht es bei der Selbstverwirklichung immer auch um die Spannung zwischen dem mehr originären Selbst und dem gesellschaftlich geforderten Selbst.

Wie bedeutsam ist nun die Sexualität für die Identität der Frau?

Bei spontan erzählten Lebensgeschichten fällt auf, daß Sexualität allenfalls dann erwähnt wird, wenn sie einen großen Einbruch im Leben der Frau dargestellt hat, etwa bei einem Mißbrauch, der erinnert wird, oder wenn eine Frau in einer Beziehung lebte, die sehr entwürdigend war, und die Entwertung sich v. a. auf dem sexuellen Gebiet zeigte, oder wenn eine große sexuelle Abhängigkeit vorhanden war. Gute sexuelle Erfahrungen werden meistens mit wenig Worten "abgetan" - es war dann eben gut, und es scheint auch eine Hemmung zu geben, weiterzufragen. Auffallend ist, daß Frauen selten von ihrer Menarche sprechen, und daß diese immer noch oft in den Anamnesen "verloren geht". Weiter wird dann von der Sexualität gesprochen, wenn die sexuelle Orientierung ein Problem ist.

Wie sieht das aus, wenn mehr die Phantasie und weniger das konkrete Leben angesprochen ist? Läßt man Menschen - immer wieder einer anderen Zuhörerin oder einem anderen Zuhörer - fiktive Biographien von sich selbst erzählen, dann stellt sich heraus, was der Erzähler oder die Erzählerin für variabel hält an der eigenen Biographie, was auch anders sein könnte, und was im Moment invariabel zu sein scheint. Ich habe das einmal in einer Gruppe von 96 Frauen ausprobiert, jede hat 5 fiktive Biographien von sich selbst erzählt. Das Geschlecht schien dabei eine Invariable zu sein, nur drei Frauen waren auch einmal Männer. Die sexuelle Orientierung war sehr viel variabler: Mehr als die Hälfte der Beteiligten versuchten sich mehrmals in einer anderen als der ihnen gewohnten sexuellen Orientierung. Dabei wurden von den Frauen sexuelle Erfahrungen, weder in der gewohnten noch in der ungewohnten sexuellen Orientierung, thematisiert, wohl aber Beziehungserfahrungen. Erfahrungen, von einem anderen Menschen ganz wahrgenommen zu werden, das Interesse eines anderen Menschen erregen zu können, einen anderen Menschen binden zu können; Themen der Anziehung, der Faszination kamen vor. Nun mag das auch mit der Erzählsituation zusammengehangen haben, es könnte aber auch damit zu tun haben, daß die Frau über Sexualität nicht spricht. Sprache scheint auch nicht das Medium der psychophysischen Erregung zu sein. Was benannt werden kann, deckt emotional nicht das Erlebte ab, deshalb wird darüber geschwiegen oder in Andeutungen gesprochen. Benannt oder besungen wird - wenn überhaupt - die Liebe, das Entgrenztsein, die Freude am anderen Menschen. Sexuelle Erfahrungen sind zwar identitätsrelevant, eingebettet in Beziehungserfahrungen, aber weniger im Sinne von Geschichten, die erzählt werden, sondern eher als Geschichten, die in der Phantasie immer wieder belebt werden, als "Körperwissen", das immer einmal wieder auch körperlich erinnert und belebt wird, in den Phantasien, in der freudigen Erinnerung und in der damit zusammenhängenden Vorfreude.

Die weibliche Adoleszenz

Für die Identitätsfindung gilt ganz allgemein die Adoleszenz als die Phase, in der das geschehen sollte (Erikson 1988), aber auch als die Phase, in der das geschehen kann (Adoleszenz als zweite Chance). Die Adoleszenz hat natürlich insofern für die psychosexuelle Entwicklung und die Entwicklung der Geschlechtsidentität eine große Bedeutung, weil hier eine wichtige Veränderung im Erleben des Körpers stattfindet. Der kindliche Körper geht verloren, man hat sich auf einmal mit einem erwachsenen Körper zu arrangieren. Das Körpergefühl verändert sich total. D. h., das Körper-Selbst, auf das man sich so fraglos bezogen hat, und das so fraglos Basis der Identität war, gibt es nicht mehr. Man kann sich auf den Körper nicht mehr verlassen, d. h., man kann sich auf sich selbst nicht mehr verlassen. Das wird von den jungen Frauen sehr unterschiedlich erlebt: Stolz sind die einen, verschämt die anderen - oder beides miteinander. Es gibt eben nicht einfach "die Frauen in der Adoleszenz", diese bringen schon unterschiedliche Geschichten mit ihrem Körper mit. Diese jeweiligen Geschichten sind beeinflußt von den Geschichten der anderen Frauen in der Familie mit ihrem Körper, ihrer Sinnlichkeit, ihrer Sexualität, ihrer Lust. Diese Geschichten sind weiter abhängig von der Beziehung zu der Mutter, zum Vater, stehen weiter in einem Zusammenhang mit der Geschichte des Kollektivs zu Körperlichkeit, Sinnlichkeit und Sexualität usw.

Diese Körperveränderung geht oft einher damit, daß die jungen Frauen in Sack und Asche gehen, sich also verhüllen, sich eine gewisse Zeit nehmen, bis sie diesen neuen Frauenkörper der Welt zeigen. Das Interesse für die Geschlechtsorgane, das immer wieder im Laufe der Entwicklung einmal größer, einmal geringer ist, wird nun groß, verbunden auch mit der Menarche. Diese Übergangszeit ist für die Adoleszentin schwierig.

Das Dilemma

Die Menarche markiert nämlich nicht den Beginn der körperlichen Veränderungen, sondern den Abschluß eines Prozesses der Veränderung, der etwa 4 Jahre dauert. Der schnelle Wachstumsschub ist bei der Menarche in etwa beendet. Die Menarche tritt nach amerikanischen Angaben bei 12,3 Jahren ein. Sie ist nicht direkt mit sexuellem Erleben verbunden. Die Pubertät der Jungen beginnt mit der ersten Ejakulation, steht also mit dem Erleben der Sexualität in Zusammenhang (Hagemann-White 1992).

Das Mädchen indessen erlebt schon früh, bevor es eigenes sexuelles Begehren spürt, eine Taxierung und eine Sexualisierung von außen. Was sie für andere darstellt, hat keine Beziehung zu dem, was sie selbst fühlt oder tut (Hagemann-White 1992, S. 71). Die Aufgabe für das Mädchen ist es deshalb, den veränderten Körper wieder in Besitz zu nehmen, eigene Bedürfnisse und das eigene diffuse sexuelle Begehren wahrzunehmen zu versuchen, und sich andererseits mit den Fremdzuschreibungen über ihren Körper, ihre Bedürfnisse, ihre Sexualität, wie sie v. a. von seiten der Männer kommen, auseinanderzusetzen. Hagemann-White (1992, S. 76) meint, das Mädchen habe nur die Möglichkeit, das eigene Begehren nach Lust dahin umzuwandeln, die Begierde eines Mannes zu sein. (Zwangsheterosexualität.) Die Verunsicherung durch das veränderte Körper-Selbst bringt es natürlich mit sich, daß auf der einen Seite verdrängte Emotionen leichter zugänglich sind, und neue Emotionen aufbrechen, und auch die Bedürfnisse nach intensivem emotionalen Kontakt, daß jedoch andererseits aus der Verunsicherung heraus, ein überkritisches Verhältnis zum weiblichen Körper (Schönheitsideal) und ein sehr großes Anpassungsbedürfnis an die Umwelt besteht, in der Hoffnung, akzeptiert zu werden. Das ist das Verhängnis für die junge Frau.

Nicht selten gibt sie hier vieles von ihrem originären Selbst auf, unterzieht sich dem massiven Weiblichkeitsdruck, um zu gefallen, läßt sich ihr sexuelles Selbst von den Männern verschreiben, und findet das hier alles noch gut.

"Erst als Erwachsene, wenn Liebessehnsucht und Aufopferungsphantasien enttäuscht sind, findet die Frau zum aktiven Selbst zurück" (Hagemann-White 1992, S. 71).

Dieses Phänomen der Anpassung an die kollektiven Erwartungen und die damit verbundene Tendenz, sich das Selbst von einem Mann vorschreiben zu lassen, kann man psychodynamisch damit in Verbindung bringen, daß die junge Frau sich nicht aus dem Ödipuskomplex heraus entwickelt, oder nicht aus dem Ödipuskomplex heraus entlassen wird. Rhode-Dachser (1990) weist immer wieder darauf hin, wie wesentlich es ist, daß Vater und Mutter dem Mädchen auch erlauben, den Hafen des Ödipuskomplexes wieder zu verlassen. Väter müssen sich von ihrer "kleinen Geliebten" trennen und akzeptieren, daß sie nicht ihr sexueller Besitz ist, sie müssen um diese Liebesbeziehung, die sich verändern wird, trauern. Aber nicht nur die konkreten Väter haben gelegentlich Mühe, den jungen Frauen wirklich ihre sexuelle Autonomie zuzugestehen, auch die in den Medien ständig präsenten Anforderungen, wie eine junge Frau zu sein hat, wie ihr Körper zu sein hat, wen sie zu lieben hat, daß sie zu lieben hat, gehört in diesen Bereich.

Von der Jungschen Psychologie aus würde man die altersgemäße Ablösung von Vater- und Mutterkomplexen fordern, insbesonders auch über die Hinwendung zu Animus - und Animagestalten (Kast 1994) in der eigenen Psyche. Diese sind zunächst noch deutlich von den Elternkomplexen geprägt, aber dennoch schon eine Sehnsucht nach dem geheimnisvollen Fremden, das auf eine Frau oder einen Mann projiziert werden kann, und das mit Sehnsucht, mit gefühlsintensiven, auch sexuellen, Phantasien verbunden ist. Auch in diesem Denkmuster wäre es wichtig, daß der konkrete Vater das Mädchen freiläßt, und daß das Mädchen sich mit der Mutter auseinandersetzt. Dabei meint Auseinandersetzung nicht einfach Autonomieentwicklung, sondern Trennung innerhalb der Beziehung, Autonomie und Bezogenheit, die sich nicht ausschließen, wie das heute in weiten Kreisen für die Adoleszenz des Mädchens beschrieben wird (Hagemann-White 1992, S. 77). Es geht um "Selbst-sein-in-Beziehungen". Mit dieser Ablösung von den Elternkomplexen ginge eine Betonung des Ich-Komplexes einher, ein produktiver Narzißmus, mit Anima- und Animus würden neue innere Repräsentanzen belebt, die einen großen Einfluß sowohl auf die Beziehungen zu Männern und Frauen, als auch zum eigenen Selbst haben. Mit Animus- und Animagestalten ist selbstverständlich auch das sexuelle Begehren verknüpft. Verändert man die Jungsche Theorie dahingehend, daß Frauen und Männer Animus- und Animarepräsentanzen haben, was unterdessen zumindest für die Anima empirisch statistisch nachgewiesen ist (Heisig 1994), könnte daraus geschlossen werden, daß das sexuelle Begehren sich nicht ausschließlich auf den Mann fixieren müßte, sondern daß alle Formen der Sexualität zur Verfügung stünden. Nun mag das die Theorie noch lange erlauben, der "Code" der Gesellschaft favorisiert jedoch die Heterosexualität.

Könnte man Abhilfe schaffen?

Die Autorinnen, die dies anstreben, denken etwa an den "erotischen Glanz im Auge der Mutter" (z. B. Flaake 1995) und das auch schon in der frühen Mutter-Tochter-Beziehung. Weiter wird sehr dafür plädiert, daß Mütter die lustvolle auch sexuelle Beziehung ihrer kleinen Töchter zu ihrem Körper nicht unterbinden sollten. Diese Anmerkungen sind sicher richtig, aber auch etwas problematisch. Es gibt und gab schon immer Mütter und Mütter: Mütter, die eine gute Beziehung zu ihrem eigenen Körper haben, die sinnlich sind und Lust empfinden können, und die nicht heimlich die Frauen entwerten, gehen und gingen anders mit ihren Töchtern um, als Mütter, die im weiblichen Körper nur eine Last sehen, die man so attraktiv als möglich ständig herrichten muß. Diese Unterscheidungen aber werden nie gemacht, auch nicht in Untersuchungen. Die einen nun haben wohl schon immer mit dem erotischen Glanz im Auge ihre Töchter, auch ihre kleinen Töchter, betrachtet, für die anderen dürfte es schwierig sein, diesen Blick einfach zu haben - da stünde viel Entwicklung an.

Waldeck (1992) plädiert dafür, daß die jungen Mädchen sich mit ihren eigenen Händen berühren. Insbesondere auch in der Adoleszenz. Daß die jungen Frauen ermuntert werden, sich selbst anzufassen, überall, ihren weiblichen Körper als Basis der weiblichen Identität zu "begreifen" (Waldeck 1992). Sie plädiert insbesondere für Selbstbefriedigung während der Menstruation. Dadurch könne die junge Frau ihr eigenes Begehren spüren und auch ihre eigene Lust, sie sei dabei nicht Objekt des Begehrens, sondern Subjekt des Begehrens. Die Menstruation kann zu leichterer sexueller Erregbarkeit führen. In den sexuellen Phantasien der Frauen ist diese Verbindung der Menstruation als erregender Anlaß zum Onanieren bisher offenbar nicht hergestellt worden (Waldeck 1992, S. 194). Wichtig sind der Autorin dabei auch die mit dem Onanieren verbundenen Phantasien. Ihre Fragen zielen darauf ab, ob die eigenen Hand der jungen Frau sich berührt, Lust spendet, oder ob es auch in der Phantasie die Hand eines anderen Menschen ist. Daß es die eigene Hand ist, ist ihr so wichtig, weil damit auch ein Modell für Aktivität, für Initiative und Aggression, in der Sexualität zumindest imaginativ gewonnen werden kann.

Die Möglichkeit, erotische und sexuelle Wünsche in die eigene Verantwortung und in die eigenen Hände zu nehmen, bedeutet aber auch, daß die junge Frau entweder von der Mutter die Erlaubnis dazu bekommt, oder daß sie sich abgrenzt und sich diesen Teil des Lebens herausnimmt.

Phantasien, in denen die junge Frau nicht eigenhändig sich selber begreifen kann, sich selber das eigene Begehren wecken kann, wo also rasch eine starke männliche Hand ins Spiel kommt, zeigen, daß der Auseinandersetzung mit der Mutter und v. a. dem Mutterkomplex aus dem Weg gegangen wird.

Diese Überlegungen überzeugen ohne weiteres, geht man wirklich davon aus, daß die Frau ihr eigenes originäres sexuelles Selbst entwickeln muß, um wirklich auch eine sexuelle Identität zu haben, die sie nicht zum vornherein zu einem Opfer macht. Wichtig dabei ist auch der Aspekt, daß man auch selbst fähig ist, sich die lustvolle Erregung zu geben. Auf anderen Gebieten steht das ja außer Frage. Wer nicht aus sich selbst Interesse generieren kann, dem fehlt etwas. Warum also nicht auch in der Sexualität. Sexualität hat deutlich auf der einen Seite diesen interaktiven Aspekt, diesen spielerischen Aspekt der Auseinandersetzung mit einem anderen Menschen, zu dem oder zu der irgendeine Spannung besteht, sie hat aber auch diesen individuellen Aspekt, es gibt auch die private Sexualität.

Die Frage ist nur, ob man mit dieser Idee bei den Adoleszentinnen ankommt. Möglicherweise haben diese ganz andere Probleme: Der Druck der Gleichaltrigen, sich kollektivem erotisch-sexuellen "Code" zu unterwerfen, scheint so groß zu sein, daß wahrscheinlich nur Töchter von selbst wenig angepaßten Müttern mit gutem Selbstwertgefühl ansprechbar wären (Michael et al. 1994). Das hieße aber: Frauen sind im allgemeinen auf den "Code" sehr ansprechbar. Sie scheinen zu glauben, daß Anpassung in der Sexualität ihnen ein gutes Selbstwertgefühl vermittelt, das Gefühl, eine richtige Frau zu sein und letztlich dann ein "Zuhause" (Hite 1988, S. 569) und ein erfülltes Leben gibt, das, was sie in erster Linie wollen. Es geht bei der jungen Frau in der Adoleszenz um das Thema Selbstverlust versus Selbstgewißheit. Und darum geht es auch später. Mit dem Selbstverlust, dem sich Anpassen, scheint die Frau auf den ersten Blick eine gute Chance zu haben, zu erfüllen, was man von ihr erwartet. Mit der Selbstgewißheit, einer gewissen Authentizität, dem Pochen auf Identität, die v. a. noch das präadoleszente Mädchen hatte, hat sie zunächst eher schlechte Chancen. Auf die Länge gesehen sind die Chancen selten gut, wenn sie auf Selbstverlust beruhen.

Diese Anpassung findet nun v. a. auf sexuellem Gebiet statt nach dem Motto: Er hat mehr Erfahrung ... Dabei ist allerdings festzustellen, daß diese Fremdbestimmung des sexuellen Selbst im Laufe des Lebens beklagt wird. Weiter ist auch anzumerken, daß die jungen Frauen von Anfang an weniger zufrieden sind mit der Sexualität und immer unzufriedener werden, während die jungen Männer, die von Anfang an zufriedener sind immer zufriedener werden. Und dennoch machen die jungen Frauen weiter (Jung 1995).

Das Erwachen

Das Erwachen kommt nach Hagemann-White dann, wenn "Liebessehnsucht und Aufopferungsphantasien enttäuscht sind" (Hagemann-White 1992, S. 71). Dem entspricht die generelle Lustlosigkeit, die im Moment überall vermerkt wird, dem entspricht auch, daß 70% der Frauen, die länger als 5 Jahre verheiratet sind, außerehelichen Geschlechtsverkehr haben (Männer 75%). 76% der Frauen geben als Grund die Entfremdung von ihren Ehemännern an, 21% sehen den Grund darin, daß sie Zuhause nicht genügend oder nur unbefriedigenden Sex bekommen (Hite 1988, S. 900ff.). Es ist schwer zu sagen, ob der Grund für diesen außerehelichen Sex darin liegt, daß sich die Frauen in der Ehe emotional allein gelassen und wenig geachtet fühlen, sie also in einer Außenbeziehung einen Menschen finden, der sie mehr beachtet, sie ernst nimmt und ihnen das Gefühl gibt, begehrenswert zu sein, oder ob es bei den Frauen um das Zurückgewinnen der eigenen Sexualität geht. Die beiden Bereiche sind schlecht voneinander zu trennen. Immerhin sagen 13% der Singlefrauen, Sex mit einem Fremden mache Spaß, weil sie sich dabei ausdrücken könnten (Hite 1988, S. 233). Damit ist aber auch ausgedrückt, daß es möglicherweise schwierig ist, sich in einer eingeschliffenen sexuellen Beziehung wirklich ausdrücken zu können. 33% der Singlefrauen haben sich entschlossen, nachdem sie sexuell aktiv gewesen waren, mindestens ein halbes Jahr keinen

Geschlechtsverkehr zu haben. Sie sagen, es gehe ihnen dabei um das Erleben der sexuellen Identität mit sich selbst und um den Aufbau von Selbstachtung. Die Suche nach dem originären sexuellen Selbst scheint also im Erwachsenenalter und im späteren Erwachsenenalter der Frau in vielfältiger Weise einzusetzen.

Dem entspricht auch, daß 24% der lesbischen Frauen erst mit über 40 Jahren eine sexuelle Partnerschaft mit einer Frau eingehen, und daß 32% der Frauen mit lesbischen Beziehungen zuvor verheiratet waren (Hite 1988, S. 932). Die Zufriedenheit der lesbischen Frauen mit ihrer Sexualität ist sehr groß (Hite 1988, S. 925). Sexualität ist ihnen auch sehr wichtig. Wichtig für sie ist, daß Sexualität weitgehend eine Gesamtkörpersexualität ist mit vielfältiger sinnlicher Stimulation, daß sie verhältnismäßig leicht zum Orgasmus kommen, auch zu multiplen Orgasmen, und daß der Orgasmus der Partnerin wichtiger ist als der eigene (Akkermann et al. 1990).

Auf vielfältige Weise also versuchen die Frauen, im Laufe ihres Lebens zu der ihnen angemessenen Sexualität zu kommen, zum "eigenen Begehren", wie das immer wieder ausgedrückt wird. Die Psychoanalyse, die zwar das eigene Begehren der Frau reklamiert (Benjamin 1990; Rohde-Dachser 1991), macht sich aber doch immer wieder Gedanken darüber, ob denn die Frau wirklich ein eigenes Begehren haben kann, habe sie doch keinen Phallus, kein Organ, um das eigene aktive Begehren zu symbolisieren? Dabei hat die Frau doch eine so schöne Ganzkörpererotik. Das weiß doch sogar die Werbung! Kann denn ein ganzer Körper nicht auch als ein Symbol des Begehrens verstanden werden? Muß es denn eigentlich ein Teilobjekt der Männer sein, das allein Begehren symbolisieren kann? Eine Studentin hat eine sehr erotische Atmosphäre um sich. Auf die Frage von Männern und Frauen, was denn mit ihr sei, sagt sie: "Ich habe das Gefühl, daß mir aus allen Poren rote Tulpen wachsen und in Blüte ausbrechen." Das sagt sie strahlend, mit blitzenden Augen - ein wunderschönes Symbol für Begehren.

Wie sieht es mit den Phantasien aus?

Von diesem eigenen Begehren wird viel gesprochen. Für viele Frauen ist das etwas ganz Natürliches, daß sie sexuell begehren, daß sie auch nicht unbedingt in den Kategorien Vorspiel/Penetration/Orgasmus begehren, sondern aufregender, ganzheitlicher, unvorhersagbarer, daß sie auch das Spiel von Begehren und notwendigen Aufschub der Erfüllung des Begehrens genießen können, das Begehren auf vielen verschiedenen Ebenen, das dann letztlich in die genitale Vereinigung münden kann, aber nicht muß. Dabei ist wesentlich, daß es ein intersubjektives Geschehen ist: Das Begehren des einen stimuliert das Begehren des anderen.

Andere Frauen wiederum sagen von sich, daß sie zuerst begehrt werden müssen, um selber begehren zu können, daß sie Schwierigkeiten haben, aktiv zu wissen, was sie begehren. Daß sie hinterher oder auch im Vollzug der sexuellen Begegnung sagen können, was sie nicht wollen, aber nicht explizit, was ihnen Freude bereiten würde.

Die sexuellen Phantasien könnten uns Aufschluß darüber geben, was die Frauen vielleicht wirklich möchten. Nun ist auch dieses Gebiet, von dem ich mir sehr viel erhofft habe, jedenfalls in der verbalen Darstellung, eher unergiebig. Die Frauen sprechen nicht wirklich darüber, vielleicht denken sie, diese Phantasien seien nicht identitätsrelevant. Möglicherweise sind viele Frauen unbewußt immer noch davon beeinflußt, daß sie eigentlich keine aktive Sexualität zu haben hätten - und man hört ja schon wieder überall, wie sehr das Begehren der Frauen die Potenz der Männer in Frage stelle.

Generelle Phantasien

Sie laufen weitgehend in den vorgegebenen gesellschaftlich erlaubten Rastern und in deren Gegenteil ab: Erinnerungen an schöne sexuelle Begegnungen, die in der Erinnerung immer schöner werden und damit auch die Erwartungen auf zukünftige Begegnungen hochschrauben. Das Gegenteil des Erlaubten: 53% der Frauen haben Phantasien von einem sehr "freien Sexualleben" (Hite 1988, S. 234) etwa in dem Stil, daß sie viele verschiedene Männer empfangen, und einfach nur lustvollen Sex mit ihnen haben. Die Frauen sind dann beunruhigt darüber, sie könnten zu sexuell sein. Sex mit Fremden, anonymer Sex und Sex mit mehreren Partnern spielen in diesen Phantasien immer wieder eine große Rolle (Hite 1988, S. 235). Diese Phantasien werden von den Frauen selbst als wenig erlaubt erlebt.

Die masochistischen Phantasien

Im übrigen spielen auch immer noch die sog. "masochistischen" Phantasien eine Rolle, Phantasien, in denen es um Dominanz und Unterwerfung geht. Interessant ist in diesem Zusammenhang, daß die Phantasierende in der Regel die Zuschauerin ist, selten das Opfer, oder daß sie sich abwechslungsweise mit Opfer und Täter identifiziert. Mir scheint, diese Phantasien können nicht einfach dahingehend verstanden werden, daß Frauen ein Bedürfnis nach Ausgeliefertsein haben oder gar nach Unterwerfung oder Vergewaltigung. Beide Pole der Phantasie müssen ernst genommen werden: Es gehört wohl zum erregenden lustvollen Spiel von zwei sexuell interaktiven Menschen, daß dieses Spiel immer einmal an Grenzen geht, und ja letztlich auch in der Aufhebung der Grenzen - zumindest für Momente mündet. Beide müßten dabei dominieren und sich auch unterwerfen können. In diesen Phantasien von Dominanz und Unterwerfung können die beiden

Beteiligten auch als intrapsychische Gestalten aufgefaßt werden, besonders dann, wenn das Ich als Beobachtendes zu sehen ist. Dann kommt in diesen Phantasien auch zum Ausdruck, daß die Frau in sich selbst eine doppelte Sexualität hat, eine, die sie gewöhnlich der Frau zuschreibt, und eine, die sie dem Mann zuschreibt (das würde mit der Animus- und der Animatheorie übereinstimmen). Könnte man das grundsätzlich akzeptieren, würde ein Konformitätsdruck von diesem Phantasieren weggenommen werden: Besonders die lesbisch lebenden Frauen versuchen, auch in ihren Phantasien möglichst weit von der heterosexuellen Sexualität wegzukommen, wagen z. B. ihrer Partnerin nicht zu sagen, daß sie heftigeren Sex wünschen oder auch einmal sehr passiv sein möchten. Das geht alles zu sehr ins Stereotyp hinein, das sie ja vermeiden möchten.

Phantasien von lesbisch lebenden Frauen

Die Phantasien von lesbischen Frauen handeln von romantischen Verführungsszenen an schönen Orten mit einer phantasierten Traumfrau. Besonders schöne Erinnerungen werden in der Phantasie immer wieder nachgestellt (n=92). Es folgen Szenen mit Gewalt, (Sado-Maso), dann Szenen, in denen sich die Phantasierende mit großer Heftigkeit und Direktheit, in Szenen von totaler Lust und Leidenschaft als Verführerin sieht (n=56). Weiter werden sexuelle Handlungen in der Halböffentlichkeit phantasiert (n=35), Sexualität mit mehreren Personen. Am seltensten sind Phantasien, selbst einen erigierten Penis zu haben (n= 23) (Akkermann et al. 1990).

Die sexuellen Phantasien als Symbole

Ob heterosexuell oder homosexuell lebend, die Vorstellung von sich als sexuell aktiver, erregter, "potenter" Frau, die ihr Bedürfnis nach Lust und Leidenschaft in einer selbstverständlichen Weise zum Ausdruck bringt, wird von den Phantasierenden schnell als obszön bezeichnet, als etwas, dessen sie sich schämen müssen. Auch bei den Phantasien wird deutlich: Die Frau darf noch immer nicht einfach lustvoll phantasieren, was sie phantasieren möchte. Allerdings ist auch zu überlegen, ob in diesen mitgeteilten Phantasien auch wirklich das Wesentliche der weiblichen sexuellen Wünsche steckt. Diese sexuellen Phantasien sind ja nicht einfach Wünsche. Diese Phantasien müssen differenziert werden in ihrer Funktion. Es gibt Phantasien, die sehr nah am konkreten Vollzug der Sexualität sind, auch deutlich dazu dienen, die Erregung zu steigern, um mit dem Mann "mitzukommen", oder Distanz herzustellen. Diese Phantasien haben aber zusätzlich mehr oder weniger deutlich auch einen symbolischen Gehalt. Die Phantasien von Sadismus und Masochismus weisen nicht einfach darauf hin, daß eine Frau sich unterwerfen möchte, Lust auf Dominanz oder Unterwerfung hat, sondern letztlich auf die Spannung und die Verbindung von Eros, von Erregung und Tod.

Zwar sind all diese Phantasien dazu da, mit dem Sexuell-Erotischen in Bezug zu bleiben und die Erregung zu maximieren, und sie zeigen natürlich auch, was die Erregung maximieren würde, zumindest in Vorstellungskategorien, die wiederum erlaubt sind. Viele Vorstellungskategorien sind nicht erlaubt, oder werden zumindest nicht benannt: Die Frau darf nicht aggressiv sein, das ist männlich, sie darf nicht gierig sein, das ist männermordend, sie darf nicht Subjekt der erotischen Verführung sein, das ist nicht rollenkonform oder phallisch - aber sie sind auch symbolisch zu verstehen, und sicher nicht einfach konkret eins zu eins, das ist besonders deutlich bei den sadomasochistischen Phantasien.

Betrachtet man all diese Phantasien genauer, auch unter dem Aspekt der Symbolik, dann ist in ihnen eine Sehnsucht enthalten, Subjekt und Objekt des erotisch-sexuellen Geschehens sein zu dürfen, als Subjekt in Interaktion mit einem anderen Subjekt, v. a. aber auch, den ganzen Schatz der Sinnlichkeit und Sinnenhaftigkeit ausleben zu dürfen, sexuell auch etwas bewirken zu können. Möglicherweise ginge es bei diesen Phantasien auch viel mehr um eine Atmosphäre in einem weiten Sinn, in der Sexualität lustvoll erregend würde, die geschildert werden müßte, um eine besondere sexuelle Selbstwahrnehmung, die in Worte zu fassen vielleicht schwer fällt, auszudrücken.

Eine letzte Phantasie: Sex mit dem geheimnisvollen Fremden, mit der geheimnisvollen Fremden

Eine sexuelle Begegnung mit dem Fremden, mit der Fremden - die uralte Phantasie von der wortlosen Liebe mit einem Fremden oder einer Fremden - das perfekte Gespräch der Körper, die perfekte Lust, ohne jede Folge, ohne Vorgeschichte. Sich selbst sexuell anhand des Fremden neu erleben, das Fremde in sich selbst erleben. Diese Phantasien, würden sie wirklich ausgestaltet, könnten viel aussagen über die wirklichen sexuellen Sehnsüchte der Frau, die zwar sexuell sind, die aber auch mehr als sexuell sind. Es ist auch die innere Sehnsucht nach dem geheimnisvollen Fremden in der eigenen Seele, projiziert aber auf die sexuelle Begegnung, sicher der Ort, wo die tiefsten Wünsche zum Ausdruck kommen, wobei dann durchaus zu fragen wäre, ob es um die Steigerung der Lust geht, um die Vereinigung mit dem ganz anderen, um den eigenen Ausdruck der Sexualität oder um ein Gefühl des Einsseins, des Transzendierens, wie man es noch nie hatte, um den Orgasmus der Orgasmen, oder um alles miteinander. In diesem Bereich könnte die Phantasie der Frauen freigelassen werden - möglicherweise.

Gerade diese Art der Phantasien evoziert das Thema der Vereinigung mit Gegensätzlichem (was nicht einfach auf Mann und Frau projiziert werden muß), das deutlich mit Gefühlen von Glück, von Glücken, von über sich Hinaus-sein-

Können, letztlich mit Gefühlen der Spiritualität, verbunden ist. Ich fände es gut, wenn diese Phantasien als Phantasien und als Sehnsüchte in die psychische Innenwelt zurückgenommen werden könnten, als eine der grundlegenden menschlichen Sehnsüchte, die gelegentlich in der Liebe und in der Sexualität in einem guten Moment erfüllt werden.

Würden wir die Innenwelt wieder ernster nehmen, würde möglicherweise die Welt der kollektiven Phantasien, die ich Fiktion genannt habe, weniger Gewicht bekommen. Die sexuelle Erfahrung wäre etwas entlastet vom Druck des kollektiven Codes als auch vom Druck des Intrapsychischen. Das gäbe der Frau die Möglichkeit, anhand des Erlebens ihrer eigenen sexuellen Erfahrung und Wünsche immer mehr herauszufinden, was sie denn eigentlich will, was ihr originäres sexuelles Selbst ist, wie sie das lustvoll leben will - oder auch nicht. Vielleicht könnte sie dann sogar darüber sprechen.

Möglicherweise müßten wir uns aber alle auch Gedanken darüber machen, was es denn bedeuten würde, wenn auch diese lustvolle Sexualität nicht mehr genügt für die Durchdringung der Welten, nicht mehr genügt für die gegenseitige Selbstvalidierung, wie das Luhmann (1982, 1994) zu bedenken gibt. Wir müßten uns dann fragen, ob es nicht neben einer durchaus lustvollen, sinnenhaften Sexualität auch andere, aufregende, anregende Formen der Intimität geben müßte.

Literatur

Akkermann A, Betzelt S, Daniel G (1990) Nackte Tatsachen. Z Sozialforschung 2:141-165

Akkermann A, Betzelt S, Daniel G (1990) Nackte Tatsachen. Z Sozialforschung 3: 1-23

Benjamin J (1990) Die Fesseln der Liebe. Stroemfeld/Roter Stoz, Frankfurt aM

Erikson EH (1988) Der vollständige Lebenszyklus. Suhrkamp, Frankfurt aM

Flaake K (1995) Zwischen Idealisierung und Entwertung. Probleme der Perspektiven theoretischer Analysen zu weiblicher Homo- und Heterosexualität. Psyche 9/10: 867-886

Hagemann-White C (1992) Berufsfindung und Lebensperspektive in der weiblichen Adoleszenz. In: Flaake K, King V (Hrsg) Weibliche Adoleszenz. Zur Sozialisation junger Frauen. Campus, Frankfurt aM New York, S 64-83

Hausser K (1995) Identitätspsychologie. Springer, Berlin Heidelberg New York

Heisig D (1994) Zum Jungschen Konzept der Anima. Versuch einer empirisch fundierten Reformulierung auf der Grundlage von Traumanalysen. Diplomarbeit Universität Bonn

Hite S (1988) Frauen und Liebe. Der neue Hite Report. Goldmann, München

Jung M-Th (1995) Die Adoleszenz des Mädchens. Bestandsaufnahme und feministisch-psychologische Utopien. In: Egner H (Hrsg) Lebensübergänge oder der Aufenthalt im Werden. Walter, Solothurn Düsseldorf

Kast V (1996) Wechseljahre - Wanderjahre. In: Kast V (Hrsg) sich wandeln und sich neu entdecken. Herder Spektrum, Freiburg

Kast V (1994) Vater-Töchter, Mutter-Söhne. Wege zur eigenen Identität aus Vater- und Mutterkomplexen. Kreuz, Stuttgart, S 194ff

Luhmann N (1982, 1994) Liebe als Passion. Zur Codierung von Intimität. Suhrkamp, Frankfurt aM

Michael RT, Gagnon JH, Edward O, Kolata G (1994) Sexwende. Liebe in den 90ern. Knaur, München

Rohde-Dachser Ch (1990) Über töchterliche Existenz. Offene Fragen zum weiblichen Oedipuskomplex. Z Psychosom Med Psychoanal 36: 303-315

Rohde-Dachser Ch (1991) Expedition in den dunklen Kontinent. Springer, Berlin Heidelberg New York

Waldeck R (1992) Die Frau ohne Hände. Über Sexualität und Selbständigkeit. In: Flaake K, King V (1992) (Hrsg) Weibliche Adoleszenz. Campus, Frankfurt aM, S 186-198

Vertrauen in die Fremdheit: Die Sexualität des Mannes zwischen Beziehungsfurcht und mythischer Grandiosität

Allan Guggenbühl

Eine Frau kommt entsetzt in die Therapiestunde. Das Vertrauen in ihren Mann sei erschüttert. Er sei zwar einfühlsam, nett und auch in der Sexualität ist sie zufrieden, doch was sie in einer Schublade im Pult ihres Mannes entdeckt hat ist zuviel: Schmuddelhefte, pornographische Literatur! Für diese Frau ein krasser Vertrauensbruch. Wieso braucht er diese Hefte? Haben sie keine erfüllte Sexualität?

Das Sexualverhalten der Männer wirft Fragen auf. Vielfach können sie nicht genug haben, drängen danach, um anschließend, am Ziel angelangt, das Interesse zu verlieren. Ein Mann schreibt feurige Liebesbriefe an seine Freundin und schwelgt in erotischen Phantasien. Jede Nacht von ihr getrennt ist eine verpaßte Chance; so sein Ceterum censeo. Tatsächlich erleben sie einige wunderbare Liebesnächte in Hotels. Fast schlagartig ändert sich sein Verhalten, als sie zusammenziehen: Wenn sie sich an Abenden zum ihm kuschelt, bequemt er sich nicht einmal, den Walkman abzunehmen. Großzügig legt er vielleicht seinen Arm um sie, doch außer dem Takt zu Mozart oder Beethoven bekommt sie nichts mehr von ihm. Was ist aus dem feurigen Liebhaber geworden?

Sind Männer lediglich während der Balzphase sexuell interessiert? Das Sexualverhalten anderer Männer scheint bizarr: Ein 30jähriger Mann wurde nur erregt, wenn ein schwarzer Koffer am Ende der Treppe zum Schlafzimmer seiner Frau stand oder ein 40jähriger Mann, wenn seine Frau ihm ins Ohr flüsterte, daß sie eigentlich mit zwei Männern gleichzeitig schlafen möchte. Was ist mit den Männern los? Sind sie nicht fähig zu sog. normaler Sexualität?

Sexualität ist schwierig zu erfassen, ein ewiges Thema, über das wir alles und nichts wissen. Bevor wir uns dem eigentlichen Thema zuwenden und die vorgehenden Beispiele betrachten, zwei Vorbemerkungen.

Männliche Perspektive

In meinem Beitrag wird Sexualität aus männlicher Perspektive betrachtet. Eine solche Sichtweise ist problematisch, denn sie könnte zu einer Polarisierung des Themas führen; hier Mann, dort die Frau. Wenn die Differenzen zwischen den Geschlechtern hervorgehoben werden, droht das Denken in vereinfachenden Geschlechtskategorien verstärkt zu werden. Männer sind nun "halt mal so", müssen sich nicht verändern und um die Wahrnehmungen und Gefühle ihrer Partnerinnen kümmern.

Wenn wir uns den Eigenarten männlicher Sexualität zuwenden, dann bedeutet dies nicht, problematisches, unbewußtes oder wenig reflektiertes männliches Sexualverhalten zu legitimieren. Die Botschaft soll nicht sein, daß der Mann bleiben soll wie er ist, sondern daß er über sich nachdenken und geschlechtsspezifische Muster identifizieren muß. Die Hoffnung ist, daß damit Mißverständnisse aufgedeckt werden und die Geschlechter sich in ihrer Verschiedenheit besser verstehen. Aus psychologischer Perspektive handelt es sich jedoch beim Thema Mann-Frau oder dem Weiblichen und Männlichen um keine absoluten Kategorien. Jede biologische Frau hat auch männliche Seelenanteile in sich, den Animus und jeder biologische Mann auch weibliche Eigenschaften, die Anima. Weiblich, männlich sind seelische Tendenzen, die sich nicht scharf voneinander trennen lassen.

Wenn in den nachfolgenden Ausführungen trotzdem klar zwischen Mann-Frau, beziehungsweise männlich-weiblich unterschieden wird, dann nur deshalb, weil es dem Erleben der überwiegenden Mehrheit der Menschen entspricht. Obwohl die Psychologie (Samuels 1994) das Denken in Geschlechtskategorien ablehnt oder als irrelevant betrachtet und nur von den Menschen an sich oder der Anima und dem Animus spricht, wird der Alltag immer noch deutlich durch die Dichotomie Mann-Frau geprägt. Die überwiegende Mehrheit der Menschen fühlt, erlebt und orientiert sich im Leben als Mann oder als Frau. Ihre Identität hat eine geschlechtliche Dimension, die sich in der Gestaltung, den Phantasien und der Qualität des Sexuallebens mitausdrückt.

Heterosexualität bezieht ihre Energie vom Geschlechtergegensatz. Die Partnerin oder der Partner fasziniert als fremdes, mysteriöses Wesen - das ganz andere, das man sucht, bewundert, ablehnt oder vereinnahmen will. Bei sexuellen Kontakten begegnen wir einem Erdgenossen, der verwandt ist und doch ganz fremd bleibt. Wir sind irritiert, erstaunt, begeistert und erregt von der andersartigen Körperlichkeit, die sexuelle Lustgefühle ermöglicht. Sexualität ist auch ein Erlebnisbereich, wo sich Männer und Frauen immer wieder finden. Sie lebt von Gegensätzen, doch gleichzeitig ist das Sexualleben auch eine Zelebrierung der Gemeinsamkeiten. Eine Lebensbereich, wo die Geschlechter sich einander kompromißlos widmen und ineinander eintauchen. Gegenseitig versinkt das Paar in die eigene und fremde Körperlichkeit. Im Hierosgamos werden dadurch die Gegensätze aufgehoben. Die Geschlechter erfahren ihre Unterschiedlichkeit am eigenen Leib, diese wird jedoch durch das gemeinsame Erlebnis subjektiv aufgehoben. Sexualität ist ja jener Ort, wo sich Männer und Frauen immer wieder auch einigen können.

Sexualität ist eine Urkraft des Menschen. Für jeden Menschen eine Erfahrung und Herausforderung, die aufwühlt, betrifft, ärgert oder erfreut. Da das Thema Sexualität uns alle persönlich betrifft und mit einer eigenen Geschichte verbunden ist, bleiben Generalisierungen an der Oberfläche. Spricht oder schreibt man über Sexualität, so werden entsprechende Aussagen rasch den anderen zugeschrieben, selbst grenzt man sich ab. Als urpersönliche Seinsdimension lebt Sexualität von der Singularität individuellen Erlebens. Vielleicht decken sich darum einige der folgenden Gedanken nicht mit persönlichen Erfahrungen. Verallgemeinerungen decken sich bei solchen Themen selten mit individuellem Erleben. Da Sexualität für praktisch alle ein emotionsgeladenes, intimes und problematisches Thema bleibt, überragt die persönliche Bedeutung. Die nachfolgenden Gedanken zur männlichen Sexualität sind darum nicht die ultimo ratio, sondern als Anregung zu verstehen, im eigenen Erleben oder der eigenen Praxis darüber weiter nachzudenken.

Sexualität als Anarchie und Chaos

Freud (1915) spricht von der Sexualität als Trieb. Durch diese Metapher hebt er hervor, daß sie sich schwer zivilisieren läßt. Sie energetisiert, aber wir erleben Sexualität auch als unheimlich. Eine dämonische Kraft, die uns oft auf Abwege bringt. Sie will sich nicht unserem Willen und unseren Absichten unterordnen, sondern imponiert durch ihre anarchistische Qualität. Wir wissen nie, was sie als nächstes mit uns anstellen wird, welche Gedanken, Gefühle, Interessen oder Handlungen sie provoziert. Im viktorianischen Zeitalter versuchte man sie in einen bürgerlichen Moralkodex zu zwängen, verbot sich, offen darüber zu sprechen. Frauen war es schon gar nicht erlaubt, ihr Interesse daran zu zeigen. Vielleicht als Reaktion auf diese Prüderie erlebten Pornographie und heimliche Liebschaften eine Hochblüte (Marcus 1977). Die Verbannung der Sexualität hatte paradoxerweise die heimliche Sexualisierung des Lebens zur Folge. Sexualität foutierte sich um die hehren Absichten viktorianischer Moralapostel.

Tausende von Jahren versuchten wir die Sexualität zu bewältigen, indem ein Geschlecht aus dem öffentlichen Leben verbannt wurde. Frauen hatten in der

Berufswelt und in der Politik nichts zu suchen. Vielleicht ist die patriarchale Gesellschaft auch ein Versuch, die irritierende Kraft der Sexualität aus der Gesellschaft zu bannen, damit Spannungen und Irritationen zwischen den Geschlechtern nicht aufkommen. Nur Zuhause, im Bett, im Bordell, versteckt durfte Sexualität leben. Durch die Emanzipation der Frauen sind wir in eine neue Phase eingetreten. Sexualität gehört nicht mehr zu den Heimlichkeiten des öffentlichen Lebens, sondern wird zu einer Möglichkeit im Alltag. Die Geschlechter begegnen sich auch im öffentlichen Leben als auch als erotische Wesen. Die heftigen Diskussionen über sexuelle Belästigungen am Arbeitsplatz sind vielleicht auch ein Versuch, die anarchistische Potenz der Sexualität im öffentlichen Leben abzuwehren.

Sexualität hat immer einen Doppelaspekt. Einerseits bedeutet Sexualität eine Möglichkeit unsere Körperlichkeit lustvoll zu erleben, andererseits - und dieser Aspekt interessiert mich natürlich als Psychologe - ist sie auch ein *mentaler Prozeß*. Sexualität ereignet sich nicht nur in unserer Körperlichkeit, sondern genauso in unseren Vorstellungen darüber. Subjektiv bedeutungsvoll wird Sexualität durch diese Amplifikationen. In unserem Erleben äußern sich unsere Triebe nicht als Befehle vom limbischen System, die wir brav ausführen sollten, sondern über das attraktive Gegenüber. Nicht die Notwendigkeit der biologischen Triebentladung steht im Vordergrund, sondern die körperlichen Reize einer Frau ziehen uns an, die Stimme erotisiert und die Bewegungen wirken verführerisch. Als Frau wird man durch körperliche Nähe und Berührung eines bestimmten Mannes erregt. Die Bilder, die wir von der Sexualität entwickeln, sind also nicht zu trennen vom Sexualinstinkt. Imagination und Sexualität gehören zusammen. Aus psychologischer Sicht dürfen wir den Menschen nicht zum Wesen mit Sexualorganen reduzieren, die wegen der Fortpflanzung hie und da eingesetzt werden müssen, sondern als Wesen mit einer Vorstellungswelt verstehen, die ihn mit seiner Körperlichkeit verbindet. Der Versuch der empirischen Sexualwissenschaft, das geschlechtliche Verhalten des Menschen über Zahlen und Fakten zu erfassen, würde zu kurz greifen, wenn dadurch die immens wichtige, bizarre subjektive Bilderwelt, die zur Sexualität des Menschen gehört, ausgeschlossen wird. Nicht wer und wie, wieviel, wo und was steht hier im Zentrum, sondern wie unsere sexuellen Tätigkeiten mit unseren seelischen Bilderwelten korrespondieren oder ausgelöst werden. Diese Imaginationen sind ein Bestandteil der menschlichen Sexualität. Wenn wir etwas über die Sexualität des Menschen erfahren wollen, dann müssen wir in diese subjektiven Bilderwelten eintauchen. Die Kraft der Sexualität zeigt sich in den mentalen Amplifikationen, die wir Menschen darüber entwickelten.

Unsere Imaginationskraft kreiert virtuelle Welten. Wir phantasieren Möglichkeiten, wunderschöne Erlebnisse und projizieren wild auf bekannte und weniger bekannte Persönlichkeiten. Während früher Brigitte Bardot, Marilyn Monroe herhalten mußten, werden heute z. T. die Kids-Generationen sexueller Ausschweifungen verdächtigt. In unseren Phantasien schlägt uns die eigene Imagination entgegen. Die Sexualität liebt die Fiktion. Nicht erst seit Cybersex wurde Sexualität im Reich der Phantasie ausgelebt, früher drückte sich ihre virtuelle Qualität durch allerlei vermutete Daimones aus: Die Incumbi, die des Nachts ins Bett schlichen und Männer wie Frauen in sexuelle Raserei brachten. Sexualität ist immer auch ein Geschehen im innerseelischen Raum, der persönlichen virtuellen Welt. Vielleicht ist der konkrete Sexualakt sogar nur eine profane Ableitung großartiger innerer Bilder.

Sexualität ist für uns jedoch nicht nur eine Beglückung, sondern auch ein großer Ärger. Der anarchische Trieb, die unkontrollierbaren Phantasien lenken uns immer wieder von unseren Zielen ab. Lebenspläne werden über Bord geworfen, Aufgebautes zerstört, weil die Sexualität uns dazu trieb. Wahrscheinlich ist Sexualität neben dem Alkohol eines der größten Ehe- und Familienzerstörer. Tausende Männer wie Frauen verlassen jährlich ihre Familien wegen einem sexuellen Drang oder einer erotischen Faszination. Oft haben sie das Gefühl, ihre wahre sexuelle Potenz mit dem blassen Ehemann oder der alternden Ehefrau nicht verwirklichen zu können.

Ein 40jähriger, liebevoller Familienvater unternahm eine achttägige Geschäftsreise nach Japan. Der Abschied von Zuhause fiel schwer. Tränenumflorten Auges bestieg er das Flugzeug nach Tokyo. Eine 30jährige Stewardeß bedient ihn. Kurz vor Bombay hat es dann gefunkt: Die beiden verliebten sich unsterblich ineinander. Gleich nach der Landung eilen sie in ein Hotel und verbringen drei wunderbare Nächte. Der nette Familienvater kehrt nach zehn Tagen in die Schweiz zurück und verkündet der verdutzten Familie, daß er sie verläßt.

Sexualität kann zerstörerisch wirken. Von der Umgebung wird sie dann als großer Ärger empfunden. Aus dem Nichts taucht sie als eigenständige Macht auf, mißachtet moralische Regeln, kümmert sich nicht um ethische Richtlinien und setzt sich über persönliche Zielsetzungen hinweg.

Die jahrelange Affäre König Charles des Zweiten mit der ebenso schönen, sinnlichen und wie auch skrupellosen Barbara Villiers (1641-1709) erregte im 17. Jh. breiten öffentlichen Ärger. Anscheinend war der englische König ihr sexuell dermaßen hörig, daß er alle ihre materiellen Wünsche erfüllte und den englischen Finanzminister in Verlegenheit brachte. Statt sich um Staatsgeschäfte zu kümmern, zog es ihn zum Ärger der Regierung immer wieder zur schönen Barbara (Nicholas 1984, S. 25ff.).

Obwohl Sexualität nicht zivilisierbar ist, lassen wir nichts unversucht, sie zu beherrschen. Gebote, Verbote, Richtlinien werden aufgestellt, damit die chaotische Kraft der Sexualität nicht überhandnimmt. Wir versuchen uns Richtlinien zu geben, damit wir der Sexualität nicht ausgeliefert sind. Tabus etablieren sich, damit Sexualität nicht in beruflichem Umfeld für Verwirrung sorgt. In der Psychotherapie richten wir uns nach einem "Code", damit es nicht zwischen Therapeut und Patient zu Sexualkontakten kommt. Leider ist auch dieser z. T. wirkungslos: In einem bekannten psychotherapeutischen Institut pflegte der leitende Therapeut bei gewissen Patientinnen die Vorhänge des Einwegfenster zuzuziehen. Seine makellose Reputation und sein Einsatz für rigorose ethische Richtlinien in der Psychotherapie machten ihn über jeden Verdacht erhaben, bis man herausfand, was er hinter dem Vorhang trieb ...

"Codes", um die Sexualität abzuwehren oder sie zu normalisieren, verbreiten sich auch im öffentlichen Bereich. Anzügliche Witze sind auch deshalb problematisch, weil sie auf die irritierende Qualität der Sexualität verweisen und das Thema auf das Tapet bringen, wo dies nicht erwünscht wird. Sexualität gilt es in wohldefinierten Bereichen zu leben. Doch es ist fraglich, ob die Rechnung aufgeht: Wenn wir Sexualität verbieten oder regulieren, dann wird der Ärger vielleicht noch größer, wir werden, gemäß Freud, hysterisch, neurotisch, für die Umgebung unerträglich und starren plötzlich gierig in Pornohefte.

Sexualität ist jedoch für uns auch ein Ärger, weil sie nicht zu fassen ist. Sie liebt Grauzonen, Ambiguitäten und taucht als Faszinosum immer wieder auch dort auf, wo man sie eigentlich nicht vermutet. Plötzlich reizt der dunkelhäutige Kellner oder schwelgt man wegen einer kaum wahrnehmbaren Hintergrundmusik in einem erotischen Bild, obwohl man sich eigentlich auf die Steuererklärung konzentrieren sollte. Sexualität läßt sich auch schwer domestizieren. Ist der feurige Liebhaber Zuhause angekettet, so mutiert er zum langweiligen Hausmuffel. Die verrückten Pläne, wirren Phantasien sind vergessen, und er denkt nur noch an das Match, das natürlich unbedingt am einzigen gemeinsamen Abend verfolgt werden muß. Nach dem Schlußpfiff schläft der Verbal-Casanova ein. Routine zerstört Sexualität. Oft versuchen Paare durch neue Techniken, exotische Orte, neue Utensilien, Kombinationen oder sogar Partnertausch das Prickeln wieder zu erleben, doch meistens sind es vergebliche Manöver: Zwar gibt es einen Kick, weil eine Schwelle überschritten wird, doch die Leidenschaft und Neugier der Frischverliebten kommt nicht mehr.

Menschliche Sexualität läßt sich nicht in Schablonen pressen. Als psychische Reinenergie kümmert sie sich nicht um Normalität. Ein befriedigendes, rundweg harmonisches Sexualleben ist auch deswegen unmöglich, weil die anarchistische Qualität der Sexualität uns immer wieder neu herausfordert. Wir träumen von anderen Erlebnissen, fühlen uns unbefriedigt oder sind ob der Erwartungen oder dem Verhalten des Partners befremdet, schockiert. Wieso braucht er Pornohefte? Harmonische Sexualität ist eine Fiktion, weil Sexualität einen eigenartigen, widerspenstigen Charakter hat. Erlebt ein Paar längere Zeit eine harmonische

Sexualbeziehung, so ist dies entweder ein Zeichen mangelnder Vitalität oder aber das Paar hat es verstanden, Sexualität nicht nur körperlich zu verstehen, sondern den Körper auch als Metapher für seelische Prozesse wahrzunehmen. Sexualität konfrontiert uns mit uns selbst. Weil sie unkontrollierbar, chaotisch, unstrukturiert und unkonventionell ist, verbindet sie sich mit der Tiefe unserer Seele. Sie entblößt unsere Komplexe. Wenn wir über Sexualität phantasieren, dann stellen diese Bilder auch Symbole dar, die in unser Unbewußtes blicken lassen.

Das Versagen der Männer

Nach diesen grundsätzlichen Gedanken komme ich zum eigentlichen Thema, der männlichen Sexualität. Was ist männliche Sexualität? Eine populäre Vorstellung ist, Männer seien sexuell unterentwickelte, oft unbrauchbare Wesen. Sie können nicht über ihre Gefühle sprechen (Glogger 1992), sind Koitus-zentriert und egozentrisch. Sexualität sei für die meisten Männer eine terra inkognita.

Männer neigen dazu, ihre sexuelle Phantasien konkretistisch zu verstehen. Anstatt einzusehen, daß es sich um Bilder handelt, denen in der Begegnung mit einem geliebten Menschen nachgespürt wird, pochen sie darauf, ihre Wunschvorstellungen real auszuleben. Nicht das Ausloten von Phantasien und Möglichkeiten, sondern die Umsetzung einer Erwartung steht im Zentrum: Soll sie doch nun endlich mal Straps und Reizwäsche anziehen, das gefällt mir; wieso ist sie nicht bereit zu mehr oralem Sex? Statt den sexuellen Bildern und Erwartungen die notwendige Unschärfe zu lassen, will alles besehen und umgesetzt werden. Wenn jedoch zu genaue Vorstellungen entwickelt werden, wie "es" zu geschehen hat, droht der Zauber zu verschwinden. Das anarchische, numinose Moment geht verloren und Sexualität wird zu einer Körperübung ohne seelische Substanz.

Weiter wird Männern vorgeworfen, daß sie Kontrolle ausüben möchten. Sexualität wird als Leistungsakt verstanden. Der ephemeren Qualität der Sexualität wird ausgewichen. Solche Männer fürchten sich vor der ungewissen, irritierenden Energie, die sich in der Sexualität ausdrückt. Sie wollen die Übermacht behalten und versuchen Herr der Lage zu sein, damit das Unheimliche sie nicht berührt. Das Gegenteil ist jedoch auch möglich: Die Kontrolle wird von Anfang an abgegeben. Man übergibt sich dem Unheimlichen. Bei den sado-masochistischen Praktiken geht es darum, den völligen Kontrollverlust zu erleben. Doch auch so wird der inneren Berührung ausgewichen.

Aus diesen Gründen ist der Mann in der Sexualität aus weiblicher Sicht der Frau nur bedingt brauchbar. Statt Sexualität als gemeinsames Eintauchen in eine imaginale und sensuelle Erlebniswelt zu verstehen, glauben sie im Chaos Handlungen identifizieren zu müssen. Leistung ist gefragt (Zilbergeld 1994, S. 21ff.). Es geht ihnen um das Eine. Sie konzentrieren sich auf den Orgasmus und merken nicht, daß sie dadurch von der Sexualität ablenken. Der Orgasmus ist zwar Höhepunkt, doch gleichzeitig der Todesstoß sexuellen Erlebens.

Spätestens seit der Emanzipation sind Frauen nicht mehr nur das passive Geschlecht. Sie wollen ihre sexuellen Phantasien und Wünsche leben und stellen ihre Forderungen. Damit sind jedoch viele Männer überfordert. Sie sind gewohnt, ihren Akt durchzuziehen und identifizieren Sexualität mit halbbewußten Handlungen. Sexualität als die große Unbekannte ist für sie zwar interessant, doch lange halten sie dieses Gefühl nicht aus. Die Situation will bewältigt werden.

Ein weiteres Problem der Männer ist, daß ihr Interesse zeitlich beschränkt bleibt. Oft inszenieren sie einen großartigen ersten Akt, beim zweiten sind sie bereits wieder abwesend. Innerlich entschwinden sie und mental kommt es zu einer Umorientierung: Der Mann beginnt wieder von der Arbeit zu quasseln oder möchte ein Bier. Lernbereite, willige Männer täuschen zwar ein weiteres Interesse vor, doch auch sie drängt es oft aus der Höhle.

Das größte Problem, das man aus weiblicher Sicht mit den Männern hat, ist, daß sie anders über die Sexualität phantasieren (Jones u. Barlow 1990). Ihre mentalen Bilder unterscheiden sich von jenen der Frauen. Da Imagination und Sexualität zusammengehören, ergibt sich daraus ein Problem. Für Frauen ist Sexualität in der Regel ein Beziehungsakt, eine Möglichkeit, einen bestimmten, geliebten oder sexuell attraktiven Menschen intimer kennenzulernen, zu erforschen und gemeinsam in die Sinneswelt einzutauchen (Brown u. Auerback 1981). Die jeweilige Person steht im Vordergrund. Bei Männern verhält es sich anders: Sex an sich wird gesucht (Sue 1979). In den Köpfen vieler Männer steigen unpersönliche Bilder auf. Mental sind sie nicht beim geliebten Partner, sondern die Frau ist eine Gelegenheit eine Phantasie zu inszenieren. Aus Männersicht ist die Frau darum ein Objekt sexueller Begierde. Es können Bilder aus der Vergangenheit sein, nachträglich überhöht und verzerrt, Projektionen auf andere Frauen oder sogar Bilder aus anderen Lebensbereichen: Ein 25jähriger Student phantasierte jeweils spontan als Flieger in einer FA 18, das neuste Kampfflugzeug der Schweizer Luftwaffe. Beim Orgasmus stellte er sich einen Sturzflug vor. Der Mann, der jeweils seinen Koffer am Ende der Treppe hinstellte, sah sich in seiner Phantasiewelt als Handelsreisender, der von einer Hausfrau zu einem sexuellen Gelegenheitskontakt eingeladen wurde.

Natürlich haben auch Frauen wilde Phantasien, die das Sexualleben bereichern. Im Gegensatz zu den Männern drehen sich diese jedoch eher um identifizierbare Personen. Auch Frauen phantasieren nicht nur über den aktuellen Sexualpartner. Sicher werden auch Berühmtheiten wie Robert Redford, Don Juan de Marques oder die Mitglieder einer Band wie Take That zu einer Quelle erotischer Phantasien, häufig wird jedoch über einen persönlich bekannten, attraktiven und unerreichbaren Mann phantasiert. Eine persönliche Beziehung wird an einem Surrogat ausgelebt. Männer neigen dazu, auch Phantasien über Menschen zu entwickeln, die im eigenen Kontakt- oder Beziehungsnetz nicht vorkommen. Phantasiegestalten, Klischees, die nichts mit realen Personen oder dem Sexualpartner zu tun haben. Die Frau als Symbol, als Abstraktum wird gesucht. Oft repräsentiert sogar die effektive Partnerin lediglich eine Imago in der grandiosen, innerseelischen Landschaft des Mannes. Die Frau wird zu einer Möglichkeit ein Bild zu projizieren, eine Idee auszuleben.

Von Standpunkt einer Beziehung aus wirken solche Überlegungen befremdend. Eine Partnerin bedeutet uns sicher mehr als eine Imago. Sexualität kümmert sich jedoch nicht um Beziehungen; die großartige Fähigkeit, sich für einen anderen Menschen verantwortlich zu fühlen, ihn zu lieben, ihm zu vertrauen und mit ihm zusammen das Leben zu gestalten. Sexualität ist amoralisch und interessiert sich nur zufälligerweise für den Menschen, den wir zu unserem Partner oder zu unserer Partnerin erkoren haben. Vom weiblichen Standpunkt aus, dem es ja v. a. um den einzelnen, individuellen Menschen geht, fällt es uns schwer, die unpersönliche Qualität der Sexualität zu akzeptieren. "Woran denkst Du gerade?" flüstert sie ihm ins Ohr. "Ich, an den Angriff auf Pearl Harbor."

Das natürliche Mißverständnis zwischen den Geschlechtern

Eine häufige Klage von Paaren ist, daß der Partner am Anfang der Beziehung, als die Leidenschaft dominierte, sich ganz anders verhalten hat. "Früher war er nicht so nüchtern, sondern romantisch und voller Leidenschaft! Wen habe ich da geheiratet!"

Dieser Eindruck hat mit einem psychologischen Mechanismus zu tun, den ich das natürliche Mißverständnis zwischen den Geschlechtern nennen möchte. Wenn sich eine Frau und ein Mann in Liebe finden, dann werden sie von intensiven Gefühlen überschwemmt. Sie befinden sich in einem Ausnahmezustand. Die Wahrnehmung verändert sich und das Bewußtsein wird getrübt (Fisher 1994). Der oder die andere strömt eine große Anziehungskraft aus und wird als Glücksbringer erlebt.

Dieses intensive Erlebnis führt zum ersten großen Mißverständnis zwischen Paaren: Wunschbilder, Vorstellungen, Gefühle drängen an und werden auf den anderen projiziert. Der oder die andere wird zum Ich-Ideal und Hauptakteur der eigenen Gefühls- und Triebwelt. Die eigenen sexuellen Wünsche und Phantasien werden mit der anderen Person identifiziert. Das kritische Denken wird temporär ausgeschaltet, so daß beide in der Illusion der Gleichheit schwelgen können.

In solch himmlischen Momenten sind wir unfähig zu erkennen, daß das Erlebnis für beide nicht dasselbe bedeutet. Es wird nach einem individuellen psychologischen Skript verarbeitet. Damit die Geschlechter trotz ihrer gegenseitigen Fremdheit zueinander finden, wendet die Natur einen Trick an. Sie täuscht das Paar, indem sie es mit dem Gefühl des Verstandenwerdens induziert. Von außen oder retrospektiv betrachtet, treten jedoch schon dann große Differenzen auf. Da wir in den eigenen erotisch-sexuellen Wunschbildern leben und die ersten Begegnungen mit diesen seelischen Bildern füllen, realisieren wir die gegenseitige Fremdheit nicht.

Frauen nehmen die ersten Momente als *neue Beziehung* wahr. Sie lernen einen neuen Menschen kennen. Die Begegnung mit diesem Menschen ist das Primäre, die Sexualität Ausdruck der andrängenden Gefühle. Es geht um Sex mit einem bestimmten Menschen. Sexualität wird zu einer Möglichkeit, die Begegnung zu intensivieren und ihr eine körperliche Grundlage zu geben. Es geht darum, den Körper, die Sinnlichkeit des geliebten oder sexuell attraktiven Gegenübers zu erfahren und die eigene Liebe ganzheitlich zu spüren.

Männer setzen andere Akzente: Nicht das Persönliche steht im Vordergrund, sondern das Erlebnis wird nach einem allgemeinen Konstrukt interpretiert. Nicht Susanne, Barbara oder Laititia hat man gefunden, sondern ein "Rasseweib", die "Traumfrau" oder "eine richtige Südländerin". Die Konnotationen der Männer sind unpersönlich. Die Sexualpartnerin wird zu einem typischen Beispiel. Auch die Sexualhandlungen werden mit übernommenen Mustern verglichen. "Was hat sie gemacht, wie ist sie im Bett und war sie mit mir zufrieden", bleiben die Kernfragen. Natürlich geht es *auch* um den jeweiligen Menschen, doch auf der sexuellen Ebene wird die Begegnung bewußt oder unbewußt nach einer allgemeinen, bekannten Schablone interpretiert. Ein Klischee wird gelebt. Sie hat einen Körper wie Madonna, Marilyn Monroe oder Claudia Schiffer, sie ist eine besonders intelligente Studentin, eine typische Schwedin, Südamerikanerin oder Italienerin. Die persönliche Begegnung wird mit Hilfe einer großen Geschichte oder einem gesellschaftlichen Klischee interpretiert. Der eine ist nicht die Person an sich, sondern die Person wird zu einer Akteurin in einem Sexualdrama, das schon vorher geschrieben wurde. Die effektive Partnerin ist eine Möglichkeit, dieses inhärente Bild realisieren zu können.

Die Unterschiede bemerken wir, wenn wir genau auf die Rede der Männer über Frauen hinhören. Oft reden sie nicht über Hildegard, Vreni oder Eugenie, sondern "von der unheimlich intelligenten wie sinnlichen Frau", vom "zarten Unschuldsgewächs" oder der "Powerfrau". Sie haben Mühe, das Großartige der je persönlichen Begegnung zu sehen.

Doch es spielt auch keine Rolle. Die gegenseitige Verblendung ist in der Regel so groß, daß die unterschiedlichen seelischen Ausrichtungen nicht wahrgenommen werden. Meist reduziert sich während der Verliebtheit das sprachliche

Ausdrucksvermögen massiv. "Du", sagt der Mann. Sie antwortet: "Was? Honigkuchen" "Ja, weißt Du, nur Du!" Bei einer solch rudimentären Sprache erstaunt es nicht, daß die gegenseitige Fremdheit nicht erkannt wird. Im Kontakt spielen verschiedene Vorstellungswelten und Amplifikationen keine Rolle. Im Taumel werden die Unterschiedlichkeiten nicht wahrgenommen.

Später jedoch, wenn die heftigen Emotionen verebbt sind, taucht das Andersartige aus dem Nebel auf. Langsam zeigt sich der wahre Charakter der Frau oder des Mannes. Die Frau hat dann das Gefühl, einen Fremden vor sich zu haben. Die Bilder von früher zerplatzen wie Seifenblasen und man liegt mit einem Unbekannten im Bett. Da am Anfang die Zeichen systematisch mißverstanden werden, wird nicht erkannt, daß der oder die andere alles anders erlebte. Die Männer haben das Gefühl, ihre Partnerin habe sich mutiert. Aus ihrer Sicht verliert sie an Großartigkeit, wird banal und zu häuslich. Die großartigen Konnotationen drohen wegzufallen.

Mythische Vielfalt statt Eroberer

Um die Unterschiede zu verstehen, müssen wir tiefer in die männliche Seele blikken. In ihrer Sexualität spiegelt sich ihre andersartige seelische Ausrichtung. Männer werden von grandiosen Vorstellungen getrieben (Guggenbühl 1994). Sie inszenieren Dramen. Vielleicht sehen sie sich als Eroberer, als großartiger Liebhaber oder Verführer. Oft ist es ihre Anima, die sie durch ihr Drama suchen. Unbewußt orientieren sich Männer an einer kollektiven Geschichte, einem Klischee, weil sie einerseits überfordert sind, Sexualität als persönliches Erlebnis im Rahmen einer individuellen Beziehung zu verstehen, andererseits weil sie sich so vor dem Abgleiten in das "nur Persönliche" schützen. Die kollektive Geschichte, an der Männer über die Sexualität teilhaben, verhindert, daß sie zurück in den Mutterschoß fallen. Dank ihrer grandiosen Phantasien fühlen sie sich in ihrer Männlichkeit, ihren männlichen Rollen geschützt. Einen Archetyp zu leben schützt gegen die Verschmelzung mit dem Nur-Persönlichen, Weiblichen. Dank der Hinwendung zu etwas Drittem geraten Männer nicht in die Beziehungsfalle. Eine kollektive Schablone, ein Klischee will gelebt werden.

Was verbirgt sich jedoch hinter einer kollektiven Schablone? Erinnern wir uns an den Mann, der einen Koffer am unteren Ende der Treppe stehen lassen mußte, damit er erregt wurde. Hinter seiner Phantasie des Gelegenheitsliebenden, der von einer Frau konsumiert wird, verbirgt sich ein Archetyp. Er lebt den Nomadenmythos. Der Koffer deutet an, daß er keine definitive Bleibe haben kann. Er muß immer wieder weg, außer Haus bleiben.

Der Mann, der nur noch den Takt klopft und keine Leidenschaftlichkeit mehr zeigt, lebte auch einen Mythos. Er inszenierte sich als Eroberer. Das Besiegen einer Frau, das Erstürmen der Festung, die Durchsetzung seiner Macht war für ihn zentral. Nach dem Sieg kann er sich getrost zur Ruhe setzen. Auch er inszenierte einen Mythos, eine kollektive Leitgeschichte. Unbewußt sah er sich als Kämpfer, Weltenbauer. Die Arthur-Legende oder der Siegfried-Mythos klingen an. Viele Männer leben diesen Mythos. Sie fliegen in der Welt herum und opfern sich für Politik, Wirtschaft oder Wissenschaft. Sie sehnen sich nach Eroberungen, nach der Straße mit dem eigenen Namen oder der Briefmarke mit dem eigenen Konterfei. Die sexuelle Potenz ist bei diesen Männern eine Funktion des Mythos, dem sie glauben nachleben zu können. Sexualität gehört zur Gestaltung der Welt. Potenz im Eroberungsakt ist wichtig

Es gibt noch unzählige weitere Mythen, durch die sich Männer leiten lassen und die sie auf Frauen projizieren: Der Mythos der femme fatale, der zarten Unschuld, der sinnlichen Hetäre, der heimlichen Geliebten, der mütterlichen Liebhaberin oder überlegenen Hera. Wenn ein Mann in einer Frau das "Rasseweib" an sich sieht, dann klingt vielleicht ein Mythos an; Aphrodite oder vielleicht die Amazone epiphaniert. Die je individuelle Frau wird als ein Symbol einer kollektiven Geschichte erlebt.

Männer steigen über solch moderne Mythen in die Sexualität ein. Ihre sexuelle Phantasiewelt spiegelt die Welt der Mythen wider, die sich oft auch in den Klischees über Frauen manifestieren. Mythen sind kollektive Leitgeschichten, durch die wir existentielle Herausforderungen zu bewältigen versuchen - Seelenbilder und -geschichten, an denen sich eine Gruppe Menschen orientiert. Seelische Schablonen, die das Denken und die Wahrnehmung des einzelnen prägen (s. Guggenbühl 1994).

Das mythische Bild, das Männer über die sexuellen Qualitäten einer Frau entwerfen, steht oft im Widerspruch zur wirklichen Persönlichkeitsstruktur einer Frau. Es definiert die Frau als allgemeines Bild und kümmert sich weniger um die Psychologie der jeweiligen Person.

Ein Schweizer Bildhauer verliebte sich in Paris in eine Französin "de haute culture". Er sah in ihr eine typische Repräsentantin der französischen Lebensart, des französischen Charmes und Witzes. Ihre pointierten, deftigen Bemerkungen waren für ihn Beweis ihres originellen Geistes, ihre Ausgelassenheit Zeichen des "savoir vivre". Nach der Heirat merkten die anderen Familienmitglieder und Freunde langsam, wenn sie wirklich vor sich hatten. Sie war keine französische "femme de culture", sondern eine Edelprostituierte, die sich einen Reichen hatte angeln wollen. Die Kollegen des Bildhauers hatten überhört, wie sie mit ihrem Freund Pläne schmiedete, wie sie ihren reichen Schweizer vergiften könnte, um endlich das Geld zu erben.

Die meisten Männern sind sich des mythischen Bodens der Beziehung zur Sexualität und zu den Frauen nicht bewußt. Der Mythos wird direkt ausgelebt und nicht reflektiert. Ihn zu reflektieren ist jedoch schwierig. Wenn wir ihn als solchen erkennen, droht er seine Kraft zu verlieren. Genauso wie sich Verliebte nicht davon überzeugen lassen, daß der Angebetete ein 08-15-Typ ist, ist es schwierig, Männern ihre Mythen bewußt zu machen.

Die Mythen der Männer können jedoch auch nicht leicht durch Beziehungsmetaphern ersetzt werden. Es ist selbstverständlich, daß wir uns als Mann bemühen, Sexualität auch mit den Augen der Frau zu sehen, als Möglichkeit der Beziehungsaufnahme und persönlichen Begegnung. Vielen Männern fällt es jedoch schwer, über ihren Schatten zu springen. Wenn sie sich bewußt ganz nach einer weiblichen Definition der Sexualität ausrichten, dann droht die Abspaltung. Die mythischen Klischees werden nicht mehr in der eigenen Beziehung ausgelebt, sondern haben sich einen anderen Temenos, einen anderen Austragungsort ausgesucht. Solche Männer phantasieren über Pornographie, verlieben sich in die Stewardeß oder stellen der Schwägerin nach. Die sexuellen Mythen haben sich verlagert und tauchen in Grauzonen auf.

Natürlich sind auch bei Frauen Mythen mächtige seelische Wirklichkeiten, doch die *Prioritäten* werden anders gesetzt. Bei Männern kommt zuerst der Mythos, zuerst das Allgemeine und dann das Persönliche, bei Frauen meistens zuerst das Persönliche und dann die kollektive Leitgeschichte.

Bewußtsein der gegenseitigen Fremdheit

Männer und Frauen sind nicht gleich. Sie zeichnen sich durch unterschiedliche seelische Tendenzen aus. Wichtig ist, daß wir diese Unterschiedlichkeiten anerkennen und respektieren. Für Männer sind Frauen immer auch fremde Wesen, die sie nie ganz verstehen. Statt jedoch die eigene Einstellung dem anderen Geschlecht aufzudrängen und darauf zu beharren, daß die eigenen Wünsche zur Norm werden, gilt es Sexualität als gemeinsames Mysterium zu erfahren. Wir müssen auch nach Regeln und Ritualen zu suchen, die Vertrautheit in der Fremdheit ermöglichen. Ähnlich wie in der japanischen Kultur, wo allgemeine Vorstellungen und öffentliche Werte die Beziehung zum anderen Geschlecht definieren (Buruma 1984), gilt es das Mythische zu leben und der gegenseitigen Fremdheit einen Platz zu geben.

Kultur der Unschärfe

Wenn es zu Problemen in Beziehungen oder der Sexualität kommt, dann schlagen wir oft unsere eigene seelische Ausrichtung als Lösungsansatz vor. Aus weiblicher Sicht muß man reden, Beziehungsarbeit leisten und die persönlichen Hintergründe und Zusammenhänge ausloten, damit man weiterkommt. Die männliche Sicht will die persönliche Situation mit allgemeineren, grundsätzlicheren Ideen in Zusammenhang bringen. Es geht nicht um den unzufriedenen Partner, sondern die Bedeutung der Sexualität in der abendländischen Gesellschaft. Männer zitieren gerne unpersönliche Mythen, wenn sie Probleme angehen und berufen sich zum Ärger der Frauen auf ihre Klischees. Beides ist jedoch sowohl falsch wie richtig.

Männer und Frauen verstehen sich nicht besser, wenn sie alle Geheimnisse voreinander ausbreiten, über alles und jedes reden und jeden Lebensbereich teilen. Es braucht eine Kultur der Distanz, damit das Gegenüber wieder unscharf und vielleicht gar verfälscht wahrgenommen wird. Wir respektieren uns eher, wenn auch eigene Lebensbereiche und Freundeskreise gepflegt werden. Auf diese Weise kann das natürliche Mißverständnis wieder aufleben und wir erkennen Verständigungsmöglichkeiten.

Die Notwendigkeit zu Träumen

Sexualität ist letztlich nur möglich, wenn wir träumen können. Träume sind die Quelle unserer erotischen Imaginationen. Damit wir jedoch von Sexualität träumen, braucht es eine gewisse kulturelle Spannung der Sexualität gegenüber. Wenn alles erlaubt, im Detail gesehen und erlebt werden kann, dann wird es schwieriger, von Sexualität zu träumen. Sozial, gesellschaftlich braucht es eine Konstellation, die Phantasien über das andere Geschlecht anregt. Die Idee der großen sexuellen Befreiung geht am Kern der Sexualität vorbei. Wenn alles möglich, bekannt, ausprobiert und ausgeleuchtet wird, dann träumen wir weniger. Es braucht Tabus, verbotene Zonen, damit die Sexualität eine Quelle der Imaginationen bleibt. Wenn Sexualität zur einer psychohygienischen Verpflichtung reduziert wird, dann verliert sie ihre Spannkraft, ihre Faszination. Verbote, Geheimnisse, Kuscheln und Klatsch sind eigentlich Maßnahmen, Sexualität am Leben zu erhalten. Wir müssen über unsere Partner und Partnerinnen träumen.

Dank solchen Träumen bleibt die männliche, mythische Vielfalt in der Sexualität erhalten. Männer können ihre Leitgeschichte inszenieren, sei es der

Verführer, der Eroberer, der Diener, der Casanova, der Begatter, der Bauer, der Übervater oder der Nomade. Die periodische Hinwendung zu solchen Mythen belebt Beziehungen auch langfristig.

Ein alter Mann in Kanada pflegte jahrelang seine an Alzheimer erkrankte Frau. Sie war böse zu ihm, beschimpfte ihn und wollte, da sie ihn schon lange nicht mehr als den eigenen Mann erkannte, nichts von ihm wissen. Er ertrug diese Beschimpfungen und Schikanen stoisch. Auf die Frage seiner Tochter, wie er die Kraft für diese aufopfernde Arbeit findet, meinte er lakonisch: "Well you know, for me she is still my pretty little girl!" (Weißt Du, für mich ist sie immer noch mein kleines hübsches Mädchen)

Der Stern, der Mythos, unter dem er sie, das kleine Mädchen kennengelernt hatte, strahlte ihn aus der Vergangenheit an und ließ ihn die Beleidigungen ertragen.

Literatur

Brown M, Auerback A (1981) Communication Patterns in initiation of marital sex. Med Aspects Hum Sex 15: 107-117

Buruma I (1984) Behind the mask. Meridian, New York

Freud S (1915) Triebe und Triebschicksale. GW Bd 10, S. 210-232

Glogger HM (1992) Der sprachlose Mann. Ariston, München

Fisher H (1994) Anatomy of love. Fawcett Columbine, New York

Guggenbühl A (1994) Männer, Mythen, Mächte. Kreuz, Stuttgart

Jones J, Barlow D (1990) Self-reported frequency of sexual urges, fantasies, masturbatory fantasies in heterosexual males and females. Arch Sex Behav 19 : 269-279

Samuels A (1994) Die Vielgestaltigkeit der Seele. Schweizer Spiegel, Zürich

Sue D (1979) Erotic fantasies of college studens during coitus. J Sex Res 15 : 299-305

Marcus S (1977) Doppelmoral. Sexualität und geheime Kultur im viktorianischen England. Suhrkamp, Frankfurt aM

Nicholas M (1994) The worlds wickedest women. Hamlyn, London

Zilbergeld B (1994) Die neue Sexualität der Männer. dgvt-Verlag, Tübingen

Klinische Aspekte der Sexualität-
Sexualität in der Mehrgenerationenperspektive

Almuth Massing

Es ist ein gleichsam reizvolles wie kompliziertes Unterfangen, sich dem Sexuellen aus Erfahrungen der Familientherapie anzunähern, im besonderen aus der Mehrgenerationenperspektive. Das beinhaltet Mehrschichtiges, nämlich 1. Intrafamiliäres: Sexualität im Hier und Jetzt der Zusammenlebenden aufzuspüren und sexuelle Erlebnisweisen, um eine vertikale Perspektive in der spiralförmig historischen Entwicklung des Systems der Familie zu vertiefen. 2. gemäß der psychoanalytischen Dimension, die Wechselwirkung von Trieborganisation des kindlichen Individuums mit der Umwelt aufzugreifen, also auch unbewußten Determinanten Rechnung zu tragen. Und 3. die Auswirkungen der sich verändernden gesellschaftlichen Normen, konfessioneller Moral und entsprechender Sexualtrends auf die Individuen zu berücksichtigen.

Beispielsweise: wie wirkten sich viktorianische Strenge oder partiell emanzipatorische Befreiungen in den 20er Jahren aus? Welche Folgen haben die Auswirkungen der Sexualmoral im "Dritten Reich" in ihrer fatalen Betonung von weiblicher Lust, an die überwiegend bevölkerungspolitische und eugenischen Absichten von Sexualität und Gebären von Kindern gekoppelt waren? So proklamiert Ilse Szagunn 1944: "daß der letzte Sinn dieses Krieges nur dann erfüllt ist, wenn Kinder, von deutschen Müttern geboren, immer wieder die Wiege füllen und wenn jedes einzelne dieser neugeborenen Kinder auch heranwächst zu einem kraftvollen, wehrbereiten Mann, zu einer deutschen Mutter" (Szagunn 1944, zit. nach Dupont 1996, S. 27). Welchen Verdrängungsleistungen unterlag das Sexuelle auf dem Hintergrund des Nationalsozialismus in den 50er Jahren, könnte nicht das Ausmaß der "Prüderie und Naivität" in diesem Jahrzehnt Ausdruck hierfür sein? Wie zeichnet sich die "sexuelle Revolution" mit der Einführung der Antibabypille Mitte der 60er Jahre unter der Mehrgenerationenperspektive in den Familien ab? Und wie komplex spiegelt sich die Thematik des Sexuellen gerade in den Familienformen der Moderne wider, in denen es nach Beck (1986, S. 131) nicht mehr klar ist "ob man heiratet, wann man heiratet, ob man zusammenlebt und nicht heiratet, heiratet und nicht zusammenlebt, ob man das Kind innerhalb oder außerhalb der Familie empfängt oder aufzieht, mit dem, mit dem man zusammenlebt, oder mit dem, den man liebt, der aber mit einer anderen zusammenlebt, vor oder nach der Karriere oder mittendrin". In meiner Praxis wurde mir das Gesagte in Mehrgenerationenfamiliensitzungen besonders augenfällig, wenn auf der einen Seite Großeltern mit moralischen an die Ehe gebundenen Sexualnormen sich im gleichen Raum mit der Elterngeneration befanden, die die sexuelle Revolution auf ihre Fahnen geschrieben hatten und schließlich mit der Kindergeneration, die mit scheinbar sexueller Permissivität bei gleichzeitigem Favorisieren eines Kleinfamilienideals: Vater, Mutter, Kind, (wie Neumann 1988 in einer Studie belegt) oder homosexuellen Lebensformen die Familien provozieren. In Hausbesuchen (vgl. Massing im Druck) sah ich mich des öfteren mit der Tatsache konfrontiert, daß Hardcorepornos herumlagen. Die Familienmitglieder - keineswegs schichtspezifische - assoziierten diese Videos mit sexueller Modernität. Ich bekam hierdurch Einblick, wie durch das potentiell tatsächlich gemeinsame Anschauen dieser Pornos, sexuelle Phantasien nicht länger auf die Vorstellungswelten der Generationen klar abgegrenzt werden, sondern Phantasie und Handeln zu einer brisanten gemeinsamen Realität von Erwachsenen und Kindern werden in Aufhebung oder Nichtetablierung der Inzestschranke. Kindesmißbrauch durch Erwachsene hat für mich hier eine der Wurzeln.

Schon an diesen beiden Beispielen wird deutlich, wie "die Gleichzeitigkeit des Ungleichzeitigen" (Bloch 1923, 1964) in den vorfindbaren Familien Konflikte und Krisen hervorruft, denn auf die gesellschaftlichen Zumutungen müssen individuelle und familiäre Antworten gefunden werden.

Nach diesen einleitenden Bemerkungen werden Überlegungen zu *Sexualität in der Mehrgenerationenperspektive* unter folgenden Gesichtspunkten aufgezeigt:

1. Sexualität und Beziehung: zwischen alltäglichem Bedürfnis und Tyrannei
2. Das Unbehagen der FamilientherapeutInnen
3. Familie K. oder: Das Leiden unter dem Diktat von sexueller Befreiung

Es sei angemerkt, daß es nicht um die Demonstration von Spektakulärem oder Pathologischem geht, sondern vielmehr darum, das täglich in unseren Praxen Vorfindbare aufzugreifen, zu reflektieren, um die Auseinandersetzung gemeinsam mit unseren Patientinnen und Patienten im therapeutischen Prozeß zu fördern.

Sexualität und Beziehung: zwischen alltäglichem Bedürfnis und Tyrannei

Wenn Sexualität aus mehrgenerationaler Sichtweise beleuchtet wird, geraten Motivationen in den Blick, sich nicht überwiegend mit den Auswirkungen frühkindlicher Erziehung und sexueller Triebschicksale zu beschäftigen, die ihren Niederschlag in der Strukturierung von Ich, Es und Über-Ich haben. Zusätzlich zu dieser genetischen Perspektive ist gleichermaßen den systemischen Kräften Rechnung zu tragen, die durch *aktuelle* innerfamiliäre, partnerschaftliche *und* gesellschaftliche Wirklichkeiten auf sexuelle Erlebnisweisen Einfluß nehmen.

Ganz allgemein: Sexualität ist ein ganz alltägliches Bedürfnis und für das menschliche Leben unverzichtbar. Sie vollzieht sich real oder in der Phantasie. Sie stellt sich in vielfältiger Art zwischen den Familienmitgliedern szenisch dar, phantasievoll oder quälend, in Zärtlichkeit oder Mangel an Zärtlichkeit, in Teilnahme oder Teilnahmslosigkeit, in Leibfreundlichkeit oder Leibfeindlichkeit. Sie hat in uns Bilder unserer frühesten Beziehungen geprägt, mit denen wir auf Menschen zugehen, sie erotisch anziehend finden oder uns erotisch anziehen lassen. Diese Prägungen beeinflussen zutiefst unsere Partnerwahlen. Freud (1905, S. 122) faßt diesen Aspekt zusammen: "On revient toujours à ses premiers amours".

Sexualität wird in hohem Maße von gesellschaftlichen Werten und Normen, v. a. von deren Moral beeinflußt. Auch scheint sicher zu sein, daß die heutige Generation - der Bewältigung ihrer ökonomischen Aufgaben in der Partnerschaft weitestgehend entzogen - *abhängiger* ist von Sexualität, weil jeder Partner überwiegend aus deren Facetten seinen narzißtischen Selbstwert bezieht. Sexualität wird vielfältig praktiziert und auch qualitativ anders erlebt als früher: einerseits freier von Angst und Schuldgefühlen, andererseits aber zunehmend leistungs- und konsumorientierter. In unserer Praxis stellen wir immer wieder fest, welch' wichtige "Erlebnisware" die Zweierbeziehung darstellt mit der "Ware" Verliebtheit, sexuelles Verlangen und Befriedigung. Auf diese "Ware" üben die Medien - dieses nicht mehr nur in Bezug auf die sexuelle Attraktivität der Frauen, sondern immer forcierter auch auf die der Männer, eine gezielte fatale Wirkung aus. Die Möglichkeit sexuellen Erlebens mit der Schaffung sexualfreundlicher Formen wurde zu einem leistungsgetriebenen Normendruck. Aus der Möglichkeit: "jede Frau kann ihren Orgasmus haben," wurde "jede Frau *muß* einen Orgasmus haben ..." (Weber 1987, S. 7) und nicht nur einen, sondern im heutigen Zeitgeist des alles Machbaren, nach dem Sexualwissenschaftler Wawerzonnek (s. Hopp 1988) bis zu 40 pro Tag! Man mag über solche und ähnliche Forderungen lachen und sie als absurde Verrücktheiten abtun. Nicht darüber hinwegzutäuschen ist aber, daß operative, teils martialische Eingriffe und verhaltenstherapeutische Techniken bei psychosozial bedingten sexuellen Störungen seit geraumer Zeit rapide zunehmen.

Es wird von sexuellen *Erlebnis*qualitäten abgelenkt zugunsten der Störungen der sexuellen *Funktions*abläufe. "Auf der Suche nach dem idealen Orgasmus" spottet der französische Kritiker Béjin (1984, S. 264), mühen sich die Forscher in Orgasmuslaboratorien minutiös ab für "noch mehr Freude am Sex" (Comfort 1978) - so das bekannte millionenfach verkaufte Buch. Sexualität wird damit nicht nur in den Medien, sondern auch bei dergestalten Forschungen lediglich auf die Handlungsebene reduziert.

Die Folgen: In unseren Praxen imponieren weniger an Über-Ich gebundene sexuelle Konflikte als eher *Intimitätsprobleme* auf der Basis narzißtischer Beziehungsstörungen. Ein Extrem hierfür: Für die Frauen und Männer, die zunehmend weniger "Freude am Sex" erleben, bei denen, wie es kürzlich hieß, die "Lust zum Leid und der Sex zur Qual geworden ist", wurde der Krankheitsbegriff "Sexsucht" oder sexaholics" geprägt als Ausdruck tiefgreifender narzißtischer Störungen. Das andere Extrem läßt sich an der Zunahme der Impotenz- oder wie sie heute als "erektile Dysfunktion" benannt wird - ausmachen. Interessant ist, daß das Forschungsministerium der Bundesrepublik sich mit Geldern in mehrfacher Millionenhöhe bei einem Forschungsprojekt hierzu beteiligt hat. Als Motiv wird die Sorge um "Erhalt und Wiederherstellung der Zeugungskraft" genannt, also nicht die Sorge um sexuelle Erlebnisstörungen.

Die Impotenz des Mannes korrespondiert mit sexuellen Empfindungsstörungen der Frauen. Frauen können diese zwar eher kaschieren und führen deshalb in den Phantasien der Männer zu der irrigen Annahme, daß Frauen *es* immer können. In Sexualberatungsstellen stiegen die Zahlen der ratsuchenden Frauen immens an. Psychologie Heute (1996, S. 22): "Frauen wissen zwar, wie *es* geht, doch scheinen ihnen sexuelle Kontakte problematisch oder wenig erstrebenswert". Als eine der gravierenden Ursachen dieses "körperlichen Signals" wird die Reaktion auf Leistungsdruck und Pornovideos beschrieben. Bei den in meiner analytischen Praxis vorfindbaren Sterilitätsproblemen von Frauen ließen sich immer neben biographischen Determinanten unbewußte extreme Proteste von *Frau und Partner* gegen sexuellen Leistungs- und unmenschlichen Zeugungs- und Gebärdruck auffinden, selbst wenn sich diese Partner auf der *bewußten* Ebene nichts sehnlicher als Kinder wünschten und vielerlei künstliche Befruchtungsstrapazen auf sich genommen hatten. Aus umfassender Erkenntnis begreife ich die funktionelle Sterilität als Phänomen eines psychosomatisch determinierten Partnerproblems.

Durch Lockerung *institutioneller* Zwänge hat sich nach Wilhelm Reichs (1927) Utopie Sexualität *nicht* automatisch befreit, sich ungehindert in den zwischenmenschlichen Beziehungen entfaltet oder sich neurosenfrei eingegliedert. Die mehrfachen Liberalisierungen in diesem Jahrhundert haben zwar den Abbau von oberflächlich-bewußtseinsnahen Ängsten gebracht, aber sie haben neue Ängste forciert. Sigusch (1990, S. 131) bringt dieses auf die Kurzformel: "Im Kopf sind wir mittlerweile alle Aidsinfiziert". Die Durchtechnisierung und öffentliche Regelung hat neue Zwänge und absolut übertriebene Forderungen bewirkt, die an Stelle der alten getreten sind - ob wir das nun wollen oder nicht!

Von daher ist es aus mehrgenerationaler Sicht sinnvoll, *Sexualität* im biographischen, sozialen und historischen Kontext zu verstehen, wobei dem Interesse die *Qualität* sexuellen Erlebens gilt. Es sei hier schon angemerkt, daß nach meinen Erfahrungen die "handfesten" meist norm- und wertabhängigen Über-Ich-Konflikte um Sexualität zwischen der mittleren Generation und ihren Eltern besser zu bearbeiten sind als die sexuellen Konflikte der Jüngeren. Denn bei diesen imponieren eher *Intimitätsstörungen* auf der Basis narzißtischer Beziehungsstörungen.

Zur Verdeutlichung bieten sich als Ausgangspunkt der Betrachtung Kinder, Jugendliche und junge Erwachsene an, da diese - wie Stierlin (1987) ausführte - in besonderer Weise in den Austauschprozeß von gesellschaftlichen und unbewußten Motiven als "Mittler und Betroffene" eingebettet sind. Sie nehmen die Trends der sich wandelnden Gesellschaft in sich auf und leiten sie der älteren Generation weiter. Zum anderen aber sind sie Empfänger der von dieser Elterngeneration ausgehenden Erwartungen, v. a. auch von deren *unbewußten* Botschaften, mit überwiegenden *Über-Ich- oder Es- Inhalten*. Hierzu zwei Fallvignetten:

Kasuistik

Bei der ersten handelt es sich um eine der typisch modernen Familien, bei der Sexualität kaum ein Tabu darstellt, bei der ein psychologisierender Redejargon auffällt, dem jede Sinnlichkeit und Intimität entzogen ist.

Als ich in einer Stunde nur mit den zwei Geschwistern arbeitete, zeigte mir die 9jährige Christine unvermittelt ihre Schularbeiten. Sie mußte die Körperteile der nackt abgebildeten Mädchen und Jungen beschriften. Sie druckste unruhig herum - und weinte schließlich. Der 12jährige Bruder: "Also, wir haben das auch zweimal im Sexualkundeunterricht durchgezogen - *dann* ist doch nichts mehr dabei!" Sie: "Aber immer, wenn ich die Lehrerin etwas frage, bekommt die einen ganz roten Kopf, und ich glaube, Papa und Mama schämen sich auch. Mama sagt immer, ich solle gleich damit wiederkommen und Papa sagt, ich könnte doch schon lesen, dafür hätten wir doch den Sexualkundeatlas." Dann weint sie wieder, worauf der Bruder nun ganz irritiert ist: "Das siehst du falsch, die laufen doch aber nackt durch die Wohnung." Dieses kleine Mädchen konnte in seiner betroffenen Hellsichtigkeit nicht eindrücklicher den Widerspruch zwischen scheinbar progressiven Einstellungen, äußerem Verhalten und spürbarer sexueller ängstlicher Gehemmtheit der Erwachsenen verdeutlichen. Diesen lagen rigide sexuelle *Über-Ich*-Probleme mit Schuld-, Scham- und

Ekelgefühlen auf dem Hintergrund einer tradierten Ideologie der "Freikörperkultur" zugrunde.

Ganz anders dagegen in einer anderen Familie. Hier imponierten nicht Delegationen elterlicher *Hemmungen* auf der Über-Ich-Ebene als vielmehr *Bedürfnisse* mit Es-Inhalten in Art einer "Über-Ödipalisierung", deren sexuell traumatisierende Einflüsse Ferenczi bereits 1933 aufzeigte.

In dieser Familie galt die 5jährige Melanie als Sonnenschein. Entweder sie rutschte auf den Schoß der Mutter oder sie sprang auf den des Vaters, kokettierte mit ihm, umarmte oder knutschte ihn, reizte den Vater zum schäkernden gegenseitigen Spiel. Hin und wieder nur machte der Vater bissige Bemerkungen zu seiner Frau: "Mit dir ist eben gar nichts mehr los." Worauf Frau K. kontert: "Ja, wenn abends dann noch Melanie in unserem Bett liegt ..." Worauf Melanie triumphiert: "Gar nicht - immer bei Papa im Bett!" Und der Ehemann zu seiner Frau: "Na, du bringst ja schon lange nichts mehr im Bett!" In dieser Familie richtete, v. a. der unbefriedigte Ehemann seine sexuellen Phantasien und zärtlichen Handlungen auf die knapp 5jährige Tochter, während die Mutter sich selbst der Tochter als kleines zu bemutterndes Mädchen anbot.

Da die Mehrgenerationenperspektive nicht nur Großeltern im Sinne internalisierter Objektrepräsentanzen berücksichtigt, sondern mit Großeltern konkret arbeitet (s. Massing et al. 1994), rücken auch die Prägungen und das Leben von Sexualität der alternden Menschen ins Blickfeld. Gerade alte Menschen beschrieben uns aus jungen Jahren erotische Beziehungen mit PartnerInnen. Alte Frauen berichteten wohl auch, daß sie das erduldet hätten. Aber sie machten eher die schlechten Zeiten für Härten ihres Lebens verantwortlich, weniger den Partner. Die Großelterngeneration maß dem Sexuellen nicht die in so hohem Maße ihren Selbstwert bestimmende Bedeutung bei wie die nachfolgenden Generationen. Kopfschüttelnd stand eine Großmutter vor ihrer Tochter und der beinahe erwachsenen Enkeltochter und meinte: "Daß ihr ständig nach Liebe, Sexualität und Geborgenheit schreit - als ob ihr sonst nichts im Leben wäret!" Die existentiellen Lebensbewältigungsaufgaben werden eher mit dem Sexuellen verwoben beschrieben. Dieses erscheint - neben der faktischen Bewältigung zweier Weltkriege und der Folgen aber auf dem Hintergrund nationalsozialistischer Ideologisierung von Lust, Orgasmus, Mutterschaft, sozialdarwinistischer Prinzipien und bevölkerungspolitischer Aufgaben auch prekär. (Bisher hat die psychotherapeutische Forschung die Auswirkungen dieses Komplexes nahezu vernachlässigt.)

Über das sexuelle Erleben alter Menschen selber gibt Schachtner (1988) in ihrem Buch "Störfall Alter" eindrücklich Auskunft. Ihre Erfahrungen entsprechen meinen mit alternden und alten Menschen, die davon berichten, daß zwar die Stärke des sexuellen Verlangens zurückgeht, die sexuellen Reaktionen in ihrer

Intensität durch biologische Einflußfaktoren oder Krankheiten verlangsamt sind, daß aber zärtliche Zuwendung, Einfühlung des anderen, mehr Geduld, wechselseitiges Sich-Wärmen und Beleben, eine Art Zwiesprache zwischen den Leibern befriedigendere Bedeutung erlangen. Die Hauptursache mangelnder sinnlicher und sexueller Austauschmöglichkeit stellt nicht das fehlende Bedürfnis, sondern der fehlende Partner dar. Ich machte mit älteren Frauen die Erfahrung, daß sich bei ihnen häufig rigide Normen finden. Diese entsprechen den im kollektiven Bewußtsein verinnerlichten weiblichen Rollenmustern, daß Schönheit und Weiblichkeit untrennbar miteinander verknüpft sind. "Ich will nichts mehr mit meinem Körper zu tun haben" äußerte eine 62jährige Frau. Andere kaschieren die Wirklichkeit des Alterns mit unerbittlichen kosmetischen Maßnahmen und leiden unter dem durch Medien verstärkten Klischee der sportiven Alten. Ältere Männer entwickeln eher eine liberalere Haltung. Allerdings sind sie wiederum festgelegt auf Aktivität und Funktionieren. So wird die beginnende Erektionsschwäche oftmals als Einbruch des männlichen Selbstwerts quälend erlebt. In der sich verändernden Sexualität, liegt nach Schachtner (1988) aber gerade die Chance, im Alter neue Wege - ebenso wie bei Kranken oder behinderten Menschen zu beschreiten, nämlich die alten geschlechtsspezifischen Rollenstereotypien von Begehren und Begehrtwerden, aktiv versus passiv zu verändern, um als ineinanderfließende wechselseitige Prozesse von Frau und Mann versöhnlich integriert zu werden.

Das Unbehagen der Familientherapeutinnen und -therapeuten

Hoch interessant ist, wie wenig sich die familientherapeutische Literatur der zentralen Bedeutung der alltäglichen Sexualität widmet. Ausnahmen bilden Themen um Inzest, Gewalt oder psychopathologische Formen der Sexualität. Ich stimme Reichs (1987) Vermutung nicht zu, daß die Familientherapien ähnlich wie moderne Richtungen der Psychoanalyse als weitestgehend asexuell anzusehen sind, sondern für mich handelt es sich hierbei vielmehr um ein Phänomen, daß wir im Gegensatz zu Sexualtherapeuten über kein unbefangenes Vokabular verfügen, mit dem wir uns im wissenschaftlichen Diskurs ohne Scham in kreativem Austausch öffentlich über das Sexuelle verständigen (s. Massing u. Weber 1987). Das Nichtauftauchen von Sexualität in der Familientherapie, die vorschnelle Meinung, daß Sexualität in eine dyadische therapeutische Gesprächssituation gehört oder gar die Gefahr der Erotisierung von Therapeut zu Patientin oder Therapeutin zu Patient angenommen wird, berührt meiner Erfahrung nach in erster Linie *Gegenübertragungsschwierigkeiten*. Erst wenn diese reflektiert sind, stellt sich die Settingfrage, die dann natürlich sinnvoll ist. Denn der Umgang mit Sexualität in der Familientherapie bringt nicht nur die Familienangehörigen, sondern *auch* die Familientherapeuten in notwendige Rollen und Identitätskonflikte. Diese sind zumindest nach außen evidenter, weil sich FamilientherapeutInnen im Gegensatz zu EinzeltherapeutInnen mitten im aktuellen familiären Geschehen befinden, in einem Raum, in dem sich zur gleichen Zeit möglicherweise mehrere Generationen aufhalten, geschiedene und alleinerziehende Elternteile oder unverheiratet zusammenlebende Partner mit ihren Kindern. Die jeweiligen Familienmitglieder stellen in diesem Setting verschiedene Rollenerwartungen *gleichzeitig* an die Therapeutin oder den Therapeuten. So sind sie z. B. hinsichtlich der Eltern in der Partner- oder Kinderrolle, hinsichtlich der Kinder aber in der Elternrolle, hinsichtlich der Großeltern in der Kind- oder Enkelrolle. Hierdurch werden in ihnen zur gleichen Zeit sowohl ödipale und inzestuöse als auch voyeuristische oder rivalisierende Tendenzen mobilisiert. Diese verunsichern sie nicht nur oberflächlich, sondern können Straf- und Kastrationsängste reaktivieren. Auch wenn wir unsere Verunsicherung hinter einer sog. "therapeutischen" Haltung verbergen wollen, verrät unser Gesichtsausdruck, unsere Körperhaltung, unsere Gestik, die Art unserer verdinglichten Sprache unsere eigenen Widersprüche. Diese Haltung beeinflußt das familientherapeutische Gespräch um Sexualtität oder bringt es durch technisches Abfragen zum Versiegen. Dennoch: Wenn sich mit der Familie insgesamt oder in kleinen Subgruppen Gespräche um das Sexuelle entwickeln, soll nicht verschwiegen werden, daß trotz der vielfältigen Unsicherheiten auf *beiden* Seiten, *auch* Therapeutinnen und Therapeuten sich in diesem gegenseitigen Entwicklungsprozeß angerührt und zufrieden fühlen.

Familie K. oder das Leiden unter dem Diktat von sexueller Befreiung

Wie können nun die von mir aufgezeigten Überlegungen in der Familientherapie anerkannt werden? Wie kann *Sexualität unter der Mehrgenerationenperspektive* sowohl in seinem sexuellen Erleben als auch in den Facetten sexueller Erlebnisstörungen aufgespürt werden? Für mich dient hierzu als Orientierung Morgenthalers Hinweis (1980, S. 332):

> "Sexualität, in welcher Form auch immer, kann niemals eine Neurose, eine Psychose, eine Morbidität sein. Das Psychopathologische kann stets nur *Ausdruck einer disharmonischen Entwicklung* (im gesamten psychischen Haushalt) sein."

Es lassen sich für ein familientherapeutisches Vorgehen folgende verallgemeinernde Fragestellungen ableiten:

1. Wie wirken sich die wandelnden sexuellen Einstellungen und Erwartungen der Kinder auf die Familie - und hier insbesondere auf die Eltern aus?
2. Und umgekehrt, wie wirken sich die Familien- und insbesondere die Eltern- und Großelterneinflüsse auf die Kinder aus?

Beide Sichten gehören zusammen, da sich die Motivationen der einzelnen *wechselseitig* durchdringen. Ziel kann dabei nicht sein, die Sexual*funktionen* zu stärken, sondern vielmehr Sexualität in ihren Beziehungen aufzuspüren wobei es *dann* zentral um die Frage geht, wie wird *das*, was gemacht wird *erlebt*. Wie ist die Einbettung in alltägliche Sinnlichkeit? Wie gelingen im sexuellen Alltag die Auseinandersetzungen mit PartnerInnen und Kindern, mit Verpflichtungen, Verboten, Werten und Normen. Wie gelingt es, sich gegenüber der öffentlichen Entzauberung die eigene Erotik und Sinnlichkeit zu bewahren?Auf wesentliche Punkte zentriert hierzu nun ein breiteres Fallbeispiel:

Familie K. kommt in die Praxis wegen des seit 2 Jahren immer eskalierenderen Beziehungsclinches. Als Hauptverantwortliche wird die 16jährige Anja genannt, die sich an keine Abmachungen mehr hielte, komme und ginge, wann sie wolle und nun auch noch wegen Schuleschwänzen drohe sitzenzubleiben. Anja quittiert dieses mit ironischem Grinsen: "Dann werft mich doch raus, macht mir doch nichts!" Die Mutter versuchte zu schlichten, während der Vater zu seiner Tochter und Ehefrau gewandt meinte: "Ich habe wiederholt gesagt, ihre Freunde kommen mir nicht mehr ins Haus. Eine 16jährige, die sich so mit Jungen herumtreibt!" Hierüber war die Mutter erbost: "Willst Du denn, daß unsere Kinder es so haben wie wir früher? Außerdem bist du doch immer in deiner Firma. Du hast eben kein Interesse an Deiner Familie!" Jetzt verteidigte Sven seinen Vater: "Das sagst du ständig auch von deinem Vater!"

In dieser Familiensitzung, so läßt sich unschwer erkennen, geht es um uns allen vertraute Konflikte von Eltern und Kindern in Pubertät und Adoleszenz. Für deren Bewältigung schienen jedoch die Ressourcen in dieser Familie erschöpft. Die Eltern waren in ihren Erziehungsstilen uneins und hilflos. Der Ehemann reagiert mit Rückzugsverhalten aus seiner Partnerbeziehung. Das Protestverhalten der Tochter war zur Zwanghaftigkeit geronnen, während sich der Bruder verpflichtet fühlte, dem schwachen Vater gegenüber den Frauen in der Familie den Rücken zu stärken.

Geht es in Pubertät und Adoleszenz zentral um Themen von Ablösung, Abgrenzungen gegenüber den Eltern, Auseinandersetzungen mit der Peergroup, Definitionen von Lebenszielen und Konsolidierung der eigenen Geschlechtsidentität, haben auch die Eltern in dieser Zeit psychische Arbeit zu leisten. Aus der Elternbeziehung wird wieder mehr eine Partnerschaft, die neu definiert werden muß. In dieser Auseinandersetzung werden bei ihnen alte adoleszente Gefühle mit entsprechenden Phantasien und Über-Ich-Ängsten wiederbelebt, werden Neidgefühle auf die sexuellen Möglichkeiten der Jugendlichen mobilisiert bei passagerer Aufweichung der Inzestschranke. Sexualität stellt in dieser adoleszenten Phase für die Jugendlichen und für die Eltern eine zentrale Triebkraft dar.

Zur Versinnbildlichung nun eine Szene der Familie K. am sonntäglichen Frühstückstisch:

Auf dem liebevoll gedeckten Tisch befinden sich 5 Gedecke. Während Mutter und Vater fertig angezogen sind, hat es sich Sven im Jogginganzug bequem gemacht. Nach etlicher Zeit kommen die Tochter und der Freund. Während sich Anja im Nachthemd an den Tisch setzt, sieht man dem Freund an, daß er nur kurz seine Sachen übergezogen hat. In ein kurz entstandenes Schweigen fragt Anja: "Ist was?" Mutter: "Wieso, wir sitzen schon einige Zeit hier. "Anja: "Kann man denn nicht mal ruhig ausschlafen?". Der Vater nimmt die Zeitung vor's Gesicht, während der Freund seine deutliche Beklommenheit überspringend sich in ein Gespräch einklinkt. Der Vater will aufstehen, er habe noch etwas zu erledigen, worauf die Mutter bissig bemerkt: "Jetzt mußt du auch noch sonntags arbeiten." Der Vater knallt die Zeitung auf den Tisch und schreit seine Tochter beim Hinausgehen an: "Kannst du dich nicht wenigstens zum Essen anständig anziehen?" Worauf die Tochter sich an die Mutter wendet: "Was ist denn mit dem wieder los?" Mutter: "Vater hat im Betrieb Ärger, ihm wird alles zu viel." Die Szene scheint durchsichtig. Familie K. jedoch quittiert diese damit: "Bei uns gibt es nur noch Streit." Die Mutter verschwindet in der Küche, der Bruder kehrt zu seinen Computerspielen zurück. Aber auch Anja scheint der Appetit vergangen zu sein. Sie gähnt, wird mürrisch und ist froh, als ihr Freund endlich nach Hause geht.

Welche familiendynamischen Hypothesen sind aus der Eingangs- und Frühstücksszene zu analysieren, um hieraus weiteres therapeutisches Vorgehen abzuleiten? Es geht bei allen u. a. um ein zentrales Thema, nämlich *Sexualität und Beziehung*. Die Eltern geben sich progressiv. Während jedoch die Mutter *das*, was sie sieht, sogar *aktiv* inszeniert, gefühlsmäßig isoliert, bagatellisiert oder verschiebt, *fühlt* der Vater, *wie und was* mit ihm geschieht. Seine sexuellen Phantasien sind ihm wohl bewußt. Dem will er aus dem Weg gehen. Die Tochter agiert sexuelle Befreiung. Doch auch sie und ihr Freund scheinen mit der in ihrer Peergroup vorherrschenden sexuellen Permissivität nicht fertigzuwerden. Sven dagegen bringt seine andrängenden sexuellen Gefühle als kühler Beherrscher in phallisch-destruktiven Computerspielen unter.

Die Bilanz der Familie: "Bei uns gibt es immer nur Streit" war mit diesen Hypothesen dahingehend aufzugreifen und umzudeuten: "Es gibt keine ausreichenden Intimitätsräume zwischen und in uns". Der Streit schafft zwar Distanz, dennoch bleibt er als Triebkraft entstellter Sexualität dynamisch wirksam. Diese Hypothesen legen im folgenden den therapeutischen Fokus auf den Umgang mit Intimitätsräumen bei Familie K.

Familie K. lebt in einer Vierzimmmerwohnung. Die Aufteilung: Anjas Zimmer befindet sich in der Mitte zwischen dem elterlichen Schlafzimmer und Svens Zimmer. Der Schlüssel zum Badezimmer ist schon längere Zeit verschwunden. Thematisch geht es in dem Familiengespräch darum, wie mit unterschiedlichen Bedürfnissen umgegangen wird. Die merkwürdige Antwort: Man habe keine Geheimnisse voreinander, sei für alle Fragen offen, ganz anders als früher z. B. bei den eigenen Eltern, also den Großeltern von Anja und Sven. Die Eltern hatten sich vorgenommen, sich den modernen Zeiten anzupassen. Schließlich wären sie auch beruhigter, wenn Anja ihre Freunde mit auf ihr Zimmer nähme, als wenn sie sich nachts sonst wo herumtreiben würde. Sven: "Das sagt ihr *hier* so, wenn die Großeltern bei uns sind, wird ganz anders geredet. Was war das für ein Aufstand, als Oma mit den Antibabypillen aus dem Bad ankam!" Vater: "Muß Anja die denn aber auch so offen rumliegen lassen?" Anja: "Siehst du, Ihr habt doch etwas dagegen, wenn Männer zu mir kommen!" Mutter: "Und was hat das alles mit dem Schuleschwänzen von Anja zu tun? *Das* ist unser Hauptproblem!"

In dieser Szene präzisiert sich der Familienkonflikt: Unterschiede zwischen Autonomie und Intimität sind durch ein Diktat von bedingungsloser Offenheit verwischt. Durch die hautnahe Konfrontation der angeblich sexuell befreiten Kinder werden bei den Eltern nicht nur Themen und Über-Ich Ängste der eigenen Adoleszenz wiederbelebt, sondern sie stellen auch für den Vater eine sexualisierte Versuchungssituation dar, sich nämlich mit dem Körper seiner Tochter übermäßig zu beschäftigen. Durch die mangelnde Grenzziehung, die in der "Dummstell-attitüde" der Mutter zutagetritt, wird die Situation zusätzlich angeheizt. Sven verdeutlicht, daß es zu konflikthaften Auseinandersetzungen durch 3 Generationen kommt, in einem Spannungsbogen zwischen sexueller Permissivität und puritanischer Strenge. In dem ritualisierten und provokativen Verhalten Anjas deuten sich mehrere Motive an: Anja soll möglicherweise die unbefriedigende Sexualität zwischen den Eltern stellvertretend leben. Mit den Mitteln der Sexualität überführt sie die Eltern durch Reizen und Beschämen ihrer Hemmungen und Einstellungen. Es scheint, daß sie gerade durch die Instrumentalisierung ihrer Sexualität ein Mittel in der Hand hat, sich gegen die Übergriffe und das eindringende "Verständnis" der Eltern zur Wehr zu setzen. Die Schulverweigerung mag sich gegen die Peers wenden, deren Erwartung Anja zwar dahingehend erfüllt, daß sie die frühen sexuellen Erfahrungen als Beweis ihrer Emanzipation ansieht. Diesem Trend folgend *mißversteht* Anja jedoch sexuelles Tun mit sexuellem Erleben.

In der Familientherapie haben wir u. a. ein wirksames dynamisches Instrument, nämlich das der *Settingänderung*. Es bietet sich v. a. dann an, wenn es um die Stärkung von fälligen Generationsgrenzen geht. Dieser Settingwechsel sollte jedoch erst vorgeschlagen werden, wenn dessen Bedeutungssinn in der Gesamtfamilie erarbeitet ist.

So waren im gemeinsamen Familienverband noch etliche therapeutische Sitzungen notwendig, in denen es um Nähe und Distanz ging, womit Werte und Wertverletzungen, Scham und Schamlosigkeiten, Ausbeutung und Ausgeliefertsein zur Sprache kamen und auch die Großeltern hinzugezogen wurden. So bestätigte die Großmutter ihre Empörung über die Antibabypillen, die sie sowohl für ihre Tochter als auch für ihre Enkeltochter bestimmt annahm. Sie wehrte sich aber gegen die Unterstellung, daß sie etwas gegen Sexualität habe. Beide Großeltern schilderten freimütig über ihre Sexualität in jungen Jahren als auch ihre jetzt gelebte. Wir - auch ich als Therapeutin - wurden nun von einem Szenarium um den Stolz der Großmutter verblüfft, daß sie mit dem Mutterkreuz bei der Geburt ihres 4. Kindes 1944 beim Erntedankfestgottesdienst geadelt worden sei. Zur Mutter gewandt - aber auch mit einem abschätzigen Blick mir gegenüber, meinte die Großmutter: "Du kannst davon ja nichts wissen, weil Du nach dem Krieg unser Nachzügler warst." Ja, sie sei empört, daß sich ihre Tochter der Mutteraufgabe mit nur 2 Kindern nicht gestellt habe und dieses auch der Enkeltochter so unverfroren vorlebte, nein, mit Kirche habe das Ganze nichts zu tun, selbst wenn sie katholisch seien.

Dann erst wurden die Eltern zu dem Thema *Sexualität alleine* eingeladen. Für die Ehefrau war es entlastend, ihren Bedenken hinsichtlich der Promiskuität der Tochter nachzugehen. Diese beängstigte sie in bezug auf ihre eigene, wie sie bisher angenommen hatte, konfessionell geprägte Sexualmoral. Andererseits beneidete sie aber auch die Tochter, um deren "lockeren" Umgang mit Sexualität. Noch ein weiterer Aspekt wurde der Mutter nach der Mehrgenerationensitzung erschreckend deutlich, nämlich, daß auch in ihr nazistische Ideologien um Mutterschaft und Erhalt des Arischen persistierten. Gerade das "Zigeunerhafte" ihrer Tochter speiste die unbewußten Wurzeln dieser Dynamik und erklärte der Mutter nun, warum sie " die Blicke der alten Frauen" des Dorfes, aus dem sie stammte, in hohem Maße in Rechtfertigungsdruck gebracht hatten. So z. B., daß sie ungefragt Krankheiten vorgeschoben habe, warum sie "leider" nur 2 Kinder hätte. Der Ehemann faßte Zutrauen, da nicht nach Krankhaftem gefahndet wurde und meinte zögernd:" Wenn ich ehrlich bin, ich kann das nicht aushalten, wenn's meine Tochter neben unserem Schlafzimmer macht. Da hilft auch nicht, wenn ich mir die Decke über die Ohren ziehe. Na, und stellen Sie sich vor, daß ich als Vater auf die Freunde meiner Tochter eifersüchtig bin, nicht nur so, sondern so im Bett!" Nachdem mich beide Partner sehr prüfend ansahen und, wie mir hinterher deutlich wurde, Verurteilungen befürchteten, sprachen sie von ihren sexuellen Begegnungen, die ihnen im zärtlichen, auch ausgelassenen Spiel Genuß und Wohlsein bereiteten. Z. B. brachte der Ehemann seine Frau mit einer tänzerischen Pirouette zum aufreizenden Lachen, sie verführte ihn durch Kraulen zum behaglichen Schnurren. Der eigentliche Koitus war eher Nebensache. Obwohl mich ihre liebevolle Heiterkeit ansteckte, meldete sich doch in mir ein strenges analytisches Über-Ich: "Das ist ja nur prägenital."

Diese wenigen Gespräche mit den Eltern, die ihre Zweifel und tiefgreifenden Verunsicherungen in ihrer Beziehung und Intimität zum Ausdruck brachten und unter dem Zwang gestanden hatten, es der Jugend bzw. den Trends nachmachen zu müssen, führten zu ihrer Entlastung einerseits und zur Neugierde, ihre individuellen Möglichkeiten neu zu gestalten.

In den Einzelgesprächen mit Anja fiel auf, daß sie ohne Zögern und Stolpern, doch ohne emotionale Beteiligung minutiösen über Details ihrer Sexualität sprach. Schließlich sei das für sie ja auch nichts besonderes. Sex sei für sie wie Essen und Trinken und sie könne auch nicht viel dabei empfinden. Sie machte sich über mein Bemühen lustig, ebenso wie ihr bewußt war, wie aufreizend sie auf den Vater wirkte. Sie habe das falsche Getue der Mutter satt, die sei doch prüde bis in die Knochen und der Bruder lebe auf anderen Sternen. Durch all das Provokante, sicherlich teils auch ihrer Adoleszenz Entsprechende, schimmerte ein verletzliches Mädchen hindurch, welches sie aber spöttisch abtat. Schließlich zeigte ein Traum, den sie nach etlicher Zeit mitbrachte, daß sich innerlich viel bei Anja bewegt hatte. Sie berichtet diesen, mich teils neugierig, teils abweisend, doch auch kontaktsuchend anschauend: "Ist ein komischer Traum, geht um Entführung, kann mit dem nichts anfangen. Also, ich halte auf meinem Schoß ein kleines Kind fest. Ich will das entführen. Es nuckelt. Als ich mir das genauer angucke bin ich erschrocken, weil ich das kleine Mädchen bin." Beim Durcharbeiten der in diesem eindrücklichen Traum dargestellten Thematik wird für Anja deutlich, daß ihre Übersexualisierung, ihre Provokationen, ihr Schuleschwänzen dazu dienen, das kleine Kind vor den eindringenden Blicken der Erwachsenen in sich zu schützen. Sie fühlt sich nicht emanzipiert, stehe eher wie unter Zwang, es den Freundinnen oder den Erwachsenen gleichzutun. Eher mir gegenüber zögernd - schließlich bin ich ja auch eine Erwachsene - streift sie nur wie nebenbei, daß sie jetzt einen "richtigen" Freund habe. Dieser Traum beinhaltet wie ich denke auch die zentrale Thematik der Adoleszenz, nämlich innerlich zwischen Kindsein und Erwachsenwerden hin und hergerissen zu werden. Entsprechend kommt Anja in ihrem realen Alter vor, regressiv als kleines Kind, prospektiv zeichnet sich ihre vorgezeichnete Bestimmung als potentielle Mutter ab. Nach all diesen Gesprächen wirkte Anja weicher, behutsamer, konnte zu Hause klarere Grenzen setzen. Es schien, als hätte sie jetzt sicherer integriert, daß zur weiblichen Entwicklung nicht nur Neugierde an Sex gehörte, sondern daß sich Lustvolles durch mancherlei Lebensbereiche ziehen konnte - so auch durch

Neugierde auf Wissen. Jedenfalls war Schuleschwänzen kein Thema mehr für sie. Mit Sven und Anja gab es drei gemeinsame Sitzungen. Hierbei ging es v. a. um die geschwisterliche Beziehung, Sexualität streiften wir nur am Rande. Das Angebot zu einem Einzelgespräch lehnte Sven ab. Ich hatte den Eindruck, daß es hierbei nicht um Widerstand ging, sondern um eine eigenständige Grenzziehung. So vertraute ich auf die Auswirkungen der nun eindeutigeren Generationsgrenzen, auf die Entlastungen aller, für den anderen ungelebte Sexualität zu leben.

In dieser mehrgenerationalen Familientherapie galt es zu erkennen, daß sich *hinter* den Streitbeziehungen der Familienmitglieder *Sexualität* verbarg, die mit unterschiedlichsten Motiven verknüpft war. Durch Scheinangebote der Eltern wie: "In unserer modernen Familie ist alles möglich" kam es zu Grenz- und Intimitätsverletzungen. Sexualität vermischte sich in den Beziehungen mit Aggressivität der Jugendlichen, Scham- und Schuldgefühlen der Eltern und Normendruck der Sexualtrends. Der Instrumentalisierung des Sexuellen war Sinnlichkeit und Erotik entzogen. In der Therapie ging es darum, als Therapeutin *mit* der Familie Zugang zum Intimen zu finden, um die Familienangehörigen zu bewegen, emotional bedeutsame Aussagen über sich selbst in einer Atmosphäre zu finden, in der sehr wohl das Sexuelle in den Beziehungen spürbar war, aber nun in Wahrung und Respekt vor Nähe und Distanz in klareren Generationsgrenzen.

Schlußbemerkungen

Die Mehrgenerationenperspektive reflektiert Sexualität im Bezugsrahmen der konkreten Beziehungen unter Einbeziehung gesellschaftlich-normativer Prägungen, weil auch diese tiefgreifende Spuren hinterlassen haben. Hierbei rücken sowohl die bewußten als auch unbewußten Motivationen *aller* an dem Prozeß Beteiligten ins Blickfeld und können für ein vertieftes Ducharbeiten in unterschiedlichsten Settings fruchtbar gemacht werden. Dabei sollten Therapeutinnen und Therapeuten bedacht sein, die zutagetretende Sexualität zwischen den Familienmitgliedern *nicht* in pathologische Modelle oder gar in verallgemeinernde behandlungstechnische Kategorien zu konzeptualisieren. Vielmehr geht es unter dieser systemischen Perspektive um Aspekte von individueller Spontaneität von Erotik, Sinnlichkeit, Intimität und Lust in ausreichender Nähe und Distanz zu sich und gleichermaßen zu den anderen, so daß sich Sexualität mit all' diesen *Erlebnis*facetten zwischen den Beziehungen immer neu gestalten kann.

Literatur

Beck U (1986) Risikogesellschaft. Auf dem Weg in eine andere Moderne. Suhrkamp, Frankfurt aM

Béjin A (1984) Die Macht der Sexologen und die sexuelle Demokratie. In: Aries P, Béjin A, Foucault M et al. (Hrsg) Die Masken des Begehrens und die Metamorphosen der Sinnlichkeit. Fischer, Frankfurt aM, S 253-272

Bloch E (1964) Geist der Utopie. Bearbeitete Neuflage der zweiten Fassung von 1923,.Suhrkamp, Frankfurt aM

Comfort A (1978) Noch mehr Freude am Sex. Ullstein, Berlin Frankfurt aM Wien

Dupont M (1996) Sexualwissenschaft im Dritten Reich. Eine Inhaltsanalyse medizinischer Zeitschriften. Inaugural Dissertation, Frankfurt aM

Ferenczi S (1933) Sprachverwirrung zwischen den Erwachsenen und dem Kind. Int Z Psychoanal 19 : 5 - 15

Freud S (1905) Drei Abhandlungen zur Sexualtheorie. GW Bd 5, S 31 - 145

Hopp M (1988) Liebeshilfe. Die Sexklinik des Dr. Wawerzonnek. Z Tempo, S 86-91

Massing A, Weber I (Hrsg) (1987) Lust und Leid, Sexualität im Alltag und alltägliche Sexualität. Springer, Berlin Heidelberg New York Tokyo

Massing A, Reich G, Sperling E (1994) Die Mehrgenerationen- Familientherapie. 3. Aufl. Vandenhoeck & Ruprecht, Göttingen Zürich

Massing A (im Druck) Was gewinnen FamilientherapeutInnen bei Hausbesuchen? Kontext

Morgenthaler F (1980) Homosexualität. In: Sigusch V (Hrsg) Therapie sexueller Störungen. 2. Aufl. Thieme, Stuttgart, S 329-367

Neumann K (1988) Familienpädagogik In: Zubke F (Hrsg) Familienerziehung international. Böhlau, Köln Wien, S 13 - 26

Psychologie Heute (1996) "Was will das Weib?". Psychologie Heute 5: 22 - 29

Reich G (1987) Das sexuelle Erleben von Paaren auf dem Hintergrund ihrer Familiengeschichte. In: Massing A, Weber I (Hrsg) Lust und Leid. Sexualität im Alltag und alltägliche Sexualität. Springer Berlin Heidelberg New York, S 187 - 221

Reich W (1927) Die Funktion des Orgasmus. Int Psychoanal Verlag, Wien

Schachtner Ch (1988) Störfall Alter. Für ein Recht auf Eigensinn. Fischer, Frankfurt aM

Sigusch V (1990) Anti- Moralia. Sexualpolitische Kommentare. Campus, Frankfurt aM

Stierlin H (1987) Sexualität und Familiendynamik. In: Massing A, Weber I (Hrsg) Lust und Leid, Sexualität im Alltag und alltägliche Sexualität. Springer, Berlin Heidelberg New York, S 163 - 186

Weber I (1987) Ein neues Buch zu einem alten Thema. Zur Geschichte der Sexualforschung. In: Massing A, Weber I (Hrsg) Lust und Leid, Sexualität im Alltag und alltägliche Sexualität. Springer, Berlin Heidelberg New York, S 1 - 20

Sexueller Mißbrauch ist keine Diagnose

Eine kritische Auseinandersetzung mit der aktuellen Diskussion

Hertha Richter-Appelt

Die Diskussion über sexuellen Mißbrauch hat in den letzten Jahren ein erstaunliches Interesse hervorgerufen. Wurde Ende des letzten Jahrhunderts die Frage nach der Bedeutung traumatischer sexueller Erfahrungen in der Kindheit nur in ärztlichen Fachkreisen diskutiert und mit Empörung zurückgewiesen, so hat die Diskussion fast 100 Jahre später eine breite Öffentlichkeit erfaßt. War es Ende letzten Jahrhunderts Freud, der sich mit sexuellen Mißbrauchserfahrungen beschäftigte, so sind es 100 Jahre später v. a. Gegner der Psychoanalyse, die das Wort ergreifen und der Psychoanalyse vorhalten, sie sei Schuld daran, daß sexueller Mißbrauch in der Psychotherapie, aber auch in der Öffentlichkeit verleugnet, nicht wahrgenommen werde. Der zentrale Konfliktstoff ist die sog. Verführungstheorie bzw. das Fallenlassen eben dieser Verführungstheorie.

In seiner Arbeit zur Ätiologie der Hysterie aus dem Jahre 1896 stellte Freud die Behauptung auf, hysterische Symptome im Erwachsenenalter (v. a. bei Frauen), seien die Folge realer sexueller Verführungen im Kindesalter, die dem Vergessen anheim fallen, also ins Unbewußte verdrängt werden. In dieser ersten "empirischen" Arbeit zum sexuellen Mißbrauch in der Kindheit berichtet Freud über 18 Patienten, 6 Männer und 12 Frauen, die in der Kindheit Erfahrungen mit sexueller Verführung am eigenen Leib, geschlechtlichen Verkehr (im weitesten Sinn) erfahren hatten. Die Echtheit der infantilen Sexualszenen stellte Freud zunächst nicht in Frage, denn die Kranken entwickelten heftigste Widerstände gegen das Auftauchen der Erinnerungen und hätten nicht einmal ein Erinnerungsgefühl, wo sie doch die Emotionen wiederholt durchgemacht haben. Er teilte seine Fälle in drei Gruppen, je nach der sexuellen Reizung ein:

"In der ersten Gruppe handelt es sich um Attentate, einmaligen oder doch vereinzelten Mißbrauch meist weiblicher Kinder von seiten Erwachsener, fremder Individuen (die dabei groben, mechanischen Insult zu vermeiden verstanden), wobei die Einwilligung der Kinder nicht in Frage kam und als nächste Folge des Erlebnisses der Schreck überwog. Eine zweite Gruppe bilden jene weit zahlreicheren Fälle, in denen eine das Kind wartende Person, Kindermädchen, Kindsfrau, Gouvernante, Lehrer, leider auch allzu häufig nahe

Verwandte, das Kind in den sexuellen Verkehr einführte und ein - auch nach der seelischen Richtung ausgebildetes - förmliches Liebesverhältnis, oft durch Jahre, mit ihm unterhielt. In die dritte Gruppe gehören die eigentlichen Kinderverhältnisse, sexuelle Beziehungen zwischen zwei Kindern verschiedenen Geschlechts, zumeist zwischen Geschwistern, die oft über die Pubertät hinaus fortgesetzt werden und die nachhaltigsten Folgen für das betreffende Paar mitsichbringen. In den meisten Fällen ergab sich eine kombinierte Wirkung von zwei oder mehrerer solcher Ätiologien; im einzelnen war die Häufung der sexuellen Erlebnisse von verschiedenen Seiten her geradezu erstaunlich" (1896; 1971, S. 69).

Außerdem nahm Freud damals noch an, daß "ohne vorherige Verführung, Kinder den Weg zu Akten sexueller Aggression nicht zu finden vermögen". Die Annahme Freuds, daß hysterische Symptome die Folge sexueller Traumatisierungen im Kindesalter seien, wurde als Verführungstheorie bekannt und gewann in den letzten Jahren im Zuge der Auseinandersetzung um sexuellen Mißbrauch in der Kindheit einen Bekanntheitsgrad, den Freud sicherlich nicht im Traum erwartet hatte. Nur selten findet dabei die Tatsache Beachtung, daß Freud die Bezeichnung Verführungstheorie nie selbst verwendet hatte, sondern diese Bezeichnung erstmals von Kris 1954 erwähnt wurde (vgl. Blass u. Simon 1992).

Bereits 1897 allerdings distanzierte sich Freud in seinem berühmt gewordenen Brief an Fließ von dieser Hypothese. Später meinte er dazu, daß damals fast alle Patientinnen mit hysterischen Symptomen, ihm von einer Verführung durch den Vater erzählt hätten. Zweifel an diesen Berichten führten zur Entdeckung der Bedeutung von Phantasien für die Entstehung von Traumata, v. a. aber auch zu einem neuen Verständnis psychischer Prozesse. Freud hatte allerdings entgegen der immer wieder in den letzten Jahren geäußerten Behauptung (z. B. Rijnaarts 1988; Brockhaus u. Kohlshorn 1993) nie die Wichtigkeit in Zweifel gezogen, die reale traumatische sexuelle Erlebnisse für die spätere Entwicklung haben. In seiner 23. Vorlesung aus dem Jahre 1932 führt Freud etwa aus:

"Besonderes Interesse hat die Phantasie der Verführung, weil sie nur zu oft keine Phantasie, sondern reale Erinnerung ist ... Glauben Sie übrigens nicht, daß sexueller Mißbrauch durch die nächsten männlichen Verwandten dem Reiche der Phantasie angehört. Die meisten Analytiker werden Fälle behandelt haben, in denen solche Beziehungen real waren und einwandfrei festgestellt werden konnten" (S. 385).

Um so erstaunlicher ist die Tatsache, daß in den letzten Jahrzehnten bis vor kurzem zwar Phantasien über sexuelle Verführungen v. a. aus der phallisch-ödipalen Phase unter Psychoanalytikern ein gängiges Thema waren, nicht jedoch reale sexuelle Traumatisierungen. Simon (1992) zitiert Moshers 1991 veröffentlichte Daten aus dem englischen Sprachraum, wonach zwischen 1920 und 1986 nur 19 Arbeiten in englischsprachigen psychoanalytischen Zeitschriften erschienen seien, die "Inzest" oder "Verführung" im Titel nannten. Die Behauptung, reale sexuelle Verführung komme fast gar nicht vor und sei in der psychotherapeutischen Praxis immer skeptisch zu handhaben, steht im krassen Widerspruch dazu, daß ich im psychoanalytischen Schrifttum nur eine einzige ausführliche Fallgeschichte finden konnte, in der von einer Patientin berichtet wird, die die Vorstellung, sie sei sexuell mißbraucht worden, im Laufe einer Analyse verwirft (Raphling 1994). Eindeutige Angaben über Mißbrauchserfahrungen, die später widerrufen wurden, sind v. a. bei psychotischen Patientinnen beobachtet worden. Es sind allerdings viele Fallberichte bekannt, in denen im Laufe einer psychoanalytischen Behandlung die Verdrängung der Erfahrungen mit sexuellem Mißbrauch aufgehoben wurde. In der Schulpsychologie ist die Bedeutung von "repressed memories" zu einem wichtigen Forschungszweig geworden (vgl. Loftus u. Kecham 1995). Brenneis (1994) stellt die Relevanz dieses Forschungszweiges für die Psychoanalyse dar.

Woher also die Skepsis, Angaben über sexuellen Mißbrauch könnten nicht stimmen, Produkte der kindlichen Phantasie sein? Als ob kindliche Phantasien nicht das Resultat innerer und äußerer, aber eben auch äußerer, Stimulierungen seien. Phantasie heißt in diesem Zusammenhang also nicht frei erfunden, ohne äußeren Anlaß, sondern die psychische Reaktion auf eine äußere Stimulierung. Diese Stimulierung mag für den Außenstehenden oder auch für den "Verführenden" als unbedeutsam eingeschätzt werden und dennoch wird sie vom verführten Kind als eine sexuelle Stimulierung erlebt. Nicht jede sexuelle Stimulierung ist jedoch als sexueller Mißbrauch zu verstehen. Während Freud zunächst annahm, die sexuelle Verführung, also eine äußere Handlung sei das traumatisierende, pathogene, d.h. später zu einer hysterischen Symptomatik führende Moment, betont er später, das innere Erleben einer Situation, z. B. einer körperlichen Berührung und die unbewußte Erinnerung daran sei entscheidend dafür, ob eine Traumatisierung stattfindet. Dieses innere Erleben wird v. a. durch frühe Erfahrungen im Umgang mit dem Körper bestimmt und nicht nur, wie immer betont wird, durch die Ich-Stärke. Die Diskussion, ob bzw. welche (sexuelle) Handlung stattgefunden hat, ist somit von juristischer Seite bedeutsam, um feststellen zu können, ob es sich um einen Straftatbestand handelt oder nicht, weniger jedoch von psychologischer Seite. Hier muß betont werden, daß dies nicht deswegen unwichtig ist, weil es sich nur um eine Phantasie handeln könnte, sondern subjektiv erlebte Verführungen auch dann für die spätere Entwicklung von Bedeutung sind, wenn keine konkreten Mißbrauchshandlungen stattgefunden haben. Dies sollte nicht, wie immer wieder behauptet wird, als ein Leugnen der Realität von seiten der Psychoanalyse angesehen werden, sondern als ein zusätzliches Anerkennen von Situationen als traumatisch, die vielleicht von Außenstehenden als harmlos eingestuft werden, für den oder die Betreffenden jedoch aufgrund der individuellen Vorgeschichte traumatisierend sind - und dies gilt nicht nur für den sexuellen Bereich. In diesem Zusammenhang möchte ich mich Kramer (1990) anschließen, der meint:

"Bei manchen Patienten, die einen sexuellen Mißbrauch in der Kindheit erfahren haben, ist keine Erinnerung als solche vorhanden, oder nur teilweise abrufbar. Und dennoch sind "somatische Erinnerungen" an das Trauma immer noch wirksam und führen zu den aktuellen Empfindungen, Angst, Furcht, Ärger und Lust, die auch die Verführung in der Kindheit begleiteten" (S. 163f.).

Brenneis (1994) führt als Beispiel die Patientin R. an, die berichtete, daß ein bestimmter Geruch im Büro bei ihr immer Angst auslöste. Im Laufe der Therapie assoziiert sie damit Alkohol und später auch Samen. Und sehr viel später erinnert sie sich, von ihrem betrunkenen Vater mißbraucht worden zu sein. Die Betonung darf daher nicht ausschließlich auf der äußeren Realität liegen, sondern es müssen immer das psychische Erleben und Phantasien mitberücksichtigt werden. Kindliche Phantasien, der Sexualpartner des gegengeschlechtlichen Elternteils zu werden, sind keine Mißbrauchsphantasien, sondern mehr oder minder bewußte, von Schuldgefühlen begleitete Wunschphantasien, diesen Elternteil ausschließlich zu besitzen, die allerdings durch reale Mißbrauchshandlungen oder Mißbrauchsphantasien zerstört oder beeinträchtigt werden.

Phantasie, Realität und Wahrheit

Es spielen somit folgende Aspekte in der Diskussion um die Bedeutung von sexuellen Traumatisierungen eine wichtige Rolle:

Narrative, historische und objektive Wahrheit

Der weit verbreiteten Meinung, es komme nicht darauf an, ob eine Mißbrauchshandlung wirklich stattgefunden hat oder ein entsprechendes Erlebnis angenommen wird, muß nach den Untersuchungen der letzten Jahre vehement widersprochen werden. Reale Erfahrungen haben nicht nur eine juristische Bedeutung. Psychologisch gesehen werden sie um so bedeutungsvoller, wenn einer Person gegenüber Zweifel geäußert werden, die tatsächlich einem Mißbrauch ausgesetzt war. Ein Anzweifeln der Realität kann hier eine Wiederholung eines Teils der traumatischen Erfahrung bedeuten, eine einzige unvorsichtige Bemerkung des Therapeuten kann eine schwerwiegende Störung der therapeutischen Beziehung bewirken. Aber auch wenn ein Patient eine andere Person des Mißbrauchs beschuldigt, ohne daß es zu entsprechenden Vorfällen gekommen ist, wird es eine wichtige Aufgabe der Therapie sein, hier die historische Wirklichkeit möglichst herauszufinden. Dieser Prozeß muß Teil der Rekonstruktion in der Psychoanalyse ein, ein Thema, dem in der Diskussion um den sexuellen Mißbrauch wieder neue Beachtung geschenkt wird (vgl. Blum 1980). Wichtig bleibt zu betonen, daß unter historischer Wahrheit nicht "objektive" Wahrheit im naturwissenschaftlichen Sinn gemeint ist (vgl. Cremerius 1984), sondern die rekonstruierte von neurotischen Verfälschungen gefilterte subjektive Wahrheit.

Mißbrauchshandlung und Trauma

Das Traumatisierende einer Handlung ist nicht die Handlung selbst, sondern das Erleben derselben. Ein und dieselbe Handlung wird von unterschiedlichen Personen sehr unterschiedlich erlebt und bewertet. So wird im einen Fall ein Kuß auf den Mund unter Familienangehörigen zum Begrüßungsritual gehören, in anderen Fällen genau diese Handlung als eine Grenzüberschreitung angesehen werden. Ganz entscheidend ist dabei, welche Phantasien die Handlungen bei den Beteiligten auslösen, worauf in dem Fall der Patientin R. oben hingewiesen wurde.

Inzest und Ödipuskomplex

In klassischen psychoanalytischen Texten (z.B. Abraham 1982) werden ödipale Phantasien und Inzest unter demselben Schlagwort abgehandelt, worauf auch Simon (1992) mit seinem Artikel "Incest - see under Oedipus Complex" hingewiesen hat. Wie bereits oben ausgeführt, muß man sich in diesem Zusammenhang die Frage stellen, ob denn ödipale Phantasien in der normalen Entwicklung wirklich mit Phantasien über realen Inzest gleichgesetzt werden dürfen. Der Unbestimmtheit und dem Symbolisierungsgrad ödipaler Phantasien sind mehr Aufmerksamkeit zu widmen. Je konkreter sexuelle Handlungen zwischen Erwachsenen und Kind phantasiert werden, um so eher gehen wir heute davon aus, daß eine Beeinträchtigung der Symbolisierungsfähigkeit vorliegt, Zeichen einer frühen Störung, die durch vielfältigste Traumen und Vernachlässigungen hervorgerufen sein kann, auch durch sexuellen Mißbrauch. Übertragen auf die Patient-Therapeut-Beziehung würde dies bedeuten, daß sexuelle Phantasien in der Übertragung gleichgesetzt würden mit Phantasien über eine reale sexuelle Beziehung mit dem Therapeuten.

Phantasie ist nicht gleichzusetzen mit Realitätsverkennung

Ein gesundes Kind ist schon sehr früh in der Lage, auch wenn es im Spiel noch so sehr in eine Phantasiewelt abgleitet, diese immer als solche zu erkennen. In belastenden Situationen kann es jedoch dazu kommen, daß eine Trennung zwischen Phantasie und Realität schwierig erscheint. Person u. Klar (1994) haben in ihrem sehr aufschlußreichen Artikel darauf hingewiesen, wie wichtig es ist, zwischen unbewußten Phantasien und verdrängten Erinnerungen zu unterscheiden.

Fallbeispiele

Die folgenden Fallbeispiele sollen unterschiedliche Erscheinungsformen von sexuellen Mißbrauchserfahrungen beschreiben.

Beispiel 1

Die Patientin kommt in Therapie, da sie "so etwas wie mit ihrem letzten Freund nicht noch einmal erleben will". Der Freund war um Jahre älter, sehr intelligent, in gehobener, angesehener Position und verheiratet. Außerdem war er alkoholabhängig und sie sollte alles machen, was er wollte. Die Patientin selbst in guter beruflicher Position, sollte ihren Beruf aufgeben und sich ganz um ihn kümmern, wenn er es wünschte. Zunächst war die Patientin stolz, einen so bedeutsamen Partner zu haben, stürzte dann jedoch in eine tiefe Depression, verbrachte Tage im Bett allein in ihrer Wohnung und sah keinen Ausweg mehr.

Die Beziehung zum Vater in der frühen Kindheit sei einerseits durch liebevolle und zärtliche Zuneigung, aber auch durch unkontrollierte, unvorhersehbare Wutausbrüche gekennzeichnet gewesen. Der Vater sei oft unter Alkoholeinfluß gestanden, sei häufig deprimiert gewesen und habe auf die Patientin nur wirklich "lebendig" gewirkt, wenn er nüchtern und dann aber auch aggressiv gewesen sei. Dies habe dazu geführt, daß die Patientin mit zunehmendem Alter vermehrt anfing, den Vater durch auffällige Kleidung zu provozieren. Sie habe einen aggressiven, dafür aber "lebendigen" Vater einem depressiven vorgezogen. Schon früh hatte sie Angst, nach Hause zu kommen, wenn sie wußte, daß die Mutter nicht da war. In der Kindheit bis in die Pubertät habe sie von ihrem Vater intensive Gute-Nacht-Küsse bekommen, die sie schon als kleines Kind für übertrieben hielt. Sie hatte jedoch Angst, diesen unglücklichen Vater zurückzuweisen. In der Pubertät habe er sie mehrmals ins Ehebett der Eltern geholt, wenn die Mutter nicht zu Hause war, und sie liebkost. Sie sei wie tot dagelegen und habe nicht gewagt, sich zu wehren. Sie erlebt sich als von ihrem Vater, dem sie keine Wünsche abschlagen konnte, sexuell mißbraucht. Von früher Kindheit an habe sie ein schwieriges Verhältnis zu ihrer Mutter gehabt. Diese sei immer auf Kontakte der Patientin zu anderen Personen eifersüchtig gewesen, so auch auf ihr inniges Verhältnis zum Vater. Bis heute würde diese sie für ihr verführerisches Aussehen kritisieren, hätte immer an ihrer Kleidung etwas auszusetzen. Aber auch die Männerbeziehungen der Patientin seien von beiden Eltern heftig angegriffen worden.

Obgleich die Patientin darüber klagt, von alkoholabhängigen Männern nur ausgenutzt zu werden, nimmt sie zu Beginn der Analyse eine Beziehung zu einem alkoholabhängigen Mann auf. Sie hat große Angst, ich könnte ihr diesen Mann nicht gönnen, verbündet sich mit ihm gegen mich, nur dann fühle sie sich lebendig. Sie erzählt ihm viel aus den Analysestunden und einigt sich mit ihm darüber, daß ich ihr nicht gewachsen sei. Dieser Freund lebt allerdings mit einer anderen Frau zusammen, und die Patientin äußert die Hoffnung, mit meiner Hilfe würde es ihr gelingen, ihn für sich zu gewinnen. Erst sehr viel später kommt sie zu dem Schluß, daß sie eigentlich hoffe, mit meiner Hilfe soweit zu kommen, es nicht mehr für sich zu brauchen, einen alkoholabhängigen Mann retten zu müssen.

Zunehmend möchte die Patientin sich mir anvertrauen, möchte, daß ich die Führung übernehme. Nachdem sie ihre Enttäuschung darüber äußert, daß die Mutter sie nicht vor den Übergriffen des Vaters beschützt hatte, überlegt sie, ob sie vor mir wirklich so viel Angst haben müsse, daß sie die Beziehung zu mir nur mit einem alkoholabhängigen Mann im Hintergrund aushalte. Hatte ich zu Beginn der Therapie von der Patientin vermittelt bekommen, die sexuellen Übergriffe des Vaters hätten zu ihrer schweren Beziehungsstörung geführt, wird im Laufe der Behandlung deutlicher, wie groß ihr Haß auf die Mutter ist, die sie nicht nur vor dem schwachen und bedürftigen, alkoholabhängigen Vater nicht geschützt hatte, sondern sie als Rivalin ablehnte, ihr die Schuld für all das Unglück in der Familie gab.

Der unbewußte Haß auf die mißbrauchenden und sterbenden inneren Objekte und die Angst um sie müssen abgewehrt werden. Zu Beginn der Behandlung hatte die Patientin den Kampf zwischen ihren destruktiven und libidinösen Impulsen dadurch gelöst, daß sie Anteilnahme und Liebe zu ihren sie mißbrauchenden Objekten rechtfertigt. Sie tötet ihre bedürftigen und abhängigen Selbstanteile ab bzw. projiziert sie in andere und gelangt so zu einem Gefühl der Überlegenheit. Erst gegen Ende der Therapie wird es der Patientin möglich, konstruktive Anteile des Selbst zunächst in der Beziehung zu mir, dann aber in einer neu aufgenommenen Beziehung zu einem Mann ihres Alters zu entwickeln und libidinöse Bedürfnisse ohne Schuldgefühle, und ohne sie gleich unterdrücken zu müssen, wahrzunehmen und sie in zunehmendem Maße auch befriedigen zu können. Über die Sexualität in der Beziehung zu diesem Partner erzählt die Patientin kaum etwas. Sie empfindet es als eine große Erleichterung, diesmal ein Geheimnis für sich hüten zu dürfen, von dem sie spürt, daß ich mich darüber freue und nicht wie die Mutter versuche, diese sexuelle Beziehung zu stören. Zum ersten Mal habe sie keine Schuldgefühle und habe auch nicht den Eindruck, einen süchtigen Mann retten zu müssen.

Beispiel 2

Mir begegnet im Erstgespräch ein gut aussehender Geschäftsmann mit grauem Haar, der im Anzug erscheint. Nur an seiner leicht dauergewellt wirkenden Frisur kann ich zunächst etwas weiblich anmutendes erkennen. Der 50jährige Patient kommt in Therapie, da er in den letzten Jahren zunehmend unter dem Druck stand, das andere Geschlecht annehmen zu wollen. In dem Bewußtsein, im Falle einer Geschlechtsumwandlung seine berufliche Karriere jäh beenden zu müssen, leidet er darunter so stark, daß er sich zu einer Therapie entschlossen hatte. Nach einem halben Jahr Therapie erfahre ich, wie sehr er von seinem Wunsch nach Geschlechtsumwandlung gedrängt wurde. Er hatte an ein ausländisches Zentrum zur Behandlung Transsexueller geschrieben und um Informationen gebeten. Außerdem habe er sich in den letzten Jahren wiederholt Östrogene verschafft und diese auch eingenommen. Dies habe zu einer leichten Veränderung seiner Brust geführt.

Später, an Urlaubstagen, in Freizeitkleidung wirkt er wenig männlich, trägt Armreifen und bestickte Pullover. Dieses Erscheinungsbild läßt mich eher an kleine Mädchen denken als an erwachsene Frauen.

Aus dem Elternhaus berichtet der Patient auffallend wenig Negatives, entschuldigt die Eltern damit, daß diese so schwer arbeiten mußten, um sich und die Kinder finanziell gut durchzubringen. Schon als Kind mußten der Patient und sein um 6 Jahre älterer Bruder Geld verdienen, indem sie Zeitungen in der Nachbarschaft austrugen. Sein Bruder - das schwarze Schaf in der Familie - hat nicht nur ihm das verdiente Geld, das sie zu Hause abliefern sollten, gestohlen, sondern auch den Eltern immer wieder Geld genommen. Er wagte aus Angst vor dem Bruder nie, dies den Eltern zu erzählen und auch die Eltern sagten dazu nichts. Schon als Kind hatte er das Gefühl, er müsse die Eltern unterstützen, dürfe sie nicht belasten. Zu dieser Zeit empfand er sich seiner älteren Schwester und der Mutter gegenüber sehr benachteiligt, die beide zu Hause bleiben konnten und nicht außer Haus arbeiten mußten. Um sich zu trösten, zog er manchmal heimlich Kleider der Schwester an. Die Mutter habe ihm auch im Winter manchmal Mädchenunterhosen zum Anziehen gegeben. Diese zu Beginn der Therapie vom Patienten angebotenen möglichen Erklärungen für seine transsexuelle Problematik erscheinen sowohl in den Augen des Patienten wie auch in meinen nicht ausreichend, um seinen Geschlechtsumwandlungswunsch zu erklären. Lange Zeit vermittelt mir der Patient, er müsse auch mich schonen und vermeidet es, mir belastende Erinnerungen mitzuteilen.

Nur wenn er von seiner von ihm getrennt lebenden Frau spricht, wird er böse und emotional. Sie ist die einzige Frau, die von seiner Problematik über Jahre wußte, sie auch akzeptierte und bereit war, mit ihm in Frauenkleidung sexuell zu verkehren. Später erfahre ich, daß sie über Jahre von ihrem Vater sexuell mißbraucht worden war, große Angst vor Männern hatte und daher die transsexuelle Problematik ihres Mannes als etwas Beruhigendes erlebte, da er dadurch als Mann nicht zu bedrohlich werden könnte.

Der Patient erlebt sich v. a. in den Masturbationsphantasien als Frau. Er fürchtet, anders gar nicht sexuell erregt werden zu können. Vor allem wenn er sich deprimiert fühlte, spürte er den Drang, sich Frauenunterwäsche und Kleider zu kaufen. Vor Beginn der Therapie hatte der Patient immer wieder zu Hause, wenn er alleine war, diese Frauenkleider getragen. Zu Therapiebeginn lebte er mit einer sehr viel jüngeren, von ihm sehr abhängigen Frau mit schwerer Zwangssymptomatik zusammen. Nach der Trennung von seiner Ehefrau hatte er seine Transsexualitätsproblematik wiederholt eingesetzt, um Frauen zu schockieren, sie auf Distanz zu halten. In der Regel hätten sich die Frauen voller Schrecken von ihm abgewandt, wenn er sein Problem erwähnte. Ich sei die erste Frau, der er davon erzählen könne, ohne damit Schreck und Distanzierung auszulösen, aber auch ohne, daß ich sofort seinen Wünschen und Phantasien nachgebe.

Die Bearbeitung finanzieller Schwierigkeiten, die ihm seine geschiedene Frau bereitete, läßt uns auf den Umgang mit Geld und den verhaßten älteren Bruder zu sprechen kommen. Ein Jahr nach Therapiebeginn erzählt der Patient erstmals, daß er ungefähr als 8jähriger wiederholt von seinem älteren Bruder und zwei Freunden im Wald versteckt und genötigt wurde, Mädchenkleidung anzuziehen. Sie hätten dann gespielt, mit ihm Geschlechtsverkehr zu vollziehen, jedoch keinen Analverkehr gemacht. Über diese Erfahrungen habe er jedoch bisher noch nie mit jemandem gesprochen. Auch habe er keinerlei Zusammenhang zwischen seiner transsexuellen Problematik und diesen Mißbrauchssituationen gesehen. Aus Angst vor dem großen Bruder und aus Rücksichtnahme auf die Eltern, wagte er nicht, seiner Mutter oder Schwester, aber auch nicht seinem Vater von diesen Erlebnissen zu erzählen. Vor allem wollte er die Eltern, die ohnehin schon so schwer zu arbeiten hatten, nicht zusätzlich belasten.

Erst jetzt berichtet der Patient zögernd auch von Problemen der Mutter, die immer Eßschwierigkeiten hatte, die zwar körperliche Wärme spenden konnte, jedoch als Frau nicht attraktiv gewesen sei. Im Laufe der Therapie wird die Abwehrfunktion der transsexuellen Phantasien bei diesem Patienten immer deutlicher (vgl. Pfäfflin 1994). Zunächst stellen sie einen Schutz vor Kastrationen dar. Der Patient hatte die Mißbrauchssituation als eine "gespielte" Kastration erlebt. Als Mädchen hätte ihm das nicht passieren können. Nur wenn die Frauen den sexuell aktiven Part übernehmen, wäre er vor seinen sexuell aggressiven, männlichen Impulsen sicher, müßte er nicht die Rolle des Bruders und seiner Freunde übernehmen. Auch sei sexuelle Erregung für ihn nur dann trostspendend, wenn er sich als Frau erlebe. Der Patient hatte, bevor er zu mir kam, mehrere Therapieversuche bei Männern unternommen, von denen er den Eindruck hatte, daß sie alle relativ schnell seine transsexuellen Wünsche als reale Wünsche ernst nahmen (worauf sich ein Teil der Mißbrauchssituation wiederholte), daraufhin ergriff er jedesmal die Flucht und brach die therapeutischen Kontakte ab. Erst als er merkte, daß ich mich als Frau durch diese Wünsche nicht erschrecken ließ, aber auch nicht gleich zum Handeln überging, war es dem Patienten möglich, nicht nur seine transsexuellen Phantasien mitzuteilen, sondern auch die damit verbundenen unbewußten Wünsche und Hoffnungen zuzulassen.

Diskussion

Die dargestellten Fälle machen zunächst deutlich, warum es so wenig psychoanalytische Fallgeschichten zu sexuellem Mißbrauch oder Inzest gibt. Betrachtet man das Mißbrauchsgeschehen innerhalb bestehender Beziehungen, so bekommt man oft den Eindruck, diese Beziehungen mit ihren subtilen Formen der Gewalt stellen das eigentlich Traumatisierende dar. Sie bereiten vielleicht eine Voraussetzung dafür, daß Mißbrauch überhaupt möglich wird, aber auch, daß die Mißbrauchserfahrungen nicht mit Hilfe wichtiger Bezugspersonen verarbeitet werden können. Dabei werden nicht selten Mißbrauchssituationen leichterer Form als etwas nicht besonders Erwähnenswertes angesehen: Wenn z. B. Vater oder Mutter jederzeit ins Zimmer kommen, Briefe lesen, nicht gestatten, daß die Badezimmertür abgeschlossen wird, Kleidungsstücke oder andere persönliche Gegenstände benutzen ohne zu fragen, bestimmen sie auch, wann Körperkontakt und in extremen Fällen sexuelle Handlungen stattfinden. Sicherlich gibt es Kinder, die Mißbrauchserfahrungen machen und eine gute Beziehung zur Mutter oder einer anderen Bezugsperson haben. Diese Personen sehen wir allerdings seltener als Patienten. Bei unseren Patienten mit sexuellen Mißbrauchserfahrungen fällt auf, daß Grenzüberschreitungen sich in der Regel nicht auf den sexuellen Bereich beschränken. Anders ausgedrückt: Sexueller Mißbrauch ist keine Diagnose, sondern eine Traumatisierung, meist eingebettet in eine Beziehungsstörung, die in unterschiedlichen Fällen zu unterschiedlichen Diagnosen führt.

Im folgenden soll noch einmal auf die oben erwähnten Punkte anhand der Fallbeispiele eingegangen werden:

In beiden Fällen bestand kein Zweifel, daß ein Mißbrauch wirklich stattgefunden hat. Die Fälle entsprechen denjenigen, die auch schon Freud (1896) beschrieben hatte. Person (1993) meint, es gäbe Psychotherapeuten, die einen besonderen Wert auf unbewußte Konflikte legen, andere, auch Psychoanalytiker, seien in zunehmendem Maße an Traumata und deren Auswirkungen auf sexuelle (v. a. auch inzestuöse) und aggressive Phantasien interessiert. Auch darüber, wie detailliert sexuelle Mißbrauchserfahrungen in der Therapie geschildert werden müssen (wie weit "eingedrungen" werden soll), um verarbeitet werden zu können, gehen die Meinungen auseinander. Nicht selten haben mißbrauchte Patientinnen und Patienten ein gestörtes Schamgefühl und sind daher bereit, ohne Rücksicht auf ihr Gegenüber Erfahrungen im Detail zu erzählen. Hier mag es wichtig erscheinen, selbst unter Einbuße von Informationen, den Patienten zu vermitteln, daß sie auch etwas für sich behalten dürfen, nicht alles preisgeben müssen (z. B. Fall 1), ein für die psychoanalytische Technik unorthodoxer Gedanke. Andere Patienten, die nie mitteilen durften, was sie Belastendes erlebt haben, müssen in der therapeutischen Beziehung die Erfahrung machen, daß ihr Gegenüber die Wahrheit, die sie selbst erlebt haben, auch aushält und versteht, d. h. daß sie nicht schweigen müssen (Fall 2). Vor allem im ersten Fallbeispiel gewinnt man den Eindruck, daß die Angst, einen abhängigen Vater mit allen Mitteln am Leben erhalten zu müssen, das sexuelle Trauma nicht nur mitbedingt hatte, sondern auch selbst traumatisierend wirkte. In der Übertragung wurde jedoch deutlich, daß schon in der frühen Mutter-Kind-Beziehung zerstörerische Elemente am Werk waren, die es der Patientin nicht erlaubten, sich von dem übergriffigen Vater abzugrenzen. Im zweiten Fall wird eine tröstende Phantasie, sich ab und zu als Frau zu fühlen, je durch eine Mißbrauchshandlung nachträglich zum Trauma. In Identifizierung mit den Aggressoren scheint es dem Patienten nicht möglich, männliche sexuelle und auch aggressive Wünsche zu entwickeln.

In beiden Fällen lagen die eigentlichen Mißbrauchserfahrungen Jahre nach der ödipalen Phase. Im ersten Fall müssen wir davon ausgehen, daß die Patientin nicht nur befürchten mußte, von der Mutter wegen ihres innigen Verhältnisses zum Vater verstoßen zu werden. Ödipale Phantasien lösten daher sicherlich ungewöhnlich starke Schuldgefühle aus. Andererseits führte bei dem Kind der Wunsch, die Mutter zu beseitigen, den Vater ganz für sich zu haben zu unerträglichen Schuldgefühlen. Diese Phantasie muß schon sehr früh zu dem Gefühl geführt haben, den Vater am Leben erhalten zu müssen, um sich vor der Mutter zu schützen. Auch müssen sie bei der Patientin reaktualisiert worden sein, als der Vater seine sexuellen Übergriffe startete. Indem Phantasien realen Charakter annahmen, mußte die Patientin ihre weiblichen Anteile ganz in den Dienst der Männer stellen.

Im zweiten Fall gab der Patient vor, eine enge Beziehung zu seiner Mutter in der Kleinkindzeit gehabt zu haben. Er hätte das Gefühl gehabt, die Mutter ganz für sich zu haben, da der Vater nie da war. Sie vermittelte ihm aber, belastet zu sein und ihn nicht trösten zu können. So fing der Patient früh an, sich mit Hilfe von Ersatzobjekten zu trösten, nämlich Mädchen- oder Frauenkleider zu tragen. Diese Möglichkeit wurde gestört, als der Bruder mit seinen Freunden ihn zwang, Frauenkleider anzuziehen, um sich sexuell zu befriedigen. Die Hoffnung auf eine tröstende Wirkung der Phantasie führte zu einem Zwang, die Mißbrauchssituation zu wiederholen.

Immer wieder wurde darauf hingewiesen, daß sexuelle Übergriffe zu einer sexuellen Frühentwicklung, einer übermäßigen Beschäftigung mit Sexualität und in manchen Fällen zur Sexualisierung von Beziehungen führen können. Dies kann sich jedoch in unterschiedlichen Erscheinungsformen äußern.

Im einen Fall kommt es zu einer Unterdrückung jeglicher Erregung, womit nicht selten eine Angst einhergeht, andere könnten sexuelles Interesse zum Ausdruck bringen. Sehr schnell werden bei anderen sexuelle Motive vermutet und angstauslösende Situationen vermieden. In anderen Fällen rufen Personen, die sexuelle Übergriffe erlebt haben (meist Frauen), sexuelle Phantasien und Handlungen bei anderen hervor, ohne sich ihrer provozierenden Wirkung bewußt zu sein und meist auch ohne selbst sexuelle Lust zu verspüren. Sexualisiertes Verhalten stellt oft die einzige Möglichkeit für diese Frauen dar, mit Männern in Kontakt zu treten. Zu Enttäuschungen kommt es allerdings dann, wenn ein Mann sexuelles Interesse zeigt, erwartet wird väterlich verständnisvolles Verhalten. Das eigene sexuelle Verlangen wird verleugnet und an den Partner delegiert.

Schließlich findet man Personen, die sexuelle Übergriffe in der Kindheit erlebt haben, die zu einer frühzeitigen Steigerung des sexuellen Erregungsniveaus geführt haben. Das Wegbleiben sexueller Erregung führt zu depressiven Verstimmungen und innerer Leere. Diese Personen suchen immer wieder Situationen auf, in denen sie sich entweder selbst sexuell erregen (z. B. zwanghaftes Masturbieren, suchtartiges Verlangen nach pornographischem Material) oder durch immer wieder neue Sexualpartner erregt werden. Dies ist meist mit Schuldgefühlen verbunden, jedoch der Mangel an echter Befriedigung führt zur dranghaften Wiederholung eben dieser Situationen. Nach schweren Traumatisierungen, die in der Regel nicht auf die Sexualität beschränkt waren, fehlen häufig die Schuldgefühle und es kann zur erneuten "Täterschaft" kommen. In jedem Fall findet frühzeitig eine bedeutsame Beeinflussung der Triebentwicklung statt, die Art des sexuellen Mißbrauchs wird die Abwehrform bestimmen, ob es zur Verleugnung, zum Ausagieren oder zur Somatisierung sexueller Konflikte kommt.

Diese Beispiele machen deutlich, wie wichtig es ist, sexuellen Mißbrauch im Rahmen bestehender Objektbeziehungen zu betrachten. In beiden Fällen spielen vorhergehende Erfahrungen eine ganz entscheidende Rolle dafür, welche Bedeutung die sexuellen Übergriffe erlangen. In beiden Fällen würde sexueller Mißbrauch bei einer Falldarstellung nicht im Titel erscheinen. Und damit ist die oben erwähnte Feststellung Moshers (Simon 1992) relativiert. Nichtsdestotrotz erscheint es wichtig, die spezifischen Übertragungs- und Gegenübertragungsaspekte noch weiter zu erforschen, die in Therapien mit Patienten mit sexuellen Mißbrauchserfahrungen eine Rolle spielen (vgl. dazu Levine 1990).

Literatur

Abraham K (1982) Gesammelte Schriften, Bd II. Fischer, Frankfurt aM

Blass R, Simon B (1992) Freud on his mistake(s): The role of seduction in the etiology of the neuroses. In: Morris H, Smith J (eds) Telling facts: History and narration in Psychoanalysis. Johns Hopkins Univ Press, Baltimore, pp 160-183

Blum HP (1980) The value of reconstruction in adult psychoanalysis. Int. J Psychoanal 61: 39-52

Brenneis CB (1994) Belief and suggestion in the recovery of memories of childhood sexual abuse. J Am Psychoanal Assoc 42 : 1027-53

Brockhaus U, Kolhorn M (1993) Sexuelle Gewalt gegen Mädchen und Jungen. Campus, Frankfurt aM

Brunner R (in Vorb.) Die spezifische Bedeutung von Inzesterfahrungen von Patienten im psychoanalytischen Prozeß. Unveröffentlichte medizinische Doktorarbeit der Universität Heidelberg

Cremerius J (1984) Die Psychoanalytische Abstinenzregel. Vom regelhaften zum operationalen Gebrauch. Psyche 38 : 769-800

Freud S (1896) Zur Ätiologie der Hysterie, GW Bd 1, S 423-459

Freud S (1897/ 1962) Brief an Fließ vom 21. 9. 1897. In Freud S: Aus den Anfängen der Psychoanalyse, 1887 - 1902. Briefe an Wilhelm Fließ. Fischer, Frankfurt aM

Freud S (1932/1978) Die Wege der Symptombildung. GW Bd 11, S 372-391

Glenn J (1984) A note on loss, pain, and masochism in children. J Am Psychoanal Assoc 32 : 63-73

Glenn J (1984) Psychic trauma and masochism. J Am Psychoanal Assoc 32 : 357-386

Kramer S (1990) Residues of incest. In: Levine H (ed) Adult analysis and childhood. Sexual abuse. The Analytic Press, Hillside New York, pp 149-170

Levine H (ed) (1990) Adult analysis and childhood sexual abuse. Analytic Press, Hillsdale New York

Loftus E, Ketcham K (1995) Die therapierte Erinnerung. Vom Mythos der Verdrängung bei Anklagen wegen sexuellen Mißbrauchs. Klein, Hamburg

Person E (1993) Introduction. In: Person E, Hagelin A, Fonagy P (eds) Freud´s observations on transference-love. Yale Univ Press, New Haven

Person E, Klar H (1994) Establishing trauma: The difficulty distinguishing between memories and fantasies. J Am Psychoanal Assoc 42 : 1055-1081

Pfäfflin F (1994) Zur transsexuellen Abwehr. Psyche 18 : 904-931

Raphling DL (1994) A patient who was not sexually abused. J Am Psychoanal Assoc 42 : 65-78

Rijnaarts J (1988) Lots Töchter. Über den Vater-Tochter Inzest. Claassen, Düsseldorf

Simon B (1992) "Incest - see under Oedipus complex": The history of an error in Psychoanalysis. J Am Psychoanal Assoc 40 : 955-988

Sexualität zwischen Intimität und Öffentlichkeit

Udo Rauchfleisch

Sexualität im Spannungsfeld zwischen innerer und äußerer Realität

Wenn wir von Sexualität sprechen, mögen wir zwar der Ansicht sein, das gleiche darunter zu verstehen. Tatsächlich jedoch kommt es in diesem Diskurs nicht selten zu Kommunikationsproblemen und Mißverständnissen, weil oft ungeklärt bleibt, ob wir von der äußeren Realität des manifesten Verhaltens sprechen, oder ob wir die innere Welt der erotischen und sexuellen Phantasien, der Gefühle und der sexuellen Impulse meinen. Auch wenn diese beiden Bereiche im allgemeinen weitgehend parallel laufen und gegenseitig Einfluß aufeinander ausüben, müssen wir uns doch darüber klar sein, daß es zwei verschiedene Dimensionen mit je eigenen Funktionsweisen und Ausdrucksformen sind. So entfaltet sich das, was wir mit einer Kurzformel Sexualität nennen, charakteristischerweise im Spannungsfeld zwischen dem ganz persönlichen innerseelischen Bereich und der sozialen Realität. Zum Teil überdeckt allerdings die eine Dimension, vornehmlich die des nach außen sichtbar werdenden Verhaltens, die andere, und wir stehen bei einer oberflächlichen Betrachtung unter dem Eindruck, damit bereits das ganze erfaßt zu haben.

Im Zuge der sexuellen Liberalisierung der späten 60er und der 70er Jahre mag es so erscheinen, als sei Sexualität heute in keiner Weise mehr ein Tabuthema. Die Boulevardpresse lebt ja letztlich - neben Gewaltmeldungen - von Berichten über sexuelle Abenteuer bekannter Persönlichkeiten. Angereichert mit mehr oder weniger pikanten Details, werden hier Klatschgeschichten kolportiert, in deren Zentrum die sexuelle Lustbefriedigung, bizarres Sexualverhalten, aber auch sexuelle Enttäuschungen und verzweifelte Suche nach intimer Nähe zu anderen Menschen stehen. Größten Raum nehmen schließlich die Schilderungen der "Techniken" ein, welche die Meisterinnen und Meister auf dem Gebiet sexueller Beziehungen zur Erlangung ihrer Ziele mit Erfolg einsetzen. Im allgemeinen haben wir es hier nicht mit Selbstschilderungen der Akteure zu tun, sondern mit Berichten aufgrund von Recherchen, welche Dritte durchgeführt haben. Selbst im

Fall von Interviews wird die Hauptinformation oft nicht von den Protagonisten geliefert, sondern wird ihnen von den bestens informierten Journalisten durch Suggestivfragen in den Mund gelegt. Untersuchen wir derartige Berichte, welche die Sexualität in einem hohen Maße öffentlich machen, genauer, so können wir feststellen, daß hier die nach außen sichtbar werdende *Verhaltensebene eindeutig im Vordergrund* steht. Typischerweise erfahren wir wenig bis gar nichts von der inneren Welt der Gefühle, der Phantasien und der Impulse. Sie werden ausgespart, nicht einmal im Ansatz thematisiert - und trotzdem stehen wir unter dem Eindruck, hier werde die Sexualität in allen ihren Facetten ohne jede Hemmung offengelegt. Lüstern - voyeuristisch nehmen Millionen von Leserinnen und Lesern tagtäglich teil an der Aufdeckung von Bettgeschichten bekannter und unbekannter Menschen und leben auf diese Weise per Identifikation mit den Protagonisten ein Stück weit Sexualität aus zweiter Hand. Dabei gilt, daß selbst bei Skandalgeschichten der soziale Status der Person, deren Intimleben in den Lichtkegel der Öffentlichkeit gezerrt wird, dadurch keineswegs beeinträchtigt wird. Im Gegenteil erfahren die Protagonisten durch derartige Enthüllungen eine Aufwertung und werden nicht selten gerade durch ihre sexuellen Abenteuer zu Idolen mit Vorbildcharakter.

Ich möchte diese Dynamik an einem ganz banalen Beispiel, nämlich an einem Interview mit dem Fernsehmoderator Max Schauzer veranschaulichen. Schauzer sagt von sich in einem Interview mit der Fernsehzeitschrift TELE (1995): "Ich war schon immer ein sanfter Löwe" und berichtet, wie es im Untertitel dieser Reportage heißt, "erstmals offen, wie er die Frauen betörte". Auf die Frage des Interviewers, ob Schauzer in jungen Jahren ein Frauenheld gewesen sei, führt der Moderator aus: "Es gab die Draufgängertypen, und es gab jene, die immer gewartet haben, so wie ich. Ich habe mit Langzeitstrategien Erfolg gehabt. Ich bin aufgewachsen am Wörthersee, und das war zu meiner Zeit, in den 50er Jahren, das Urlaubsziel der Deutschen und Skandinavier. Da wimmelte es von jungen, hübschen und attraktiven Mädchen. Vor allem die Schwedinnen hatten es mir angetan". Er habe jedoch nicht sofort "zugegriffen", bei ihm habe es mindestens eine Woche gedauert. "Aber", so Schauzer weiter, "man darf die Sanften nicht unterschätzen". Auf die Frage des Interviewers, ob er einer gewesen sei "der seine Beute länger beobachtete", meint Schauzer "schmunzelnd": "So muß man es sehen. Ich habe übrigens etwas von meinem österreichischen Schauspielerkollegen Herbert Fux gelernt: Der hat sich immer zwei junge Frauen zugleich ausgesucht und dann diejenige angemacht, die weniger hübsch war. Und wenn er die eine mit Komplimenten überschüttete, wurde die andere hellhörig und begann ihm den Hof zu machen. So gewann er letztlich immer die Schönere für sich." Diesen Trick habe er, Schauzer, sich auch zu eigen gemacht, und er habe verfangen. Gleichsam zur Beruhigung der Leserinnen und Leser, daß Max Schauzer nach den früheren wilden Jahren heute in geordneten Bahnen lebe und den sexuellen Abenteuern abgeschworen habe, folgt unmittelbar auf diese Gesprächsphase sein Hinweis auf seine Heirat im Jahre 1968 mit seiner "Traumfrau" Gundel, die er auf einem Ball kennengelernt habe und die er - im Unterschied zu seinen früheren Strategien - noch am gleichen Abend "erobert" habe. Heute zähle nur sie für ihn, und Schauzer doppelt nach: "Nie bereut"! Abgesehen davon, daß hier eine im Grunde frauenverachtende, sie stark funktionalisierende Beziehungsform geschildert wird, ist für diese Art der öffentlichen Diskussion über Sexualität charakteristisch, daß sie v. a. auf die Handlungsebene - hier die des Machomannes - abhebt. Der Protagonist berichtet auf gezielte Nachfrage über seine sexuellen Abenteuer, die seinen sozialen Status in keiner Weise herabsetzen, sondern im Gegenteil erhöhen. Derartige Schilderungen liefern, wie es viele in solchen Berichten als Idole porträtierte Frauen und Männer tun, geradezu Verhaltensanleitungen, die zur Nachahmung empfohlen werden - wie ja Schauzer selbst seinen Schauspielerkollegen Herbert Fux nennt, von dem er den "Trick" mit dem "Anmachen" zweier Frauen übernommen habe.

Eine völlig andersartige Situation treffen wir hingegen, wenn es um die *Öffentlichmachung lesbischer und schwuler Sexualität* geht. Während selbst Skandalgeschichten und "Seitensprünge" im heterosexuellen Bereich von den Rezipienten weithin als "Kavaliers-" bzw. "Ladies-Delikte" empfunden werden, haftet Reportagen, in denen Lesben und Schwule geoutet werden oder selbst über sich berichten, nach wie vor das Odium des Anrüchigen an. Ihr sozialer Status wird durch derartige Enthüllungen nicht aufgewertet, sondern im allgemeinen herabgesetzt. Bestenfalls reagieren die Leserinnen und Leser mit einem Achselzucken und einem entschuldigenden "na ja, es macht ja nichts", woran sich aber nicht selten der Hinweis anschließt, es sei im Grunde doch "taktlos" und "eigentlich nicht nötig", die eigene sexuelle Orientierung auf diese Weise in die Öffentlichkeit zu "zerren". Zur Illustration, ausschnittweise eine fingiert schwule Variante des zitierten Interviews mit Max Schauzer:

Auf die Frage des Interviewers, ob der schwule Fernsehmoderator Herr X in jungen Jahren ein "Männerheld" gewesen sei, berichtet der Protagonist, er sei bei der Jagd nach jungen Männern kein Draufgänger gewesen, sondern habe mit "Langzeitstrategien" Erfolg gehabt. Der Wörthersee, wo er aufgewachsen sei, sei das bevorzugte Urlaubsziel von jungen Männern aus Deutschland und Skandinavien gewesen. Vor allem die jungen, hübschen Schweden hätten es ihm angetan. Er habe sich nach dem Vorbild eines Schauspielerkollegen immer zwei junge Männer ausgesucht und dann denjenigen "angemacht", der weniger hübsch gewesen sei. Wenn er diesen dann mit Komplimenten überschüttet habe, sei der andere hellhörig geworden und habe begonnen, ihm den Hof zu machen. "So bekam ich letztlich immer den Hübscheren für mich. Dieser Trick verfing immer", so das fingierte Interview mit einem schwulen Fernsehmoderator.

Ein solches Interview wäre wohl schwerlich in der TELE oder in einem anderen, ähnlichen Publikationsorgan abgedruckt worden. Es hätte höchstens eine Chance in einer Schwulenzeitschrift gehabt. Wäre es dennoch einem breiten Publikum bekannt geworden, so hätte die detaillierte Schilderung des "Anmachtricks" wohl weithin Empörung hervorgerufen. Der Bericht wäre - bestenfalls - als "peinlich" und "taktlos" empfunden worden, und sicher hätte er empfindliche negative Konsequenzen für unseren fingierten Moderator gehabt, selbst wenn dieser am Ende des Interviews ausdrücklich betont hätte, schließlich habe er seinen "Traummann" gefunden, den er noch am gleichen Abend des Kennenlernens "erobert" habe, und er lebe seither mit ihm in einer schwulen Partnerschaft zusammen und habe dies nie bereut.

Derartige negative Reaktionen auf die Öffentlichmachung gleichgeschlechtlicher Beziehungen seien noch an einem anderen - nun aber realen - Beispiel demonstriert: In ihrer Analyse "Lesben in den Medien" nennt Katrin Küchler (1993) neben Hella von Sinnen, über deren "sexuelle Abenteuer" in z. T. ausgesprochen diffamierender Weise berichtet wird, die Tennisspielerin Martina Navratilova, mit der sich Sportreporter und Klatschkolumnistinnen seit Jahren beschäftigen. So erschien am 10. Dezember 1991 ein Artikel im "Globe", einer Zeitschrift mit einer Auflage von knapp dreieinhalb Millionen Exemplaren, in dem über die vermutete Affäre zwischen Navratilova und der Journalistin Kathleen Sullivan spekuliert wird. Die "neue, heiße Gespielin der schwulen Martina" war eine prominente Fernsehmoderatorin. Die beiden Frauen wurden bei einer gemeinsamen Taxifahrt fotografiert. Im Artikel wird kolportiert, daß Navratilova in der Wohnung von Sullivan übernachtet habe. Die Journalistin hatte als Moderatorin in einer sehr erfolgreichen Sendung im Morgenprogramm mit Millioneneinschaltquote gearbeitet. Aus dem Artikel im "Globe" erfahren wir nun, Sullivan habe ihren Job bei der Fernsehgesellschaft verloren, weil sie "mit Lesben und Drogensüchtigen verkehrte". Ein ungenannter Mitarbeiter des Senders habe mitgeteilt: "Wir hatten den Eindruck, daß sie nicht mehr die Art von Image ausstrahlte, die wir von einer öffentlichen Figur verlangen". Mit Recht schließt Katrin Küchler in ihrer Analyse dieses Berichts darauf, daß Lesben - wie auch z. T. geschiedene Frauen, die in den Verdacht des Lesbischseins kommen - in den Medien als Darstellerinnen keinen Platz haben. Am Schluß des "Globe"-Artikels wird, in fast genüßlicher Weise, noch auf den anstehenden "Scheidungsprozeß" zwischen Navratilova und ihrer ehemaligen Partnerin Judy Nelson hingewiesen. Er verspreche "noch heißer zu werden als das bizarre Sexleben, an dem sich die beiden sieben Jahre lang erfreut haben".

Wie die Analyse Katrin Küchlers zeigt, ist mit der Öffentlichmachung der lesbischen Orientierung von Martina Navratilova nicht nur ihre soziale Anerkennung und v. a. die ihrer Partnerin beeinträchtigt worden, sondern diese Berichte haben zumindest für die Fernsehmoderatorin Kathleen Sullivan einschneidende berufliche Konsequenzen gehabt - ganz im Gegensatz zu Max Schauzer, der durch seine sexuellen "Enthüllungen" eher noch interessanter geworden ist, zumal er am Ende des Interviews der früher von ihm praktizierten sexuellen Freizügigkeit abschwört und das Image des "treuen Ehemannes" präsentiert.

Während, wie an den zitierten Beispielen demonstriert, in Presseberichten über Sexualität eindeutig die Handlungsebene im Vordergrund steht und die ganze Gefühlswelt mehr oder weniger ausgespart bleibt, finden wir ein weitgehend anderes Bild im *musikalischen Bereich*. Viele Werke der Unterhaltungsmusik üben wohl nicht zuletzt deshalb eine so starke Wirkung auf die Hörerinnen und Hörer aus, weil hier erotische und sexuelle Gefühle und Phantasien ausgedrückt und in den Rezipienten aktiviert werden. Typischerweise geht es bei den musikalischen Gestaltungen, die durch die große *Wirkung der Musik auf den Gefühlsbereich* die Affekte viel unmittelbarer ansprechen als die verbalen Darstellungen (Rauchfleisch 1996a), häufig fast ausschließlich um die Gefühlsseite, während hier die Handlungsebene weitgehend zurücktritt. Dies sei am Beispiel von zwei willkürlich ausgewählten Musikstücken veranschaulicht: An dem Song "Don't" von Elvis Presley, dem "Altmeister" des erotischen Gesangs, und an dem Lied "My precious love" des Amerikaners Lenny Kravitz.

Während es bei Elvis Presley darum geht, daß die Geliebte sich nicht aus seiner Umarmung lösen soll, da nur dort ihr Platz ist, und der Sänger sie seiner ernsthaften Liebe versichert, vergleicht Lenny Kravitz das Erscheinen der Geliebten mit einem Traum und schildert eindrücklich, wie ihre Augen wie Feuer in seinem Herzen brennen, um im Refrain die "kostbare Liebe" zur geliebten Frau zu beschwören.

In diesen musikalischen Gestaltungen wird die innere Welt der Gefühle, der sexuellen Attraktion und der erotischen Phantasien in den Vordergrund gestellt. Die große emotionale Wirkung, die von Sängern wie Elvis Presley und Lenny Kravitz, die hier nur beispielhaft für viele andere genannt sind, ausgeht, hat ihren Grund wohl v. a. darin, daß durch den Text wie durch die Musik und die erotische Stimme der Sänger in den Rezipienten die sonst weitgehend vernachlässigte und in verbalen Darstellungen übergangene Gefühlsdimension angesprochen und aktiviert wird.

Wirkung der in der Öffentlichkeit kolportierten Bilder von Sexualität auf die Ausformung der Selbst- und Idealbilder

Die Persönlichkeitsentwicklung des Menschen ist zu wesentlichen Teilen das Resultat der *Beziehungserfahrungen*, die wir von frühester Kindheit an bis ins

Erwachsenenalter machen. Insbesondere die Objektbeziehungstheorie (Klein 1948; Fairbairn 1952; Kernberg 1966, 1978) hat uns ein Modell zum Verständnis dieser Internalisierungsprozesse geliefert, die von zentraler Bedeutung bei der Bildung und Ausformung der Persönlichkeit sind. Die verinnerlichten Objektbeziehungen stellen indes nicht nur reale Abbilder der wichtigen Interaktionspartner dar, sondern beinhalten zu wesentlichen Teilen auch Idealkomponenten. Wie Mertens (1990) ausführt, erfüllen die intrapsychischen Objektbeziehungen für den Menschen eine überaus wichtige Funktion, indem man "in den vorgestellten Beziehungen zu wichtigen Interaktionspartnern (....) den wunscherfüllenden Aspekt von Interaktionen antizipieren und damit sein Wohlbehagen und sein Selbstwertgefühl regulieren" kann (S. 46f.). Umgekehrt kommt es bei der Verinnerlichung negativer Beziehungserfahrungen zu mehr oder weniger schweren psychischen Störungen, die sich häufig v. a. im narzißtischen Bereich artikulieren und zu massiven Insuffizienzgefühlen und Selbstwertkrisen führen können.

Fragen wir uns, welche Bedeutung diese hier nur stichwortartig skizzierten Überlegungen für den Umgang mit dem Thema Sexualität besitzen, so wird deutlich, daß die in der Öffentlichkeit kolportierten Bilder sexuellen Erlebens und Verhaltens einen großen Einfluß auf die Persönlichkeitsentwicklung ausüben. Dies gilt nicht nur für Kinder und Jugendliche, sondern für jeden Menschen, da unsere Selbst- und Idealentwürfe unter dem Einfluß von Beziehungserfahrungen zeitlebens Umgestaltungen und Umstrukturierungen erfahren.

Betrachten wir unter diesem Aspekt Veröffentlichungen wie das zitierte Interview mit dem Fernsehmoderator Max Schauzer und andere Berichterstattungen ähnlicher Art in der Boulevardpresse, so müssen wir feststellen, daß hier Idealbilder *"des"* Mannes, oder im Fall von Skandalgeschichten über prominente Frauen Idealbilder *"der"* Frau entworfen werden, die allein die Handlungsebene der Sexualität betreffen. Reportagen dieser Art bilden und verfestigen in Kindern wie Erwachsenen die Vorstellung, Sexualität umfasse nur das sichtbare Verhalten, während die emotionale Dimension, falls sie überhaupt zur Kenntnis genommen wird, zweitrangig sei. Dies führt zu Frauen- und Männerbildern, bei denen im Zentrum der Sexualität das "Anmachen", die "Eroberung" und das "Herumkriegen" stehen, wie es im Interview mit Max Schauzer hieß, während von den Gefühlen keine Rede ist. Dieses *Aussparen der Emotionalität* führt dazu, daß in derartigen Selbstbildern die Welt der Gefühle und Phantasien nicht nur vernachlässigt wird, sondern aus der Verdrängung heraus sogar als ausgesprochen bedrohlich erlebt wird.

Als Beleg für diese Hypothese zitiere ich eine Passage aus dem Trivialroman "Die Bosse" von Harold Robbins (vgl. Rauchfleisch 1992): Alle Partnerinnen des Protagonisten werden von ihm nicht mit ihrem persönlichen Vornamen angesprochen. Er verwendet vielmehr eine Anrede, die aus der Nationalität, dem Beruf oder einer sonstigen Eigenschaft dieser Frauen und dem Suffix "-mädchen" gebildet ist. Auf diese Weise werden die Frauen ihrer eigentlichen Identität beraubt und auf die Funktion reduziert, die sie für den Mann erfüllen müssen. Nur zu zwei Frauen unterhält der Protagonist eine ihn emotional tiefer ansprechende Beziehung. Der Autor Robbins läßt jedoch keinen Zweifel daran, daß eine derartige Beziehung für den Mann "gefährlich" ist. Sobald er sich gefühlsmäßig ansprechen läßt, ist es mit seinem Machogehabe und seiner scheinbaren Selbstsicherheit vorbei. Er wird Opfer von beunruhigenden Träumen, in denen ihm die geliebte Frau erscheint und sich ihm doch plötzlich wieder entzieht:

"Ich wälzte mich auf dem Bett herum und verjagte die Träume. Schluß damit! Einmal hatte ich meine Deckung sinken und mich k. o. schlagen lassen. Ich hatte nicht vor, den gleichen Fehler noch einmal zu machen. So wie es jetzt war, ging es besser: keine Bindungen, keine Probleme, alles hübsch kühl. Man kam und ging nach Belieben, keine Schuldgefühle, weil man etwas anderes zu tun oder zu überlegen hatte (...) Genug! Ich löste mich von meinen Gedanken und versuchte zu schlafen". Doch wieder stellen sich bedrängende Träume ein und beim Aufschrecken aus dem Schlaf findet sich der Protagonist in einem "stillen und leeren" Zimmer. In dieser ihn mit Angst erfüllenden Situation bleibt ihm nur noch der Griff zum Medikament, zur Schlaftablette. "Das wirkte, ich verlor die Besinnung so jäh, wie ein Licht verlöscht".

Viele solcher Trivialromane und Filme mit ungeheurer Breitenwirkung funktionieren nach einem ähnlichen Muster: Die Sexualität wird auf die Handlungsebene reduziert und dient Frauen wie Männern als Mittel zur Stärkung ihrer narzißtischen Position. Die Welt der nicht integrierten Gefühle und Phantasien hingegen muß den Protagonisten angesichts dieser Situation feindlich und angsterregend erscheinen und wird deshalb, wie die zitierte Romanpassage zeigt, heftig bekämpft. Ich möchte die Wirkung solcher in Trivialromanen und Filmen kolportierten Bilder nicht überschätzen und dramatisieren und möchte auch nicht in den Chor derer einstimmen, die die Massenmedien verteufeln und allein sie für den vielbeschworenen Wertezerfall in unserer Gesellschaft verantwortlich machen. Es erscheint mir aber kurzsichtig und unpsychologisch anzunehmen, derartige Darstellungen übten keinerlei Wirkung aus. Wir müssen uns vielmehr darüber klar sein, daß die Massenmedien auf der einen Seite unsere Selbst- und Idealbilder mitgestalten (ich erinnere beispielsweise an die Vorbildfunktion, die der Schauspielerkollege für Max Schauzer hatte), daß sie auf der anderen Seite aber die bereits geformten Bilder auch weiter verfestigen, indem die Rezipienten das, was sie bereits in sich tragen, durch die äußere Realität bestätigt sehen. So kann auch im Hinblick auf die Sexualität ein unheilvoller Lernprozeß erfolgen, der zu einer immer weitergehenden Einengung auf die Handlungsebene und zu einer immer stärkeren Abkehr von der emotionalen Dimension führt. Wie am Beispiel der musikalischen Gestaltungen demonstriert, wirken die Erzeugnisse dieses Genres solchen Prozessen indes offensichtlich entgegen, indem sie die innere Welt der Phantasien, der Gefühle und der erotischen und sexuellen Attraktion in den Mittelpunkt rücken. Es mag beruhigen zu sehen, daß auf diese Weise die Einseitigkeit in der Betonung der Verhaltensebene relativiert und kompensiert wird. Ich bin diesbezüglich allerdings nicht sehr optimistisch und sehe eher die Gefahr einer Spaltung zwischen hypertrophierten, allein am manifesten Verhalten orientierten Selbst- und Idealbildern einerseits und einer diffus bleibenden, weitgehend ausgeblendeten und dadurch als gefährlich erlebten Gefühlswelt andererseits. Die Kluft zwischen diesen beiden Bereichen scheint mir eher zu- , denn abzunehmen.

Im Zentrum der Antwort auf die Frage, was wir angesichts dieser Situation tun können, steht für mich die Notwendigkeit, Sexualität nicht nur von der weithin in der Öffentlichkeit sichtbaren Handlungsebene und nicht nur von der Intimität der innerseelischen Welt der Gefühle und Phantasien her zu definieren, sondern als etwas Drittes zwischen diesen Bereichen den *Beziehungsaspekt* hervorzuheben. Denn erst im interaktionellen Feld entfaltet sich Sexualität in ihrer ganzen Vielfalt. In der konkreten Begegnung mit einem bestimmten anderen Menschen kommt es zur Legierung der emotionalen und der Handlungskomponenten, und in dieser Situation stellt die je einmalige Beziehung zwischen zwei Menschen den Schnittpunkt zwischen Intimität und Öffentlichkeit dar.

Kommt es, wie die bisherigen Überlegungen zeigen, im Bereich der Heterosexualität bei einer im allgemeinen positiven Selbst- und Fremdwahrnehmung v. a. auf den Abbau einseitiger Handlungsbilder an, so sehen sich Lesben, Schwule und bisexuelle Menschen einer schwierigeren Aufgabe gegenüber. Die nach wie vor weitgehend negativen Bilder, die in vielen Bereichen unserer Gesellschaft von gleichgeschlechtlich liebenden Menschen entworfen und kolportiert werden, entfalten eine starke Wirkung nicht nur auf heterosexuelle Menschen, sondern ebenso auf Lesben, Schwule und Bisexuelle. Unter dem Einfluß solcher negativen Darstellungen in der Öffentlichkeit kann es schließlich sogar bei ihnen selbst zur Verinnerlichung homophober - oder präziser gesagt: homosexualitäts*feindlicher* - Bilder kommen. Diese prägen die Selbstdefinition und wirken sich im Falle sehr negativer Selbstentwürfe in unseliger Weise auf das Selbstwertgefühl und die Gestaltung der Beziehungen aus.

Ich erinnere an das fingierte Interview mit einem schwulen Fernsehmoderator und die Unmöglichkeit, einen solchen Bericht in einer Zeitschrift wie TELE abdrucken zu können. Lesben, Schwule und bisexuelle Menschen erleben im allgemeinen nicht die selbstverständliche Akzeptanz, wie sie Heterosexuellen gegenüber besteht. Sie müssen vielmehr in einem mehr oder weniger schmerzlichen Prozeß des coming out die verinnerlichten negativen Bilder abbauen und positive Selbstbilder entwickeln sowie um die Akzeptanz von seiten der Umgebung oft geradezu ringen. Besonders schwierig gestaltet sich die Situation dadurch, daß es homosexuellen und bisexuellen Menschen in ihrem sozialen Umfeld häufig an positiven Leitbildern fehlt, an denen sie sich orientieren und die sie verinnerlichen könnten. Sie haben vielfach keinen Einblick in die intime Situation völlig unauffälliger, in erfüllenden Beziehungen lebender homosexueller Menschen und nehmen nur die in den Massenmedien dargestellten Vertreter einer "schrillen" Szene wahr oder werden in ihrer Einschätzung von Homosexualität durch diskriminierende und diffamierende Äußerungen ihrer Umgebung bestimmt.

Um ein tragfähiges Selbstwertgefühl aufbauen zu können, bedarf es der in der Öffentlichkeit erlebten Akzeptanz und der sich daraus entwickelnden positiven Selbstbilder. Homosexuelle und bisexuelle Menschen sehen sich damit der Aufgabe gegenüber, positive Selbstkonzepte aufzubauen, die in einem z. T. krassen Gegensatz zu den in der Öffentlichkeit erfahrenen negativen Beurteilungen stehen. Erst wenn dieser Schritt der Selbstakzeptanz gelingt, ist der Weg frei zur Selbstachtung und zu einer befriedigenden Beziehungsgestaltung. Dieser Prozeß kann durch die Verbreitung negativer Bilder von Lesben, Schwulen und Bisexuellen in der Öffentlichkeit behindert werden. Im günstigen Fall aber können sachliche, ausgewogene Berichte und die Darstellung positiver homosexueller Leitbilder den Prozeß der Selbstakzeptanz fördern und zum Aufbau positiver Selbstbilder beitragen.

Die Rolle der Psychotherapie im Spannungsfeld zwischen sexueller Intimität und Öffentlichkeit

Man könnte diese Frage von verschiedenen Seiten her angehen. So wäre es beispielsweise möglich, in diesem Zusammenhang das brisante Problem der sexuellen Ausbeutung in der Therapie zu diskutieren. Das Thema könnte auch anhand der Frage nach dem Schutz des intimen Therapieraums und den daraus sich unter Umständen ergebenden Konflikten mit den Partnerinnen und Partnern unserer Patienten behandelt werden. Ich möchte hingegen einen anderen Aspekt in den Mittelpunkt meiner Überlegungen rücken und in diesem letzten Teil meiner Ausführungen der Frage nachgehen, welche Bedeutung die Sexualität an der Schnittstelle zwischen Intimität und Öffentlichkeit in unseren Psychotherapien besitzt. Diese Frage mag auf den ersten Blick Erstaunen hervorrufen, stellt doch die Sexualität - zumindest nach psychoanalytischer Theorie - eine der Grundkräfte im menschlichen Leben dar, so daß wir annehmen müssen, sie sei ein zentrales Thema in unseren Behandlungen.

Untersuchen wir die Situation genauer, so können wir jedoch leicht feststellen, daß es im Verlauf der Geschichte der Psychoanalyse, um eine Formulierung von

Cremerius (1992) zu verwenden, zu einer "Verflüchtigung des Sexuellen" gekommen ist. Während für Freud und die Psychoanalytikerinnen und -analytiker der ersten Generation in der Ätiologie der psychischen Erkrankungen die Sexualität ganz im Vordergrund stand - und gerade das machte die Psychoanalyse ja für viele Zeitgenossen so anstößig - , sind unter dem Einfluß der Narzißmustheorien und mit der Behandlung der schweren Persönlichkeitsstörungen mit ihren zentralen Selbstwertproblemen die sexuellen Triebkräfte tatsächlich mehr und mehr in den Hintergrund getreten. Wenn man die Situation sehr kritisch betrachtet, könnte man so weit gehen zu sagen, die Psychoanalyse habe einen großen Teil ihrer Sprengkraft verloren und habe durch die "Verflüchtigung des Sexuellen" den Teil ihrer Theorie geopfert, der ursprünglich zu massiven Konflikten mit der breiteren Öffentlichkeit geführt hatte. Ich bin mir darüber klar, daß dies eine recht einseitige Sicht ist. Doch erscheint es mir im Rahmen des uns hier interessierenden Themas wichtig, auch diese Seite des Problems zu reflektieren.

Zum Spannungsfeld der Sexualität zwischen Intimität und Öffentlichkeit gehört schließlich auch die Frage, inwieweit sexuelle Phantasien und Gefühle, aber auch der Bericht über sexuelle Handlungen in der Psychotherapie öffentlich gemacht werden, oder inwieweit selbst in der Therapie die Intimität dieses Bereichs und damit unter Umständen die Unaussprechbarkeit dieser Inhalte respektiert und akzeptiert werden muß. Man könnte dieser Frage zweierlei entgegenhalten: Der erste Einwand könnte lauten, wir besäßen doch eine Grundregel der psychoanalytischen Behandlung dergestalt, daß unsere Patientinnen und Patienten nach dem Prinzip der freien Assoziation alle Gedanken und Gefühle frei in sich auftauchen lassen und, ungeachtet aller peinlichen Gefühle, aussprechen sollten. Es gilt bekanntlich als ein die Behandlung behinderndes und unbedingt zu deutendes Widerstandsphänomen, wenn bestimmte Inhalte unterdrückt und damit dem therapeutischen Dialog entzogen werden. Mit Recht mag bei der Frage, ob trotz dieser im allgemeinen sinnvollen und nützlichen Grundregel bisweilen der Raum der Intimität bis hin zum Nichtaussprechen des betreffenden Inhalts akzeptiert werden müsse, die Befürchtung auftauchen, in diesem Falle sei eine wirkungsvolle Psychotherapie nicht mehr möglich.

Als einen zweiten Einwand der umgekehrten Art könnte man anführen, es sei doch ohnehin eine Illusion anzunehmen, die Patientinnen und Patienten würden alle in ihnen auftauchenden Gefühle, Phantasien und Gedanken in der Psychotherapie verbalisieren. Es werde stets ein Dunkelfeld geben, und es mache deshalb wenig Sinn, die Tendenz der Patienten, bestimmte Dinge nicht mitzuteilen, zu thematisieren oder gar ausdrücklich anzuerkennen.

So sehr ich beiden Argumenten auch prinzipiell zustimme, sehe ich doch einige - allerdings wenige - Situationen, in denen es mir wichtig erscheint, auch im Rahmen der psychoanalytischen Behandlung zu respektieren und zu akzeptieren, daß es für die Patientinnen und Patienten mitunter einen Raum der Intimität gibt, zu dem sie nicht einmal uns als ihren Psychotherapeutinnen und Psychotherapeuten Zugang gewähren wollen, beziehungsweise können.

Ein recht banales Beispiel stellt die *Situation des Verliebtseins* dar. Wir alle kennen aus dem persönlichen Leben wie aus der therapeutischen Arbeit die Angst der von Liebesgefühlen und erotischer und sexueller Faszination erfüllten Menschen, daß der "schöne Wahn" durch die Mitteilung an andere zerstört werden könne, und dies um so mehr, wenn, wie in der Psychotherapie, alle Erlebnisinhalte auch kritisch hinterfragt werden. Es kann nicht verwundern, daß unsere Patientinnen und Patienten uns gerade in solchen Lebenssituationen manches vorenthalten, und wir müssen wohl selbstkritisch zugeben, daß sie mitunter gut daran tun, weil wir uns oft vielleicht allzu schnell auf die - tatsächliche oder nur vermeintliche - Pathologie stürzen und sie zum Gegenstand unserer Deutung machen und dadurch wohl manches zerstören, was für das Leben unserer Patienten wichtig ist.

Eine gravierendere, weil die Therapie unter Umständen erheblich gefährdende Situation sehe ich in manchen *Behandlungen heterosexueller Therapeutinnen und Therapeuten mit homosexuellen Patientinnen und Patienten.* Wie beschrieben, bestehen - auch in therapeutischen Kreisen, wie nicht zuletzt meine Umfrage bei den Psychoanalytischen Instituten gezeigt hat (Rauchfleisch 1993) - z. T. völlig verzerrte, klischeehafte Vorstellungen über Lesben, Schwule und bisexuelle Menschen und bestimmen dementsprechend auch die Gegenübertragung der Behandelnden. Auch wenn man glücklicherweise nicht sagen kann, es herrschten allerorts homosexualitätsfeindliche Bilder vor, zeigt doch ein Blick in die Fachliteratur, daß etliche Therapeuten nach wie vor von dem (nicht selten völlig unreflektierten) Therapieziel der zur erreichenden Heterosexualität ausgehen und ihre Interaktion mit den Patienten von dieser Zielvorstellung bestimmt wird. Ich habe solche Therapieberichte am anderen Ort dargestellt und analysiert (Rauchfleisch 1996b). Müssen wir uns bei derartigen Gegenübertragungen der Behandelnden wundern, wenn in solchen Therapien wichtige intime Gefühle, Phantasien und Impulse der lesbischen und schwulen Patientinnen und Patienten unausgesprochen bleiben und damit der Öffentlichmachung in der Therapie entzogen werden? Es wäre allerdings ein gravierender Irrtum anzunehmen, in diesem Fall sei das ängstliche Zurückhalten ein spezifisches Patientenmerkmal. Es stellt vielmehr ein Verhalten dar, das von den Behandelnden induziert wird und mit dem sie die konstruktiven Möglichkeiten der therapeutischen Situation zum Nachteil der Patienten einschränken.

Bei der Frage nach dem Spannungsfeld, in dem die Sexualität zwischen Intimität und Öffentlichkeit in der Psychotherapie steht, denke ich schließlich an Menschen, die *schwere sexuelle Traumatisierungen* erlebt haben, sei es im Rahmen inzestuöser Beziehungen oder im Zusammenhang mit Folterungen. Auch wenn sie uns in der Psychotherapie ein Stück weit als Weggefährten auf dem neuerlichen Gang durch die Hölle ihrer Verletzungen und Beschämungen akzeptieren, bleibt letztlich doch vieles unausgesprochen, ja entzieht sich wohl für immer der verbalen Kommunikation. Meine Erfahrung aus der Arbeit mit Folteropfern (Rauchfleisch 1995) zeigt mir, daß es im Rahmen von Extremtraumatisierungen Erfahrungen gibt, die so tiefgreifend sind und das Opfer in seinem Zentrum in einem solchen Ausmaß erschüttern, daß sie verbal nicht mehr vermittelt werden können und letztlich unaussprechbar bleiben (s. auch Becker 1992).

Für mich resultiert aus diesen Überlegungen die Auffassung, daß wir bei der Beschäftigung mit der menschlichen Sexualität nicht nur in der Öffentlichkeit, sondern auch in der intimen Situation der Psychotherapie gleichsam eine Gratwanderung vollziehen müssen, indem wir den schmalen Weg beschreiten zwischen der Aufdeckung und Öffentlichmachung der Wahrheit, wodurch wir zur Befreiung aus einengenden seelischen Verstrickungen beitragen, und dem Respekt und der Anerkennung des Rechts, welches jeder Mensch - auch in der Psychotherapie - auf einen Raum der Intimität als ein unantastbares Gut besitzt.

Literatur

Becker D (1992) Ohne Haß keine Versöhnung. Das Trauma der Verfolgten. Kore, Freiburg/Br

Cremerius J (1992) Die Auswirkungen der Verflüchtigung des Sexuellen in der Psychoanalyse auf die Beurteilung von Homosexualität. Psychoanalyse im Widerspruch 7 : 7-20

Fairbairn WRD (1952) Psychoanalytic Studies of the Personality. Tavistock, London

Kernberg OF (1966) Structural derivatives of object relationships. Int J Psychoanal 47 : 236-253

Kernberg OF (1978) Borderline-Störungen und pathologischer Narzißmus. Suhrkamp, Frankfurt aM

Klein M (1948) The early development of conscience in the child. Contributions to Psychoanalysis, 1921-1945. Hogarth, London

Küchler K (1993) Lesben in den Medien. In: Puff H (Hrsg) Lust, Angst und Provokation. Homosexualität in der Gesellschaft. Vandenhoeck & Ruprecht, Göttingen, S 147-158

Mertens W (1990) Psychoanalyse. 3. Aufl. Kohlhammer, Stuttgart

Rauchfleisch U (1992) Allgegenwart von Gewalt. Vandenhoeck & Ruprecht, Göttingen

Rauchfleisch U (1993) Homosexualität und psychoanalytische Ausbildung. Forum Psychoanal 9 : 339-347

Rauchfleisch U (1995) Zur Situation von Folter- und Verfolgungsopfern in der Schweiz. Schweiz Ärztezeitung 17 : 703-706

Rauchfleisch U (1996a) Musik schöpfen - Musik hören. Ein psychologischer Zugang. Vandenhoeck & Ruprecht, Göttingen

Rauchfleisch U (1996b) Schwule. Lesben. Bisexuelle. Lebensweisen, Vorurteile, Einsichten. 2. Aufl. Vandenhoeck & Ruprecht, Göttingen

Homosexuell Liebende

Hans-Georg Wiedemann

"Liebe zwischen zwei Männern oder zwei Frauen, das gibt es doch gar nicht. Da geht es doch nur um Triebbefriedigung, so ähnlich wie im Bordell!"

Dies sagte mit Entrüstung der Vertreter einer Kirchengemeinde, als es im Kirchenvorstand um die Frage ging, ob mit einem Frauenpaar anläßlich der Begründung ihrer Lebenspartnerschaft ein Gottesdienst gefeiert werden könne. Der Mann sprach nur aus, was viele andere ebenfalls nicht wahrhaben wollen: Daß Männer sich in Männer und Frauen sich in Frauen verlieben, und daß es Männer und Frauen gibt, die sich lebenslang nur in Partner bzw. Partnerinnen ihres eigenen Geschlechts verlieben können.

Als ich 1982 für mein Buch den Titel "Homosexuelle Liebe" (Wiedemann 1982) wählte, erhielt ich viele Briefe des Inhalts: "Es empört mich besonders, daß Sie das Wort Liebe für etwas verwenden, was doch nur Sex ist." Liebe sei den Beziehungen zwischen Mann und Frau vorbehalten. Nur Mann und Frau seien in der Lage, Leben weiterzugeben, und das geschähe in der Regel in der Ehe.

Ähnliche Auffassungen werden von kirchlichen Gremien vertreten. Der Vatikan urteilt: "Nur in der Ehe dürfen sich Intimbeziehungen entwickeln".[1] Die EKD (Evangelische Kirche in Deutschland) schreibt: "Jesu Verkündigung des göttlichen Heilswillens versteht das geschlechtliche Leben als allein in der Ehe erfüllt" (Wiedemann 1983). Dementsprechend fordert die EKD in einer Denkschrift vom März 1996, die Ehe als "Leitbild" anzusehen, demgegenüber sich homosexuelle Partnerschaften als minderwertiger zu betrachten hätten [2] (s. a. Wiedemann 1996).

Liebe darf es nach diesen Auffassungen nur als heterosexuelle Liebe geben. Dann aber muß homosexuelle Liebe als ein "Irrtum" bezeichnet werden und (ich stelle die klassischen Vorurteile zusammen) als etwas Unnatürliches, Unnormales, Unvollständiges, Unreifes, Minderwertiges, Krankes; müssen homosexuell

---

1 Verlautbarungen des apostolischen Stuhls, Nr. 51: Orientierung in der menschlichen Liebe. Hinweise zur geschlechtlichen Erziehung, Bonn, 1983.

2 Mit Spannungen leben: Eine Orientierungshilfe der Evangelischen Kirche. EKD-Texte, NR. 57, Hannover 1996.

Liebende entartet sein, pervers, behindert, falls sie sich nicht "heilen" lassen, oder schuldhaft-sündig, falls sie sich nicht "heilen" lassen wollen.

So ist es nicht verwunderlich, daß uns auch in der evangelischen Sexualethik bis vor kurzem eine Fülle von gröberen und feineren Diskriminierungen homosexueller Liebe und homosexuell liebender Menschen begegnet. Bei dem bekannten schweizer Theologen Karl Barth ist auf einer Seite seiner "Kirchlichen Dogmatik" im Blick auf Homosexualität zu lesen: Krankheit, Perversion, Dekadenz, Zerfall, Hurerei, Verkennung Gottes und des Menschen, Inhumanität, Humanität ohne den Mitmenschen, "Geschlechtsbeziehung, die keine ist noch sein kann". Andere Ethiker sprachen von "abnormer Sexualität", die vom "natürlichen Gebrauch der Geschlechtsorgane" abweiche. "Feinere" Äußerungen sprachen davon, daß die "homosexuellen Anwandlungen" doch auch nicht schlechter seien als die "unordentlichen Leidenschaften" zwischen Männern und Frauen in der Karnevalszeit. Für beides dürfe aber "Vergebung erfleht" werden, was faktisch bedeutet: Heterosexuelle Männer und Frauen bitten um die Vergebung ihrer "Ausschweifungen"; homosexuelle Männer und Frauen müssen um die "Vergebung" ihrer Sexualität bitten (Wiedemann 1982, S. 109ff.).

Der Vatikan hat jüngst zugestanden, daß es "homosexuelle Tendenzen" geben könne, die angeboren seien; homosexuelle Handlungen dagegen seien "zutiefst verwerflich" (SZ, 23.-26. 12. 1995). Die EKD versucht den Spagat zwischen ihrer Meinung, homosexuelle Praxis widerspreche dem Willen Gottes und ihrem Ratschlag an homosexuell Liebende, "denen das Charisma sexueller Enthaltsamkeit nicht gegeben ist", ihre Lebensgemeinschaft "in Liebe zu Gott und den Menschen" zu leben. Zu Recht ist gefragt worden: "In was für psychologische Paradoxien führt eine solche Zumutung?", wenn etwas Widergöttliches verantwortlich gelebt werden soll (Fischer 1996).

Nun könnte man sich auf einem psychotherapeutischen Kongreß wie diesem über solche Auffassungen vielleicht amüsieren. Aber es ist Vorsicht angebracht, denn der Blick in die medizinische Psychiatrie und Psychologie ist ebenfalls wenig erfreulich. Ich zitiere als Ausgangspunkt die Definition eines Mediziners aus dem letzten Jahrhundert: "Das Wesen der Sexualität ist der befruchtende eheliche Koitus". Da es hier um eine Wesensaussage geht, entspricht nach dieser Definition alle Sexualität, die keine koitale Fortpflanzungssexualität ist, nicht dem Wesen der Sexualität, muß also eine Abart oder Unart sein.

Der amerikanische Psychoanalytiker Hopcke (1989) hat in seinem Buch "C. G. Jung, Jungianer und Homosexualität" die Auffassungen Jungs und seiner Schüler und Schülerinnen zur Homosexualität dargestellt. Sie sind durchweg am Modell der Heterosexualität als der angeblich allein "normalen" und "erwachsenen" bzw. "reifen" Sexualität orientiert.

Hopcke interpretiert die relativ geringe Anzahl von Äußerungen Jungs zur Frage der Homosexualität aus vier Jahrzehnten. Trotz einiger Veränderungen in seinen Auffassungen bleibt Jung bei seinem Urteil, Homosexualität sei ein Zeichen "psychischer Unreife" und Folge einer ungelösten "Mutterübertragung". Der homosexuelle Mann sei mit seiner Anima identifiziert und projiziere seine Männlichkeit auf einen anderen Mann, während die homosexuelle Frau mit ihrem Animus identifiziert sei, was zu ihrer "seelischen Vermännlichung" führe.

Hier ist das immer noch populäre Vorurteil erkennbar, homosexuelle Männer seien keine "richtigen" Männer und homosexuelle Frauen keine "richtigen" Frauen. Mit Rauchfleisch (1996) ist dagegen festzustellen:

"Die in Diskussionen um die Homosexualität häufig vorgebrachten Argumente, Schwule seien 'weiblich' und Lesben männlich identifiziert', entbehren jeglicher sachlichen Grundlage".

Homosexualität wird von Jung allerdings auch moralisch verurteilt. Ich zitiere aus seiner Vorlesung: "Über das Liebesproblem des Studenten" aus dem Jahre 1924:

"Je eindeutiger einer homosexuell ist, desto mehr ist er zur Untreue und zur bloßen Knabenverführung geneigt. Auch wo Treue und wirkliche Freundschaft herrschen, können leicht unerwünschte Folgen für die Gestaltung der Persönlichkeit eintreten ... Er (der Homosexuelle) wird schwärmerisch, seelenvoll, ästhetizistisch, empfindsam, mit einem Wort: effeminiert. Und dieses weibische Gebaren steht dem Mann nicht an" (Jung 1924, s. a. Hopcke 1989, S. 49f.).

Hier zeigt sich Jung abhängig von einem tradierten Männlichkeitsbild, das ihn, neben der geheimen Frauenverachtung, so menschliche Eigenschaften wie Empfindsamkeit und die Fähigkeit zum "Schwärmen" negativ, "weibisch", beurteilen läßt. Hier wird auch deutlich, was schon immer zusammenhing: Antihomosexualität und Frauenverachtung.

Da Jung die psychologischen Prinzipien männlich und weiblich mit den Geschlechtern Mann und Frau identifiziert, kommt dabei heraus, daß ein schwuler Mann eben kein wirklicher Mann ist und eine lesbische Frau ein "Möchtegernmann" (Hopcke 1989). Abschließend urteilt Hopcke:

"Jung bezweifelte, daß bestimmte Werte, wie z. B. Treue und dauerhafte Freundschaft, die für eine wirklich positive Beziehung nötig wären, in einer homosexuellen Beziehung Bestand haben können" (Hopcke 1989, S. 52).

Was Jung - seltsamerweise - überhaupt nicht bedenkt, ist die soziale Situation homosexuell liebender Menschen in einer Gesellschaft und Kirche, die ihnen - auf jeden Fall zur Zeit Jungs,- allenfalls abgelegene Ecken der Kommunikation beließ, in denen Modelle von Partnerschaft nicht sichtbar werden konnten. Bei den

Schülern und Schülerinnen C. G. Jungs werden die negativen Urteile eher noch stärker. Nur zwei Beispiele: Jakobi (s. Hopcke 1989, S. 119) behauptet in ihrem Buch: "Weg zur Individuation", daß homosexuelle Männer auf der Stufe des Pubertierenden fixiert, d. h. ein "infantiler Erwachsener" blieben. Von diesem Vor-Urteil ausgehend, immer nur an der Beobachtung von Patienten gewonnen, gerät die Frage nach der Entstehung von Homosexualität zu einem kleinen psychotherapeutischen Horrorkabinett. Zur Entstehung von Homosexualität trügen angeblich bei: Psychisch belastete Familien, gestörte Beziehungen zu den Eltern, starke Mütter, fehlende oder abweisende Väter, Angst vor Frauen oder eine "allgemeine Angst vor dem Leben bei zumeist noch infantilen Erwachsenen", - schließlich das Fehlen von "weiblicher Gesellschaft" im Gefängnis und beim Militär.

Von letzterer sog. "Ursache" wissen wir allerdings, daß heterosexuell orientierte Männer sich außerhalb der frauenlosen Situation im Gefängnis sofort wieder heterosexuell verhalten. Es fällt auch auf, daß auch für eine weibliche Analytikerin nur homosexuelle Männer zu existieren scheinen. Festzustellen ist auch, daß schwule Männer in aller Regel Freunde von Frauen sind. Schließlich weiß ich aus meiner Arbeit mit Eltern homosexuell liebender Töchter und Söhne, mit welchen Schuldgefühlen sich Eltern, v. a. die Mütter, aufgrund jener fatalen "Ursachenforschung" der Homosexualität herumschlagen müssen. Es ist schlicht unbegreiflich, wie eine kluge Frau wie Jolande Jakobi aufgrund ihrer sicher sehr geringen Anzahl von homosexuellen Patienten, die eine "allgemeine Angst vor dem Leben" hatten, auf alle homosexuell liebenden Menschen schließen kann. In dem Buch von Marie-Louise von Franz" "Der ewige Jüngling" (1960) findet sich der folgende Absatz:

> "Bekanntlich nimmt die Homosexualität immer mehr zu und damit wird das Problem des puer aeternus zunehmend aktuell. Zweifellos haben die Mütter immer versucht, ihre Söhne bei sich zu behalten und einige Söhne hatten immer Schwierigkeiten, von ihnen loszukommen. Dennoch ist nicht ganz klar, warum dieses an sich natürliche Problem heute ein so ernstes Zeitproblem zu werden droht" (zit. n. Hopcke 1989, S. 148ff.).

Auch bei dieser Schülerin Jungs begegnet uns der sog. Mutterkomplex als Ursache mit der Folge psychischer Unreife, die mit Homosexualität verbunden wird. An diesem Zitat wird aber auch deutlich, was Hopcke zu Recht bemerkt:

> "Homosexualität wird zu einem Problem, weil sie schon von vornherein als Problem definiert wird", und er fährt fort: "Wenn in einer Gesellschaft unbewußt schon vorausgesetzt wird, die einzige reife und normale Form der Sexualität sei die Heterosexualität, dann sind alle anderen Formen der Sexualität a priori abweichend, unreif und krankhaft" (Hopcke 1989, S. 150).

Diese Voraussetzung scheint diese Analytikerin auch blind gemacht zu haben für die Differenzierung zwischen größerer Öffentlichkeit für das Thema Homosexualität und tatsächlicher Zunahme der homosexuellen Orientierung. Und wenn es so wäre, was nicht anzunehmen ist, warum wäre das ein "ernstes Zeitproblem", etwa angesichts der drohenden Überbevölkerung der Erde?

Ich kann Hopcke nur zustimmen, wenn er am Ende seines Ganges durch die analytischen Theorien zur Homosexualität feststellt, es handle sich bei ihnen allen um Spekulationen, Fabeln und ätiologische Mythologien. "Es ist also sinnlos, überhaupt ätiologische Theorien zu entwickeln" (Hopcke 1989, S. 121).

Zu diesem Ergebnis kam der Psychiater Kockott bereits 1977 auf einer Tagung der Evangelischen Akademie Tutzing. In seinem Vortrag überprüfte er die verschiedenen Entstehungstheorien zur Homosexualität, die er in Theorien zur Anlagebedingtheit und in solche zur Umweltbedingtheit gliederte. Soweit diese Theorien überhaupt nachprüfbar waren, hielt keine einer wissenschaftlichen Überprüfung stand. Das Ergebnis Kockotts lautete entsprechend: "Keine einzige Theorie ist in sich überzeugend" (Kockott 1977, S. 8ff.). Allerdings war Kockott auch frei in seinem Urteil, weil er von keiner Krankheitsvermutung ausging. Der Homosexuelle litte nicht unter seiner Homosexualität, sondern unter der Einstellung der anderen zu seiner Homosexualität. Er nähme durch seine Sexualität keinen körperlichen Schaden und schade damit auch keinem anderen. Beratung könne nur das Ziel haben, zu mehr Selbstsicherheit zu verhelfen und Selbstakzeptanz zu erreichen (Kockott 1977).

Als ich vor fast 20 Jahren diesen Vortrag Kockotts in Tutzing hörte, war ich der Meinung, daß damit die Suche nach einem "Heilmittel" für Homosexualität und auch die gesonderte, der heterosexuellen Orientierung niemals gewidmete Frage nach ihrer Entstehung, eingestellt sei. Um so erstaunter war ich, in dem Buch von Rauchfleisch (1994) "Schwule-Lesben-Bisexuelle" zu lesen, daß auch heute noch die "Mehrzahl der Psychoanalytiker" die Auffassung "Homosexualität = Krankheit" vertritt. Im größten Teil der psychoanalytischen Publikationen zum Thema sei nach wie vor die Rede von abnormem Verhalten, Störungen in der Ich-Entwicklung, Reparationsversuch einer mißglückten Mutter-Kind-Beziehung, Charakterstörungen, Neurosen, psychopathischer Persönlichkeit, Regression, Infantilität, Schwächlichkeit, Sucht: Also das alte Horrorkabinett. Abgesehen von der fast nicht vorhandenen Grundlage für solche Urteile macht schon die Sprache mißtrauisch gegenüber der Wissenschaftlichkeit solcher Publikationen, die in manchem an die "wissenschaftlich" vorgetragenen Rassentheorien vergangener Zeiten erinnert. Erschreckend finde ich auch die Ergebnisse einer Befragung psychoanalytischer Ausbildungsstätten, die Udo Rauchfleisch 1992 an 41 Instituten durchgeführt hat. Seine Frage lautete, "welche Haltung die psychoanalytischen Ausbildungsinstitute derzeit bezüglich der Zulassung von Kandidaten einnehmen, welche sich offen zu ihrer Homosexualität bekennen?" (Rauchfleisch 1994, S.

141ff.). Es antworteten 34 Institute, unter ihnen aber nur fünf mit einer eindeutigen und uneingeschränkt positiven Haltung. Zu diesen gehört auch das C. G. Jung-Institut Zürich.

Aus meiner Beratungsarbeit mit homo- und bisexuellen Menschen und ihren Angehörigen weiß ich, daß viele in der Zeit großer Unsicherheit vor ihrer Selbstakzeptanz mit dem Gedanken spielen und auch von ihren Eltern dazu gedrängt werden, einen Psychiater oder Psychotherapeuten aufzusuchen. Wie groß ist auch heute noch die Gefahr, daß sie hier an jemanden geraten, der mit ihnen den Versuch machen will, ihre homosexuelle Orientierung zu beseitigen, um ihnen zu einer "reifen", d. h. heterosexuellen Persönlichkeit zu verhelfen?

Es geht jedenfalls nicht ohne genaue Erkundigungen. Isay, Professor für Psychiatrie am Cornell Medical College in den USA, ist unbedingt zuzustimmen, wenn er schreibt:

"Homosexuellen Männern, die therapeutische Hilfe suchen, möchte ich raten, einen Therapeuten auszuwählen, der sie für fähig hält, als Homosexuelle befriedigende und liebevolle Beziehungen einzugehen" (Isay 1989).

Ungeeignet sei auch bei neutraler therapeutischer Technik ein Therapeut, der die Auffassung vertritt, eine normale Entwicklung könne nur in der Heterosexualität enden. Isay (1989) berichtet von ernsthaften Schädigungen wie Untergrabung des Selbstwertgefühls, schweren Störungen im emotionalen und sozialen Bereich, Depressionen, Apathien u. a., die Therapeuten bei ihren homosexuellen Klienten angerichtet haben mit der direkten oder unausgesprochenen Botschaft: "So wie du fühlst, bist du nicht in Ordnung."

Dabei war schon Sigmund Freud der Ansicht, daß eine sog. Umorientierung nicht möglich sei. Er schrieb im Jahre 1920: "Im allgemeinen ist das Unternehmen, einen vollentwickelten Homosexuellen in einen Heterosexuellen zu verwandeln, nicht aussichtsreicher als das umgekehrte". Freud hat allerdings der Krankheitsvermutung für Homosexualität eindeutig widersprochen. 1935 schrieb er in seinem "Brief an eine amerikanische Mutter", deren Sohn homosexuell war:

"Homosexualität ist gewiß kein Vorzug, aber es ist auch nicht etwas, dessen man sich schämen muß, kein Laster, keine Erniedrigung und kann nicht als Krankheit bezeichnet werden ... Es ist eine große Ungerechtigkeit, Homosexualität als ein Verbrechen zu verfolgen, und auch eine Grausamkeit" (Freud 1960).

Und bereits 1903 hatte er in einem Interview mit der österreichischen Zeitung "Die Zeit" erklärt:

"Ich bin ... der festen Überzeugung, daß Homosexuelle nicht als kranke Personen behandelt werden sollten ... Würde uns das sonst nicht zwingen, viele große Denker und Gelehrte als krank zu charakterisieren? Homosexuelle sind nicht krank. Und sie gehören auch nicht vor Gericht" (zit. n. Isay 1989, S. 11, 145f.). [3].

Dorthin sind sie aber zu Tausenden gekommen unter der Herrschaft des Unrechtsparagraphen 175 StGB und v. a. in den Jahren nach 1933. Niemand hat protestiert. Auch nach dem Krieg hat sich keiner, auch die Kirche nicht, für die Anerkennung der "Rosa-Winkel-Männer" in den Konzentrationslagern als Opfer des Nationalsozialismus eingesetzt, was den Überlebenden wenigstens eine finanzielle Entschädigung gebracht hätte. Von ihrer "Rehabilitierung" ganz zu schweigen. Natürlich haben auch Mediziner und Therapeuten nicht protestiert. Im Gegenteil: Sie haben (wie auch alle anderen Berufsstände und Wissenschaften) mitgewirkt. Schmidt (1986), Sexualwissenschaftler an der Universität Hamburg, schreibt:

"Die deutschen Faschisten bedienten sich ... in ihrem Ziel, die 'Homosexuellenseuche' einzudämmen, in einem beispiellosen Ausmaß und mit beispielloser Konsequenz auch der Wissenschaft ... Hormonforscher legitimierten Zwangskastrationen mit der 'Lehrmeinung', daß Homosexuelle 'vergiftete' Hormone produzieren; Genetiker befürworteten Zwangssterilisationen, weil sie auf die Erblichkeit der Homosexualität setzten. ... Auch die etablierte Psychotherapie war zur Stelle. Das linientreue Deutsche Institut für Psychologische Forschung und Psychotherapie in Berlin ... propagierte psychodynamische Entstehungstheorien zur Homosexualität ('kalte abweisende Mutter', 'sanfter lieber Vater') und brüstete sich mit 500 psychotherapeutisch geheilten Fällen ... Kurz: Die deutschen Faschisten bedienten sich aller wissenschaftlich angebotener Methoden, um die Homosexualität in den Griff zu bekommen. Würden alle scheitern, stand einer Euthanasielösung um so weniger entgegen" (Schmidt 1986, S. 118).

Ich halte es für unerläßlich, wenn wir hier über "homosexuell Liebende" reden, an die Verfolgungs- und Leidensgeschichte homosexueller Menschen zu erinnern. Einige evangelische Kirchenleitungen und Landessynoden haben in den letzten Jahren Schuldbekenntnisse veröffentlicht. Ich zitiere hier das Schuldbekenntnis der Rheinischen Landessynode von 1992:

---

[3] Isay berichtet von einem Appell an den Strafrechtsausschuß des österreichischen Nationalrats aus dem Jahr 1930, den Freud mit anderen Persönlichkeiten unterzeichnete. Darin heißt es u. a. : "Zu allen Zeiten und bei allen Völkern kommt die Homosexualität vor ... Diesen (den homosexuellen Männern, d. Ü.) ist die homosexuelle Einstellung ebenso immanent wie den Heterosexuellen die ihrige ... Der Strafprozeß stellt eine äußerste Verletzung der Menschenrechte dar, weil er den Homosexuellen verwehrt, über ihre Sexualität zu verfügen, trotzdem keinerlei Rechtsgut verletzt wird".

"Nach fast zwei Jahrtausenden schlimmster (manchmal sehr sublimer) Demütigungen und (zum Teil blutiger) Verfolgungen homosexuell liebender Menschen durch die Kirchen - bis in die Gegenwart - ist ein deutlicher Bußakt nötig, der eine neue Praxis im Zusammenleben mit homosexuell liebenden Menschen eröffnet" (s. a. Wiedemann 1995, S. 137ff.).

Ohne Aufarbeitung der Vergangenheit kann es keinen unbelasteten Neuanfang geben. Auch die Humanwissenschaften sollten dazu bereit sein. Es gibt einige Lichtblicke: 1973 entschloß sich die American Psychiatric Association, den Begriff Homosexualität aus ihrem offiziellen Katalog der Geisteskrankheiten zu streichen. Die neueste Fassung der "Internationale(n) Klassifikation psychischer Störungen" (ICD-10) verzichtet ebenfalls auf die Diagnose "Homosexualität" (Künzler 1992). [4] Auch die WHO hat jetzt die Homosexualität aus ihrer Krankheitsliste entfernt. - Die Deutsche Gesellschaft für Verhaltenstherapie e. V. (Tübingen), seinerzeit mitverantwortlich für das Elend der sog. Aversionstherapien, erklärte 1981:

"Homosexualität ist eine von vielen denkbaren und möglichen Formen zwischenmenschlichen und partnerschaftlichen Verhaltens. Diese Umgangsform wird in unterschiedlichen Kulturkreisen sanktioniert, toleriert und gefördert. Sie kann daher keine Krankheit nach dem klassischen Krankheitsverständnis selbst der Psychiatrie sein. ... Nicht die Homosexualität ist die Krankheit, sondern das Unvermögen unserer Gesellschaft, andere Formen menschlicher Beziehungen zu verstehen" (vgl. Dannecker 1980).

Am Ende dieses ersten Teils möchte ich dem schweizer Psychiater Fritz Morgenthaler das Wort geben. Er schrieb:

"Die Erfahrung der Menschen aller Kulturen zeigt, daß Homosexualität eine der Möglichkeiten ist, wie sich normalerweise menschliches Sexualverhalten ausformt" (Morgenthaler 1987, S. 86).

Damit sind wir nun weg von den Theorien und Spekulationen und bei den Erfahrungen. Der Begründer der sozialwissenschaftlichen Sexualforschung ist Alfred Kinsey. Die großangelegten Untersuchungen Kinseys und seiner Mitarbeiter, die später nochmals überprüft wurden und sich auch in europäischen Untersuchungen bestätigten, haben - damals zum Entsetzen der amerikanischen Öffentlichkeit - eine große Verbreitung homosexuellen Verhaltens festgestellt. Diese Untersuchungen bestätigen m. E. unwiderlegbar, daß Homosexualität eine Variante menschlicher Sexualität ist: gesund, normal, natürlich und in den aller-

---

[4] Eindeutig urteilt Künzler (1992): "Homosexualität hat keine medizinische Dimension, sie ist keine psychiatrische, tiefenpsychologische Kategorie, nicht einmal ein psychisches Symptom."

meisten Punkten vergleichbar mit heterosexuellem Verhalten. Erfahrungen in Eheberatungsinstituten zeigen, daß es in der Beratung homosexueller Partnerschaften um dieselben Konflikte und Probleme geht.

Aufgrund seiner Untersuchungsergebnisse stellt Kinsey (1948) fest, daß es ein Entweder-Oder von Homosexualität und Heterosexualität im Sinne einer Bipolarität nicht zu geben scheint. Er bezeichnet seine Skala (Kinseyskala) mit der Einteilung von 0 (ausschließliche Heterosexualität) und 6 (ausschließliche Homosexualität) als hetero-homosexuelles Kontinuum. Kinsey (1948) führt dazu aus:

"Männer (dasselbe muß bei vielleicht geringeren Zahlen für Frauen gelten, Verf.) setzen sich nicht aus zwei bestimmten Gruppen zusammen, der heterosexuellen und der homosexuellen. Die Welt läßt sich nicht in schwarze und weiße Schafe aufteilen; denn nicht alle Dinge sind schwarz oder weiß" (Kinsey 1948, S. 594f.).

Menschen können also im Laufe ihres Lebens einmal mehr heterosexuell orientiert sein, ein andermal mehr homosexuell. Es ist darum richtiger, statt von Sexualität von "Sexualitäten" zu sprechen. [5]

Damit erweist sich die v. a. auch von den Kirchen behauptete "natürliche" oder "gottgewollte" Heterosexualität als Ideologie bzw. als Generalisierung einer bestimmten Kulturnorm. Ford u. Beach (1951) haben schon vor Jahren die Pathologisierung der Homosexualität als kulturelles Vorurteil erkannt, denn in der Mehrheit der von ihnen untersuchten 76 Kulturen wurde Homosexualität entweder als gesellschaftlich zulässig oder als normal betrachtet. Auch ihre Beobachtungen homosexuellen Verhaltens bei Primaten wurden bestätigt durch die Göttinger Tierverhaltensforschung, die Sommer (1990) in seinem Buch "Wider die Natur?" dargestellt hat.

Ob die Abstufungen auf der Kinseyskala zwischen manifester Heterosexualität (0) und manifester Homosexualität (6) dazu berechtigen, auch von einer manifesten Bisexualität zu sprechen, möchte ich hier offen lassen (s. a. Gooß 1995). Plausibel aber erscheint mir nach wie vor die Auffassung Wolffs (1979), wenn sie schreibt: "Nach meiner eigenen Definition ist Bisexualität die Wurzel der menschlichen Sexualität und die Matrix aller biopsychischen Reaktionen." Sie hat deutlich gemacht, daß es nur *eine* menschliche Sexualität gibt mit mannigfachen Ausdrucksmöglichkeiten. - Schon Freud hatte in seinen "Drei Abhandlungen zur Sexualtheorie" aus den Jahren 1904 und 1905 geschrieben:

---

[5] So jetzt auch der Prospekt "Sexualitäten" der Gewerkschaft der Polizei (GdP), herausgegeben von P. Rieger. Zu beziehen beim Bundesvorstand, Forststr. 3a, 40721 Hilden.

"Die psychoanalytische Forschung widersetzt sich mit aller Entschiedenheit dem Versuche, die Homosexuellen als eine besonders geartete Gruppe von den anderen Menschen abzutrennen. Indem sie auch andere als die manifest kundgegebenen Sexualerregungen studiert, erfährt sie, daß alle Menschen der gleichgeschlechtlichen Objektwahl fähig sind und dieselbe auch im Unterbewußtsein vollzogen haben. ... Der Psychoanalyse erscheint vielmehr die Unabhängigkeit der Objektwahl vom Geschlecht des Objektes, die gleiche freie Verfügung über männliche und weibliche Objekte, wie sie im Kindesalter ... zu beobachten ist, als das Ursprüngliche."

Es gilt also, Abschied zu nehmen: Von der Vorstellung, die Heterosexualität sei die allein reife, gesunde, normale Sexualität; von der Vorstellung einer ausschließlichen Bezogenheit des Mannes auf die Frau und umgekehrt und von der Vorstellung, Liebe könne es nur zwischen den verschiedenen Geschlechtern geben. Dazu hat schon Riemann (1982) in seinem Buch: "Die Fähigkeit zu lieben" ein klares Wort gesagt:

"Die Liebesfähigkeit ist nicht geschlechtsgebunden, denn es gibt auch die gleichgeschlechtliche Liebe, die sich außer in der Wahl eines gleichgeschlechtlichen Partners in nichts von einer heterosexuellen Liebe zu unterscheiden braucht".

Nun gilt es noch, sich von einem Sexualitätsbegriff zu verabschieden, der sich an die biologische Fähigkeit zur Fortpflanzung gebunden hat. Ich zitiere den Sexualpädagogen Kentler (1995):

"Die meisten Menschen müßten eigentlich wissen, wie wenig sexuelles Erleben und sexuelle Aktivität mit Fortpflanzung zu tun haben, denn fast immer sorgen sie dafür, daß sie sich nicht fortpflanzen können. Dennoch ist die Auffassung weit verbreitet, Sexualität sei nichts anderes als ein Fremdwort für Fortpflanzung. Fortpflanzung ist nicht erlebbar, denn sie geschieht jenseits aller Wahrnehmungsschwellen (man kann sie nicht fühlen, hören, sehen, riechen, schmecken). Sexualität aber wird im allgemeinen höchst intensiv erlebt, weil der ganze Mensch mit all seinen Sinnen beteiligt ist".

Er definiert darum Sexualität als "die Gesamtheit der Lebensäußerungen, die damit zusammenhängen, daß Menschen Sexualwesen sind" (Kentler 1982). Ich erinnere hier noch einmal an jene "medizinische" Definition aus dem vorigen Jahrhundert: "Das Wesen der Sexualität ist der befruchtende eheliche Koitus."

Die Gleichsetzung von Fortpflanzung und Sexualität hat Leid über viele Menschen gebracht. Sie hat beigetragen zu einer Verarmung der Liebe zwischen den Geschlechtern, - zur Diskriminierung der Jugend- und der Alterssexualität, - zu einem unsäglichen Kampf gegen die Selbstsexualität und zum völligen Ausschluß der gleichgeschlechtlichen Liebe. Zusätzlich wurden die Gewissen der

Menschen bedrückt durch die kirchliche Interpretation der Zeugungssexualität als göttliches Gebot. Die "Botschaft" einer päpstlichen Kommission ausgerechnet zum Weihnachtsfest 1995 bezeichnet auf diesem Hintergrund die Selbstsexualität als "schwere Ausschweifung". Die Homosexualität verstoße gegen das "Naturgesetz". Die Benutzung von Kondomen als Schutz vor AIDS wird abgelehnt (SZ, 23.-26. 12. 1995; s. a. Wiedemann 1984).

Der Hinweis auf die "natürliche Regelung der Fortpflanzung", die Begründung mit dem Naturgesetz und das Verbot homosexueller Praxis machen deutlich, wozu Sexualität nach dieser Auffassung allein zu dienen hat: der Fortpflanzung. Diese Instrumentalisierung der Sexualität war schon immer falsch. Wir "haben" als Menschen keine Sexualität, sondern *sind* Sexualwesen "von der Wiege bis zur Bahre". Wir kennen keine Brunstzeiten (auch nicht jetzt im Frühling!). Wir sind sexuell fähig, in völliger Unabhängigkeit von unserer Fähigkeit, uns auch fortzupflanzen. Noch nie waren Fortpflanzung und Sexualität identisch. Es handelte sich schon immer um unterschiedliche Fähigkeiten. Die - gleichsam sekundär an die Sexualität angebundene - Fortpflanzung dient der besseren Umweltanpassung der Individuen durch Verschmelzung verschiedener Genbestände und bedarf nicht der Liebe. Sexualität dagegen ist lustvolle Begegnung zwischen Menschen. Sie stiftet Gemeinschaft, Freude, Lust, Entspannung. Sie ermöglicht, wie Riemann (1982, S. 12) formulierte, "eine gewisse Selbstentäußerung, ein grenzüberschreitendes Transzendieren, das wohl letztlich aus der Sehnsucht stammt, die trennende Schranke zwischen uns und einem Du ... wenigstens vorübergehend aufzuheben." Schließlich ist die Sexualität wichtig für die Identität des einzelnen als Mann oder Frau.

Wird nun gefragt, was Hetero- und was Homosexualität sei, so wird es nicht mehr verwundern, daß uns hier die gleichen Formulierungen begegnen: Heterosexualität ist eine von verschiedenen Ausrichtungen oder Orientierungen des Menschen. Als ausschließliche Heterosexualität ist sie die gefühlsmäßig und in der sexuellen Fantasie sowie erotischen Sehnsucht völlige Ausrichtung auf das andere Geschlecht. Homosexualität ist eine von verschiedenen Ausrichtungen oder Orientierungen des Menschen. Als ausschließliche Homosexualität ist sie die gefühlsmäßig und in der sexuellen Fantasie sowie erotischen Sehnsucht völlige Ausrichtung auf das eigene Geschlecht.

Können wir auch von einer bisexuellen Orientierung sprechen, wie es die Kinsey-Skala immerhin nahelegt (Stufe 3: "Heterosexualität und Homosexualität zu gleichen Teilen"), dann muß die Definition ebenso lauten. So spricht Rauchfleisch (1996, S. 306) von lesbischen, schwulen, bisexuellen und heterosexuellen Orientierungen als "gleichwertige(n) Entwicklungen". Er weist aber auch darauf hin, daß wir "trotz der relativen Stabilität der Orientierung eine letztlich unüberschaubare Vielfalt von Mischungsverhältnissen" finden.

Aus meiner Arbeit und Freundschaft mit vielen homosexuell liebenden Menschen bringe ich heute ebenfalls die Überzeugung mit, daß es im sexuellen Innen- und Außenleben des Menschen weit weniger nach der Formel Entweder-Oder als nach der Formel Sowohl-Als auch geht. Weniger in der sexuellen Lebenswirklichkeit als in unseren Köpfen herrscht ein sexueller "Rassismus", der uns vielleicht Sicherheit gibt, es uns aber auch schwer macht, Menschen in der Vielfalt ihrer Bedürfnisse und Lebensgestaltungen wahrzunehmen, - einschließlich unserer eigenen Person.

Eine strikte Trennung von homo- und heterosexuellem Verhalten ist also nicht möglich. Den etwa 6% der männlichen Bevölkerung, die Kinsey als ausschließlich homosexuell einstufte, entsprechen eben nicht 94% der Männer, die sich ausschließlich und lebenslang heterosexuell verhalten. Kentler (1995, S. 41ff.) formuliert: "Ungefähr jeder zweite Mann ist mehr oder weniger ausgiebig homosexuell erfahren." Und er fährt fort:

"Die wenigsten dieser Männer geben das zu; oft ist sogar festzustellen, daß die größten Frauenhelden, die schlimmsten Machos besonders homosexuell erfahren sind, und daß sie mit ihrem Gehabe lediglich ihre 'homosexuelle Vergangenheit' tarnen, nicht nur vor anderen, sondern auch vor sich selbst."

Von solchen Männern können Gefahren ausgehen für die offen lebenden schwulen Männer, weil ihre Homophobie sie dazu veranlaßt, aus Abwehr des heimlich Gewünschten diejenigen zu bekämpfen, die es anscheinend ungestraft leben können.

"Die Angst vor der Homosexualität - vor der Homosexualität in jedem von uns - schafft in unserer Gesellschaft ein kaum zu kontrollierendes und darum besonders gefährliches Aggressionspotential" (Kentler 1995, S. 50).

Ich halte es darum für eine wichtige Aufgabe der Psychologie und Psychotherapie, der Homophobie die Nahrung zu nehmen, indem sie die dahinter verborgenen Ängste anspricht, aufklärt und auflösen hilft. Das ist natürlich nur möglich, wenn die eigenen Vorbehalte überwunden sind. Gleiches gilt auch für die Kirchen.

Auf einige in Gesellschaft und Kirche noch vorhandene hartnäckige Vorurteile möchte ich noch zu sprechen kommen: Sehr oft ist noch die Rede von der "Verführung" zur Homosexualität. Das wäre in seiner negativen Bedeutung nicht der Fall, wenn die homosexuelle Liebe ebenso geschätzt wäre wie die heterosexuelle Liebe. Auch C. G. Jung war anscheinend der Meinung, daß der homosexuelle Mann zur "Knabenverführung" neige. Dieses Etikett zeigt, daß in der Vergangenheit und bis heute Homosexualität mit Pädophilie bzw. Pädosexualität gleichgesetzt wird, was im Blick auf die Heterosexualität nie geschah. Kindesmißbrauch wird eher homosexuellen als heterosexuellen Männern angedichtet, obwohl die Kriminalstatistik eine ganz andere Sprache spricht. Das hat natürlich seine Quelle in der Unerwünschheit der homosexuellen Liebe. Dazu ist zu sagen: Eine Verführung zu homosexuellen Aktivitäten ist sicher möglich. Es ist aber unmöglich, durch Verführung eine homosexuelle Orientierung entstehen zu lassen. In der Literatur wird kein einziger Fall berichtet, der beweisen könnte, daß Homosexualität durch Verführung entsteht. Der Kinsey-Institut-Report über sexuelle Orientierung und Partnerwahl kommt auf der Grundlage umfangreichen "Materials" zu dem Ergebnis: "Wenn Jungen und Mädchen die Adoleszenz erreichen, ist ihre sexuelle Präferenz nahezu immer schon festgelegt, selbst wenn sie sexuell noch nicht sehr aktiv geworden sind" (Bell et al. 1980).

Auch in meiner Befragung ausschließlich homosexuell orientierter Männer (1981) sagten alle, daß sie "schon immer" homosexuell empfunden hätten (Wiedemann 1991, S. 128ff.). Es ist Rauchfleisch zuzustimmen: "Kinder und Jugendliche können nicht zu etwas 'verführt' werden, was ihrer eigentlichen Orientierung nicht entspricht" (Rauchfleisch 1996, S. 313).

Oft ist auch zu hören, Homosexuelle seien "anders" als "wir Heterosexuellen". Außer den negativen begegnen hier auch positive Zuschreibungen. So sagen v. a. heterosexuelle Frauen, schwule Männer seien sensibler, feinfühliger, verständnisvoller, sanfter, kreativer und höflicher als heterosexuelle Männer. Einige dieser Zuschreibungen sind sicher der schwierigen Sozialisation homosexueller Männer zugehörig, - hinter anderen vermute ich die alte Vorstellung, schwule Männer seien eher wie Frauen. Das ist natürlich purer Unsinn, denn schwule Männer "zweifeln ebensowenig an ihrer Männlichkeit wie heterosexuelle Männer" (Rauchfleisch). Auch ist in vergleichenden Untersuchungen (etwa Masters und Johnson) festgestellt worden, daß homosexuelle Männer und Frauen sich in ihrem Gefühlsleben, in ihren sexuellen Verhaltensweisen, in ihren sexuellen Störungen, in der Gestaltung ihrer Partnerschaften kaum von heterosexuellen unterscheiden.

Zu den Widerständen gegenüber einer Gleichachtung und Gleichberechtigung homosexuell liebender Menschen gehört auch die Ideologie um die Ehe: In einer Sendung des TV-Senders "Arte" diskutierte ich mit einer Vertreterin der Gaullistischen Partei. Ihre Argumentation gegen die Ermöglichung rechtlich geordneter Partnerschaften für gleichgeschlechtliche Paare (wie z. B. in den skandinavischen Ländern) fußte auf der Vorstellung von der Ehe als "Keimzelle des Staates". Gemeint war die Ehe als "Quelle" von Nachkommen für die französische Nation. Dazu ist erst einmal zu sagen, daß auch schwule Männer Kinder zeugen und lesbische Frauen Kinder zur Welt bringen. Das ist auch häufig der Fall. In meiner Selbsthilfegruppe verheirateter Männer, die auch oder vorwiegend homosexuell empfinden (unter dem Namen "schwule Väter" gibt es ähnliche Gruppen in verschiedenen Städten) hat jeder Mann mehrere Kinder, und es fällt mir auf, wie engagiert sie alle als Väter sind. - Hervorzuheben ist ebenfalls, daß auch die kinderlosen homosexuellen Paare wie auch die kinderlosen heterosexuellen Paare erheblich zum finanziellen Leben des Staates beitragen. - Schließlich ist überhaupt nicht zu verstehen, wieso eine Minderheit homosexueller Paare die klare Mehrheit der heterosexuellen Menschen davon abbringen sollte, zu heiraten und Kinder zu haben.

Besonders intensiv werden Ehe und Familie von den Kirchen religiös überhöht mit der Behauptung, Gott habe diese Lebensform zur allein legitimen Lebensform erklärt. Das geschieht mit Begriffen wie "Schöpfungsordnung" oder "Stiftung Gottes", - Vorstellungen, die in der Bibel keinen Anhaltspunkt haben (Stuhlmann 1995). [6] Die jüngste Erklärung der EKD macht erneut deutlich, daß die faktische und unprotestantische "Sakramentalisierung" von Ehe und Familie notwendigerweise zur Diskriminierung anderer Lebensformen führen muß (Josuttis 1994).

Auch der Art. 6 des Grundgesetzes mit seiner Formulierung: "Ehe und Familie stehen unter dem besonderen Schutz der staatlichen Ordnung" begründet keinen moralischen Vorrang der Ehe vor anderen Lebensformen. Auch wenn das Bundesverfassungsgericht unter Ehe i. S. des Grundgesetzes nur die heterosexuelle Ehe versteht, so hat es doch in seiner Entscheidung von 1993 ausdrücklich die Frage gestellt, ob der Gesetzgeber nicht verpflichtet sei, "gleichgeschlechtlichen Partnern eine rechtliche Absicherung ihrer Lebensgemeinschaft zu ermöglichen" (Wiedemann 1995, S. 145ff.). In diesem Sinne forderte das Europaparlament 1994 von den Unionsstaaten "Rechte und Vorteile, wie sie sich aus Eheschließungen ergeben" auch für homosexuelle Paare. Aus dem Gesagten ergeben sich folgende Forderungen:

1. Die offene und versteckte Diskriminierung homosexuell lebender Menschen in Gesellschaft und Kirche muß entschieden bekämpft werden. Sie stellt eine schwere Menschenrechtsverletzung dar.
2. Für homosexuelle Lebenspartnerschaften sind rechtliche Regelungen zu schaffen, die in Anspruch genommen werden können, um Versorgungsansprüche, Erbrechte, Mietrechte, Sozialrechte bis hin zu Besuchsrechten und Auskunftsrechten im Krankenhaus zu regeln. Homosexuelle Lebenspartner müssen i. S. des Gesetzes zu Angehörigen werden. Auch das Adoptionsrecht ist ihnen einzuräumen. Die Kirchen sind aufgefordert, homosexuellen Partnern/ Partnerinnen nicht länger einen Gottesdienst aus Anlaß und zur Feier ihrer Partnerschaftsbegründung zu verweigern.
3. Anstellungskörperschaften müssen sich verpflichten, jeder Diskriminierung homosexuell lebender Menschen am Arbeitsplatz entgegenzuwirken. Die se-

[6] s. a. Diskussionspapier der Evangelischen Kirche im Rheinland: Sexualität und Lebensformen sowie Trauung und Segnung. Düsseldorf 1996 (Bestelladresse: Das Landeskirchenamt, Hans-Böcklerstr. 7, 40476 Düsseldorf).

xuelle Orientierung eines Menschen darf weder ein Einstellungshindernis noch ein (oft ja versteckter) Kündigungsgrund sein.

4. In Artikel 4, Abs. 3 des Grundgesetzes der Bundesrepublik Deutschland ist der Satz aufzunehmen: "Niemand darf wegen ... seiner sexuellen Orientierung benachteiligt oder bevorzugt werden."

Der Titel dieses Beitrags lautete: "Homosexuell Liebende". Von der Liebe der homosexuell Liebenden war nur wenig die Rede. Es ging mir mehr darum, ihrer Liebe und ihrem Leben unter uns Raum zu schaffen. Im übrigen halte ich es mit Fritz Riemann:

"Über die Liebe zu sprechen oder zu schreiben sollte ... eigentlich den Liebenden und den Dichtern vorbehalten bleiben, denen also, die von ihr ergriffen sind" (Riemann 1982, S. 19).

Darum soll auch ein Dichter das letzte Wort haben:

Was es ist

Es ist Unsinn
sagt die Vernunft
Es ist was es ist
sagt die Liebe.
Es ist Unglück
sagt die Berechnung
Es ist nichts als Schmerz
sagt die Angst
Es ist aussichtslos
sagt die Einsicht
Es ist was es ist
sagt die Liebe
Es ist lächerlich
sagt der Stolz
Es ist leichtsinnig
sagt die Vorsicht
Es ist unmöglich
sagt die Erfahrung
Es ist was es ist
sagt die Liebe.
(Erich Fried, 1983)

Literatur

Bell AP, Weinberg MS, Hammersmith SK (1980) Der Kinsey Institutreport über sexuelle Orientierung und Partnerwahl. Bertelsmann, München, S 207

Dannecker M (1980) Warum die Therapie der Homosexualität die Lage der Homosexuellen verschlechtert. In: Sigusch V (Hrsg) Therapie sexueller Störungen. Thieme, Stuttgart

Fischer J (1996) Eine besondere Gefährdung für die Kirche? Zur Orientierungshilfe des Rates der EKD zum Thema "Homosexualität und Kirche". Deutsches Pfarrerblatt 7: 371

Ford C, Beach F (1951, 1968) Formen der Sexualität. Rororo, Reinbek (engl.: Patterns of sexual behavior. Harper &Row, New York, 1951, pp 143)

Freud S (1904/1905) Drei Abhandlungen zur Sexualtheorie. GW Bd 5, S 27-145

Freud S (1920) Über die Psychogenese eines Falles von weiblicher Homosexualität. GW Bd 13, S. 259-302

Freud S (1960) Brief an eine amerikanische Mutter. In: S. Freud. Briefe 1873-1939. Fischer, Frankfurt aM

Fried E (1983) Es ist was es ist. Gedichte. Wagenbach, Berlin

Gooß U (1995) Sozialwissenschaftliche Konzepte der Bisexualität von Männern. Enke, Stuttgart

Hopcke R (1989) C. G. Jung, Jungianer und Homosexualität. Walter, Solothurn Düsseldorf

Isay RA (1989) Schwul sein. Die psychologische Entwicklung des Homosexuellen. Piper, München 1993, S 119ff (englische Ausgabe 1989).

Jouttis M (1994) Gottesliebe und Lebenslust. Gütersloher Verlagshaus, Gütersloh, S 50-64

Jung CG (1924) GW Bd 10, S 220

Kentler H (1982) Taschenlexikon Sexualität. Schwann, Düsseldorf

Kentler H (1995) Was ist Sexualität? In: Wiedemann HG (Hrsg) Homosexuell. Kreuz, Stuttgart, S 27-36

Kinsey AC (1948) Das sexuelle Verhalten des Mannes. Bertelsmann, Berlin Frankfurt aM, S 594-595

Kockott G (1977) Überblick über die Forschungsdiskussion zu Erklärungs- und Entstehungstheorien der Homosexualität. Tutzinger Studien 2: 8

Künzler E (1992) Der homosexuelle Mann in der Psychoanalyse. Theorie und Praxis im Wandel. Forum Psychoanal 8: 202

Morgenthaler F (1987) Homosexualität, Heterosexualität, Perversion. Fischer, Frankfurt aM, S 86

Rauchfleisch U (1994) Schwule- Lesben- Bisexuelle. V & R, Göttingen

Rauchfleisch U (1996) Was wissen wir heute über homosexuelle Orientierungen? Wege zum Menschen. Monatsschrift für Arzt und Seelsorger 48: S 305ff.

Riemann F (1982) Die Fähigkeit zu lieben. Kreuz, Stuttgart

Schmidt G (1986) Das Grosse Der Die Das. Über das Sexuelle. März, Herbstein, S 118
Sommer V (1990) Wider die Natur? Homosexualität und Evolution. V & R, Göttingen
Stuhlmann R (1995) Trauung und Segnung. Pastoraltheologie 84: 487-503
Süddeutsche Zeitung vom 23.-26. 12. 1995
Wiedemann HG (1982) Homosexuelle Liebe. Für eine Neuorientierung in der christlichen Ethik. Kreuz, Stuttgart
Wiedemann HG (1983) Die Beurteilung homosexueller Beziehungen in Stellungnahmen der evangelischen Kirchen in der Bundesrepublik Deutschland. In: Kentler H (Hrsg) Die Menschlichkeit der Sexualität. Chr. Kaiser, München, S 81ff.
Wiedemann HG (1984) Schwul und dennoch Christ? In: Dunde S (Hrsg) Katholisch und rebellisch. rororo aktuell, Reinbek, Bd. 5341, S 155ff
Wiedemann HG (1995) Homosexuell. Das Buch für homosexuell Liebende, ihre Angehörigen und ihre Gegner. Kreuz, Stuttgart
Wiedemann HG (1996) Schwule und Lesben nur im Verborgenen segnen ...? Kreuz & Quer . Das linke kirchliche Magazin 1/96: 4ff.
Wolff Ch (1979) Bisexualität. Goverts, Frankfurt aM

Die pädophilen Störungen als Perversion und Paraphilie

Wolfgang Berner

Warum schreibe ich nicht ausschließlich über Perversion und führe diese vielleicht verwirrende Differenzierung zur Paraphilie ein, werden Sie sich fragen. Soll ein neuer Begriff darüber hinwegtäuschen, daß wir noch immer zu wenig über Dynamik und Beeinflußbarkeit des sexuellen Begehrens und seiner Varianten wissen? Wir wissen heute, daß "gestörte Sexualität" keineswegs wie eine körperliche Krankheit als etwas in seinem Gestörtheitsgrad von der Umwelt Unabhängiges definiert werden kann. So hat beispielsweise der amerikanische Soziologe Simon (1995) erst vor kurzem darauf hingewiesen, daß wir heute mit einer öffentlichen Meinung konfrontiert sind, die Vergewaltigung und Kindesmißbrauch als wesentlich "perverser" - also gestörter empfindet, als etwa gleichgeschlechtliche Liebe oder Masturbation. Das dürfte vor etwa 100 Jahren genau umgekehrt gewesen sein. Wenn wir von der Definition der Perversion bzw. Inversion Freuds ausgehen, wie er sie 1905 in den "Drei Abhandlungen zur Sexualtheorie" festgeschrieben hat, dann sehen wir, daß auch Freud trotz aller Liberalität von der damals allgemein gültigen Annahme ausging, Sexualität diene dem biologischen Zweck der Fortpflanzung, und das Krankhafte beginne dort, wo der Trieb dieses biologische Ziel völlig aufgebe oder sich an ganz ungeeignete Objekte richte. In diesem Sinn war die Vergewaltigung für Freud natürlich keine Perversion.

Tabelle 1. Perversion und Inversion bei S. Freud (1905)

Ziel der Sexualität ist die Kohabitation - eine dauernde Abweichung von diesem Ziel wird als *Perversion* bezeichnet. Es gibt zwei Möglichkeiten:

a. anatomische Überschreitung
b. Fixierung von vorläufigen Sexualzielen ("Vorlustzielen").

Objekt der "Libido" (des Sexualhungers) ist ein heterosexueller Partner - eine dauernde Abweichung davon (homosexueller Partner) wird als *Inversion* bezeichnet.

Sehen wir uns hingegen an, wie ein moderner deutscher Psychoanalytiker versucht, mit dem Begriff der Perversion umzugehen, dann sehen wir, daß er sich anderer definitorischer Elemente bedient, als dies ursprünglich Freud getan hat.

Tabelle 2. Die Perversionskriterien nach R. Reiche (1966)

1.	Kriterium des obligaten Fetisch
2.	Kriterium der perversen Szene (in dieser Szene wird die zentrale innere Objektbeziehung externalisiert)
3.	Kriterium des Orgasmus
4.	Kriterium der süchtigen Unaufschiebbarkeit (Abstinenz-Symptome !)
5.	Kriterium der Perversion in der Perversion (Phänomen der russischen Puppe)

Reiche (1966) stellt fünf Kriterien heraus, von denen das erste (obligatorischer Fetisch) noch am deutlichsten an klassische Ansichten anschließt. Er geht davon aus, daß zu jeder Perversion der Fetisch gehöre. Das leblose Objekt, das das Lebendige ersetzen oder vor den Gefahren des Lebendigen schützen soll. Daß der Fetisch zum obligatorischen Element jeder Perversion wird, macht schon deutlich, daß das Verfremdende der Perversion (vgl. z. B. Khan 1979) ganz in den Vordergrund gestellt wird, also das Objekt- oder Beziehungsfeindliche, die Tendenz, das Dinghafte in der Sexualität in den Vordergrund zu stellen und das Kommunikative, Ausdruckhafte, zwischenmenschlich Austauschende in den Hintergrund. Hier deutet sich bereits an, daß das Kommunikative der Sexualität über das biologische Ziel der Reproduktivität gestellt wird. Aber auch in keinem der weiteren vier Kriterien wird von einem allgemein gültigen Ziel der Sexualität ausgegangen, eher beschreibend versucht sich Reiche einer Definition anzunähern, die klinische Erfahrungen zusammenträgt, davon ausgeht, daß es Situationen gibt, in denen Sexualität einen merkwürdig suchtartigen oder zwanghaften Charakter annehmen kann, aus dem abzulesen ist, daß etwas "nicht stimmt", daß etwas festgefahren ist, vom Betroffenen behindernd unfruchtbar und einengend erlebt wird. Sexualität hat etwas Abwehrhaftes, nicht zur Zufriedenheit Führendes. Für manche Formen ist der Zusammenhang zum Sexuellen nurmehr durch den Orgasmus (Kriterium drei) erkennbar, sonst würde man dem Geschehen von außen gar nicht anmerken, daß hier Lust eine Rolle spielt. In manchen Fällen ist es nicht einmal der Orgasmus, sondern eine Vorform sexueller Erregtheit, die die Brücke zum Sexuellen deutlich macht. Wenn diese Verbindung allerdings dem Betroffenen nicht bewußt ist, sondern nur mehr als unbewußt postuliert wird, sollte man nicht von Perversion sprechen.

Das zweite Kriterium (in Szene setzen einer frühen Objektbeziehung) macht deutlich, wie wichtig in den letzten Jahren der Aspekt der Objektbeziehung in der Psychoanalyse geworden ist. Wir gehen davon aus, daß jede dramatisierte oder in Szene gesetzte Interaktion sexuellen Inhalts versucht, ganz frühe Erfahrungen mit wichtigen Bezugspersonen wieder herzustellen, vielleicht sogar in einem überwindenden Sinn wiederzuerleben. Dieses Kriterium schließt auch an den berühmten Satz von Stoller an, der gesagt hat, in der perversen Szene werde eine kindliche Niederlage in einen Triumph umgewandelt (Stoller 1991). Wenn also z. B. der grell geschminkte Transvestit mit überlangen, fast krallenartigen Fingernägeln und herausfordernd hochhackigen Stöckelschuhen auf der Straße paradiert, dann versucht er meist, so stark und eindrucksvoll zu sein, wie er die Mutter erlebte, die ihn als kleines Kind gedemütigt und traumatisiert hat.

Das vierte (Suchtartigkeit) und fünfte (russisches Puppenphänomen) Kriterium aus Reiches Zusammenstellung haben im deutschen Sprachraum besondere Tradition. Giese (1962), der Begründer des Instituts für Sexualforschung in Hamburg, war der erste, der den Perversionsbegriff mit Sucht in Zusammenhang brachte und die Störung in der sexuellen Präferenz daran zu erkennen glaubte, daß aus mangelnder Satisfaktion ein progredient suchtartiger Verlauf entstehe. Aufgrund der Abnahme der Befriedigung in solchem progredienten Suchen nach sexuellen Reizen, könne das ganze Leben des Betreffenden von der sexuellen Thematik so beherrscht werden, daß alle sozialen Bezüge verloren gingen.

Das fünfte Kriterium (die russische Puppe) scheint auf Morgenthaler (1974) zurückzugehen, der davon sprach, daß Perversion das Ich wie eine Plombe schützen könne. Er meinte damit, daß manche zwanghaften, manchmal sehr masturbatorisch anmutenden Befriedigungsmechanismen für ein fragiles Ich einen Schutz darstellen, der dieses Ich dann in anderen Lebensbereichen viel Frustration aushalten ließ. Dieses Kriterium finde ich relativ unspezifisch, da natürlich jede Art von Befriedigung - für den Trinker z. B. auch der Alkoholrausch - eine solche Schutzfunktion darstellt, die viel anderes verschmerzen und ertragen läßt. Reiche hat nun beobachtet, daß es bei manchen Menschen mit Perversion in der Psychotherapie nach Bearbeitung einer solchen "Plombe" nicht nur zu einer Erschütterung des Ichs kommen kann, sondern sich eine andere, leicht veränderte Form von Perversion einstellt, und nur in ganz wenigen glücklichen Fällen unter der Plombe eine "nachgereifte" Sexualität zum Vorschein kommt.

Reiche ist natürlich nur ein Beispiel für viele andere heutige Autoren, die sich doch anderer Definitionen von Perversion bedienen, als das zu Freuds Zeiten üblich war. Allen gemeinsam scheint zu sein, daß sie den objektfeindlichen Charakter des Perversen in den Vordergrund stellen, das Aggressive also. Letzten Endes entpuppen sich alle als Kinder unserer Zeit, die wie der eingangs erwähnte Simon, Vergewaltigung und Mißbrauch als deutlich krankhafter erleben als fetischistische oder andere sog. "prägenitale" Spielereien.

Diese Entwicklung in der modernen Psychoanalyse reflektiert auch Kernberg (1992) in "Aggression in Personality Disorder and Perversion", wenn er den Zusammenhang zwischen Perversion und der Borderlinestörung untersucht.

Tabelle 3. Borderlinestruktur und Perversion (Kernberg 1992)

Fünf Stufungen sind unterscheidbar:

1. Polymorph-perverse Aktivitäten - ein wichtiges Element der alltäglichen ("natürlichen") Sexualität
2. organisierte Perversionen bei einer sonst neurotischen Persönlichkeitsstruktur (das hat Freud ursprünglich beschrieben!)
3. stabile Perversionsbildung bei einer Borderlineorganisation der Persönlichkeit (das wurde in der britischen und französischen Schule der Psychoanalyse beschrieben - regressive Umformung der ödipalen Konflikte führt zum Überwiegen von aggressiven gegenüber libidinösen Bedürfnissen)
4. sexuelle Perversion im Kontext des "malignen Narzißmus" (das sind die von Chasseguet-Smirgel beschriebenen Fälle)
5. vollständige Hemmung aller polymorph-perversen Phantasien (hervorgerufen durch einen Mangel an Aktivierung der Säuglingserotik durch die Mutter).

Da die Borderlinesymptomatik in den letzten zehn Jahren nicht nur in den Vereinigten Staaten, sondern auch in Europa und Deutschland einen ganz besonderen Stellenwert eingenommen hat, vielleicht heute genauso wichtig ist, wie zu Freuds Zeiten der Begriff Hysterie, scheint es besonders wichtig, den Zusammenhang zwischen Perversion und dieser Borderlinesymptomatik ins Auge zu fassen. Kernberg geht davon aus, daß es stabile klassische Perversionen bei Menschen gibt, deren Charakterstruktur sonst am ehesten neurotisch funktioniert, und andererseits Perversionen im Zusammenhang mit schweren Borderline- und Narzißmusstrukturen (s. Tabelle 3). Ich bin nun dazu übergegangen, die Perversionen auf dem neurotischen Niveau, die im Grunde genommen so funktionieren, wie es sich Freud für den Fetischisten vorstellte, weiterhin Perversionen zu nennen und die heute viel häufigeren sexuellen Deviationen im Zusammenhang mit der Borderlinepersönlichkeitsstruktur mit dem in Amerika üblicheren Begriff der Paraphilie zu bezeichnen. Der wesentliche Grund dafür ist, daß wir von einem Kontinuum ausgehen müssen, wo es auf der einen Seite Menschen gibt, die aus neurotischer Angst, Hemmung und Schuldgefühlen heraus ihre sexuellen Wünsche verdrängen, und sich dann mit Teilgebieten früher kindlicher Sexualität zufriedengeben müssen, und andere, auf der anderen Seite dieses Kontinuums, deren alltägliche Sexualität oft kaum gestört scheint, und die daneben abgespalten gewissermaßen, sexuelle Deviationen in Szene setzen, bei denen man häufig den

Eindruck hat, das eigentliche Triebziel sei nicht die sexuelle Befriedigung, sondern Demütigung, Erniedrigung, Rache, also *gegen* ein Objekt gerichtete Aggression.

Dieser Dichotomisierung kommt ja die amerikanische Definition der Paraphilie sehr entgegen, bei der die Objektfeindlichkeit der so beschriebenen sexuellen Deviationen ganz im Vordergrund steht.

Tabelle 4. Paraphilie (DSM-IV)

Paraphilie (DSM-IV)
immer wiederkehrende, intensiv sexuell erregende Phantasien, Drangzustände oder Verhaltensweisen, die
1. leblose Objekte
2. Leiden oder Erniedrigung des Betroffenen oder seines Partners
3. Kinder oder andere nicht einwilligende Personen betreffen.

Lassen Sie mich nun die beiden Begriffe Perversion und Paraphilie noch einmal zusammenfassend und etwas übertrieben polarisierend einander gegenüberstellen.

Tabelle 5. Perversion/Paraphilie

Perversion	**Paraphilie**
Persönlichkeitsstruktur:	
neurotisch	borderline
"eigentlicher Wunsch":	
verdrängt,	abgespalten,
verschwindet hinter deviantem Ritual	besteht oft neben fast unauffälliger Symptomatik
Beziehungsstruktur:	
Empathie und Rücksichtsfähigkeit erhalten,	manipulativ,
Wunsch p. Ritual in Beziehung zu integrieren,	Kampf gegen Abhängigkeit,
	Kampf und Flucht
"ganze Objekte"	"Partialobjekte"

Fortsetzung

Perversion	Paraphilie
Symptombildung:	
zwanghaft, ritualisiert	suchtartig, impulsiv
Triebgleichgewicht:	
Aggression im Dienste der Libido	Libido im Dienste der Aggression

Im folgenden soll anhand von zwei Fallbeispielen diese Dichotomie noch einmal verdeutlicht werden. Im ersten Beispiel versuche ich aus dem, was uns vom Leben von Lewis Carroll bekannt ist, Elemente eines neurotischen Pädophilen herauszuarbeiten, im zweiten soll aus den ausführlichen Dokumenten des Briefwechsels zwischen Paul Moor und Jürgen Bartsch das Charakteristische einer sadistischen Paraphilie, die sich gegen Kinder richtet, veranschaulicht werden.

Kasuistik

Fallbeispiel 1

Lewis Carroll, der in Wirklichkeit Charles Lutwidge Dodgson hieß und 1832 im puritanischen England, also zu Königin Victorias Zeiten geboren wurde, ist nicht nur der Autor der berühmten "Alice in Wonderland", sondern auch ein berühmter Verehrer von kleinen Mädchen (kleine Jungen konnte er angeblich nicht ausstehen). Sein Vater war ein berühmter Mathematiker, er selbst ein weit weniger bedeutender Dozent für Logik und Mathematik im Christ-Church-College in Oxford, der es bis zu seinem Tode 1898 nie zu einem sexuellen Kontakt mit erwachsenen Menschen gebracht hat. Hingegen war sein Leben voll Freundschaften zu kleinen Mädchen, denen er wunderlich absurde Geschichten erzählen konnte und auch Briefe schrieb, die erst nach seinem Tod veröffentlicht wurden. In manchen dieser Fälle wurde er von den Müttern dieser Mädchen davongejagt, in anderen erschrak er selbst über die Heftigkeit der ausgetauschten Küsse. Vieles in seinem Leben ist merkwürdig dunkel geblieben, manche Dokumente wurden von seinen Erben vernichtet, in einem seiner Briefe steht der aufschlußreiche Satz: "Ich will von mir nicht sprechen, das ist kein gesundes Thema." Damit macht er wohl deutlich, daß er seine Hingezogenheit zu den Mädchen selbst für "nicht gesund" hielt. Seine Vorliebe für Plätze, wo er Kinder treffen konnte, das Mit-sich-führen von Salben und Verbandszeug, um sich bietende Gelegenheiten für sanfte Berührungen auszunützen, erinnert an vieles, was wir von unseren heutigen pädophilen Patienten kennen. Auch die Fotos, die er von den kleinen Mädchen, die er seine Freundinnen nannte, angefertigt hat, sprechen doch eine eindeutige Sprache, der Blick durch die Kamera ist begehrlich und sehnsüchtig.

Reichert, der die Briefe an kleine Mädchen herausgegeben hat, schreibt:

"Carroll war ein Verführer. Virtuos wie Don Juan und ebenso bestrickend, ebenso erfolgreich, nur geheimer, subtiler, weniger leicht zu durchschauen, was nicht heißt, daß sein Preis die Imagination der Verführten allein gewesen wäre. Für Carroll, der nachweislich nie zu einer Frau in näherer Beziehung gestanden hat, war das Küssen die einzig übliche - und wohl auch einzig mögliche - Form des Liebesspiels. Einmal entdeckte er voll Schrecken, daß ein geküßtes Mädchen bereits 16 war, die Schwelle des für ihn Erlaubten also längst überschritten hatte, und bat ihre Mutter schriftlich um Entschuldigung, die ausgeschlagen wurde. Die Mittel seiner Verführungskunst waren Spiele, Rätsel, Zeichnungen, mathematisch logische Curiosa, Gedichte, erfundene Geschichten, die Exotik des Fotostudios Tom Quad, Briefe" (Reichert 1979, S. 163).

Eine merkwürdige Art von Originalität und Erfinderkunst, das Herbeizaubern von Irrealem ist ein ganz wichtiger Mechanismus beim Verführen. Aber er hat auch das Verleugnende, das für die Perversion eine so große Rolle spielt. So wie beim Spiel der Kinder wird das "Als-ob" wichtiger als das Reale, spielen wir, als ob wir erwachsen wären, spielen wir, als ob das, was wir uns ausdenken, wichtiger wäre als alle äußere Welt. Nur so kann das Küssen den Geschlechtsverkehr ersetzen, nur so das Kind die begehrte Frau. Aber trotz all dieser Gehemmtheit und schuldhaften Ängstlichkeit ist die Welt des Lewis Carroll nicht ohne Aggressionen. So schreibt Reichert:

"Das Reich der Unschuld hat Carroll zur Invasion gereizt. So bezaubernd die Briefe an die kleinen Freundinnen sich lesen, sie sind nie sanft, nie zärtlich, nie ohne Fallen und Schlingen. Selbst die häufig mitgeteilten Küsse können oft erst mittels eines komplizierten Divisionsverfahrens an die, denen sie zugedacht sind, verteilt werden. Der Anmut ist nicht zu trauen, sie ist bizarr und bedrohlich. Selten kommt ein Brief ohne Scheltworte aus, die zwar witzig gemeint sind, so wohl auch verstanden werden, dennoch aber zwiespältige Gefühle wecken. Für die Attraktion, die die Mädchen auf Carroll ausüben, rächt er sich durch Aggression: Er spürt, daß sie es sind, die dem eigenen Erwachsenwerden im Wege stehen, die ihm den Weg zur normalen Liebe verstellen. Aggression schlägt ja auf das Nächstliegende, im Augenblick Greifbare ein, betäubt dadurch ihre Herkunft" (Reichert 1979, S. 164).

Trotz der im Grunde genommen neurotischen Natur des Charles Lutwidge Dodgson sind an ihm auch Zeichen von Identitätsproblematik und Spaltung deutlich sichtbar. So teilt er sich in den Oxford-Dozenten Charles Lutwidge auf der einen Seite und den Kinderschriftsteller Lewis Carroll auf der anderen, und beide Personen möchten so wenig voneinander wissen, daß Charles Lutwidge Post, die unter dem Namen Carroll an seine Adresse kommt, einfach wieder zurückschickt oder wegwirft. Identität, die eigene und die der Dinge und Begriffe, ist für Dodgson von früh an fragwürdig gewesen. In den im Pfarrhaus von Croft verfaßten Unsinngeschichten gibt er den jüngeren Geschwistern bereits das Problem zu bedenken:

"Wo verläuft die Grenze zwischen Dienstag und Mittwoch? Es ist doch denkbar, daß man gleichsam mit der Sonne um die Erde reist, und nach 24 Stunden hätte der Tag einen anderen Namen, ohne daß irgendeine Zäsur sichtbar gewesen wäre. Wieso? Wann und wo haben die Namen sich geändert? ... Identität ist für Dodgson nie dieses Distinkt, nie fix und fertig, sie schillert im Blick wie ein Fixierbild. Was er schreibt, was er zeichnet, läßt sich aus dieser Schwierigkeit, Identität zu fassen, verstehen. Personen, Dinge und Wörter werden mindestens gespiegelt oder in ihre Bestandteile zerlegt und dann anders zusammengesetzt. Was so entsteht, kann indessen den herkömmlichen Sinnkategorien nicht einbeschrieben werden. Darum hat man ihm verlegen den Stempel "Unsinn" aufgedrückt. Die wirkliche Welt ist für Carroll ein Grenzfall aller möglichen Welten, so wie die euklidische Geometrie Grenzfall aller möglichen Geometrien ist. Im Motiv der Verwandlung wird dieses Identitätsproblem noch einmal deutlich. Alice (im Wunderland) wird größer oder kleiner, je nachdem, was sie ißt oder trinkt. Das Baby der Herzogin wird in ihren Armen zum Schwein, jedem viktorianischen Schulkind bekannte Reime werden durch Austausch einzelner Wörter entstellt und ergeben neuen Sinn, der den alten im Ton, im Rhythmus stets mitdenkt" (zit. n. Reichert 1976, S. 160f.).

Es ist also Spaltung und Verleugnung, etwas an Borderline Erinnerndes, durchaus in der Persönlichkeit dieses Autors zu finden, aber diese Spaltung hat nicht die Tiefe, wie bei den schweren Borderlinestörungen, der alte, der reale Sinn wird stets mitgedacht, der Spielcharakter ist offensichtlich, das Einfühlungsvermögen in Kinder und Mitmenschen ausgeprägt genug, um faszinierende Geschichten schreiben zu können, um zu fesseln und auch um sich selbst als "nicht gesund" zu begreifen. Das Einfühlungsvermögen scheint auch ausgeprägt genug, um die volle Befriedigung des pädophilen Bedürfnisses zumindest konflikthaft, weil nicht ganz im Interesse der Kinder erleben zu können. Dies führt zumindest zu einer Schadensbegrenzung.

Fallbeispiel 2

Ich begebe mich nun auf die andere Seite des Kontinuums, auf die ans Psychotische grenzende Borderlineseite, und stelle Ihnen als Prototyp des Paraphilen Jürgen Bartsch vor, den 1976 verstorbenen Kindermörder, der acht Jahre lang mit Paul Moor in Briefverkehr stand, und von dem wir daher ein ähnlich geartetes Dokument seines Innenlebens zur Verfügung haben wie bei Dodgson. Das von Moor (1991) veröffentlichte Buch "Jürgen Bartsch, Opfer und Täter" ist das aufschlußreichste Einzeldokument über die Persönlichkeit eines Menschen, der sich seit seinem 14. Lebensjahr, also praktisch knapp nach Eintritt der Pubertät krankhaft gezwungen fühlte, Kinder zu ermorden. Bei Jürgen Bartsch drückt sich die Gespaltenheit so aus:

"Seit einiger Zeit lese ich jeden Monat hier im Gefängnis die Zeitschrift ELTERN. Warum? Ja, warum eigentlich nicht? Das kann ich Ihnen sagen: Als Positiv-Negativ. Diese Zeitschrift ist für so einen auf beiden Seiten anregend, nämlich, wenn er von seinem Trieb befallen ist, aber auch, wenn er seine normale Zeit hat. Dann liest er sie, im anderen Fall schaut er ja nur die Bilder an. Ich persönlich interessiere mich besonders in normalen Zeiten für diese Zeitschrift, weil ich sie für gut, fortschrittlich und wichtig für die Kindererziehung halte. Ich denke dann immer, ja, so würde ich es auch machen, wenn ich Kinder hätte. Und Du weißt ja, daß ich eigentlich Kinder sehr sehr gern habe. Ich möchte im ganz normalen Sinn Tag für Tag mit ihnen spielen." Und nachdem er in einer langen Passage schrecklich grausame Phantasien schildert, schreibt er weiter: "Wenn ich normal und nicht davon beherrscht bin, kommt mir das so grauenhaft vor, das glauben Sie gar nicht. Ich bin an sich nicht kalt, nicht empfindungslos. Ich bin nur einmal - du lieber Gott, verstehen kann ich das selber nicht - wenn der Trieb vorbei ist, auch diese Phantasien mal über Stunden für Stunden, dann denke ich, wie jeder andere auch denken würde: Um Gottes Willen! Was wollen Sie machen. .." (zit. n. Moor 1991, S. 395ff.).

Einmal sind die Kinder Kinder, dann in bestimmten Situationen, die unter einer besonderen affektiven Tönung stehen, werden sie plötzlich etwas ganz anderes. Sie repräsentieren ein Partialobjekt. Sie sind der Teil des kleinen Jürgen Bartsch, der panische Angst hatte, als er von seiner Mutter geprügelt wurde, weil er sich nicht nach ihrer Ordnung richten konnte, und der später im Kinderheim wieder Prügelknabe wurde, weil er so schüchtern war, und gleichzeitig provozierend die Prügel geradezu anzog, in seiner Phantasie sogar über sie triumphierend. Er führt als 14jähriger die Kinder in eine Höhle, in der er sich noch selber fürchten würde, wenn ihm die Kinder diesen Affekt nicht abnehmen würden. Er vernichtet seine Angst in diesen Partialobjekten, die er liebt und haßt wie sich selbst. Auf grauenvolle Weise wird er das, was seine Eltern immer von ihm wollten. Ein grobschlächtiger Fleischer, der alles, was nicht in die Fleischerfamilie paßte - wie seine feine sensible Ängstlichkeit - vernichtet. Er ist auch der Teil seiner Eltern, der ihm immer Angst machte. Er brüllt mit den Kindern, tritt sie genauso in den Hintern, wie er in den Hintern getreten wurde. In den vor und zwischen den Taten bestandenen Phantasien hat er tausende Male viele Varianten dieser lustvollen triumphalen Vernichtung ausprobieren müssen. Manche Elemente davon hat er auch an sich selbst ansatzweise ausprobiert. Nicht nur, um zu spüren, wie es wohl seine zukünftigen Opfer erleben werden, sondern auch zur Belebung der augenblicklichen Phantasie, wo es fast gleichgültig wird, wer Täter, wer Opfer ist. Die ständige Umkehrung ist Ausdruck der gleichzeitig ablaufenden projektiven und identifizierenden Prozesse. Die projektive Identifizierung läßt den Täter sich gleichzeitig als Teil-Mutter und Teil-Kind fühlen. Absolut mächtig und vernichtet bis zur Auslöschung. Obwohl die Schlachtung der Kinder die endgültigste Trennung, die es überhaupt gibt, darstellt, ist sie gleichzeitig in der Phantasie die intensivste einverleibendste Verschmelzung. Jürgen Bartsch hat verzückt am warmen Fleisch der Getöteten gerochen, andere Täter haben sich ihre Opfer tatsächlich kannibalisch einverleibt, wie Raubtiere sind sie mit ihnen die endgültigste Verschmelzung eingegangen.

Natürlich gibt es bei Jürgen Bartsch auch allgemein neurotische Züge. Er klagt über seine Schüchternheit und Minderwertigkeitsgefühle, die von allem Anfang an seinen Kontakt zu Gleichaltrigen behindern. Nach seiner Ansicht wurde er durch die dünkelhafte Ablehnung, die seine Eltern einfacheren Leuten entgegenbrachten und deren dauernde Kontrolle daran gehindert, sich mit Gleichaltrigen zu befreunden. Außerdem schaffte er es überall, zum Prügelknaben zu werden. Diese neurotisch wirkende Selbstschädigung hat aber auch noch eine andere Seite. Sie drückt narzißtischen Rückzug aus. Die extrem empfundene Minderwertigkeit ist nur die andere Seite eines Großartigkeitsanspruchs, der sich auch darin ausdrückt, daß Jürgen Bartsch seine Schüchternheit nur dann überwinden konnte, wenn er vor größerem Publikum - ein paar Bekannte genügten da nicht - Zauberkunststücke vorführen durfte. Auch hier wird ein Unterschied zu Dodgson deutlich - ihm ging es darum, bestimmte Kinder gezielt mit seinen Kunststücken, Erfindungen und erstaunlichen Erzählungen zu beeindrucken, Bartsch zauberte stumm vor einem anonymen Publikum, er nahm die Menschen kaum oder nur als Spiegel wahr. Sein Einfühlungsvermögen in andere war schwer gestört, seine Freundlichkeit enthielt viel formelhafte Höflichkeit, obwohl er ganz geschickt mit Sprache umgehen und sich auch mit einer gewissen emotionalen Wärme ausdrücken konnte. Von den wenigen homosexuellen Beziehungen und Freundschaften, die er hatte, kam keine ohne manipulative Ausbeutung aus - selbst die Beziehung zu seinem Briefpartner Paul Moor zeigte an manchen Stellen diese Tendenz (Veröffentlichungsrechte, Hochzeit, Umgang mit verschwiegenen Themen). Feindseligkeit wird rasch vermutet und tritt auch von Bartsch den anderen gegenüber rasch auf. Kleinere Eigentumsdelikte - auch Stehlen aus der Kassa des elterlichen Geschäftes - und Ausreißen über Nacht deuten ein mangelhaftes Internalisieren von sozialen Werten und die so gut wie immer damit verbundene Beziehungsstörung an. Das sog. gestörte "Attachment" läßt sich aus vielen Details seiner Frühgeschichte erschließen: Trennung von der Mutter, bei der Geburt neunmonatiger Spitalsaufenthalt vor einer Adoption bei Eltern, die sich untereinander nicht vertragen und ihn von allem Anfang an prügeln. Gestörte Beziehungen und reaktive Aggressivität stehen also im Vordergrund und lassen die gleichzeitig bestehenden Ängste und Hemmungen fast vergessen.

Daß Jürgen Bartsch in seinen Delikten daher primär einem triumphalen Aggressionsrausch nachjagte und nicht einem sexuellen Orgasmus, kann anhand eines Briefzitates gezeigt werden. Der Orgasmus diente nur zur Ankurbelung der Aggression und nicht umgekehrt, wie das bei den meisten anderen Menschen der Fall ist, die vielleicht manchmal etwas heftiger zupacken, um ihre Lust zu steigern. Jürgen Bartsch schreibt:

"Welcher Trieb ist stärker, welcher leichter zu bändigen ? Und ich habe es bei den Taten ja zu spüren bekommen. Ich habe ja verschiedentlich onaniert, aber wer nun meint, na ja, dann wäre ich ja befriedigt gewesen, der irrt sich gewaltig. Nichts, aber auch gar nichts hat es bei den Taten geholfen, wo der Sadismus die Hauptrolle spielte. Für mich war das Onanieren ja schließlich (im Bett) in diesen Fällen beim Fantasieren nur eine Not-Ersatzhandlung ...

Einen Orgasmus, wie Sie ihn verstehen und beschreiben, habe ich bei den Taten nie erlebt. Anders bei dem Phantasieren im Bett. Da war jedesmal zum Abschluß ein Orgasmus dabei. Beim Phantasieren etwa meist beim Töten oder Zerschneiden des fiktiven Opfers. Was für mich folgendes bedeutet: Der Orgasmus beim Phantasieren war nur ein Ersatz, denn weil bei der eigentlichen Tat, der richtigen Tat kein Orgasmus stattfand, war er mir da scheinbar nicht wichtig, weil ich die Tat als eine Art ungeheuer in die Länge gezogenen Orgasmus betrachtete. Die Freude am Sadismus ist ja (schweres Atmen, starkes Lustgefühl) dem Orgasmus durchaus ähnlich. Ich halte beides durchaus für verwandt, den Empfindungen nach. Wann genau ich onaniert habe bei den Taten, das weiß ich nicht mehr. Wenn ich bei den fünf Taten dreimal onaniert habe, dann ist es schon viel. Ich habe meiner Erinnerung nach, gar nicht bei jeder Tat onaniert. Bei welcher ja, bei welcher nein? Auch das weiß ich heute nicht mehr" (Moor 1991, S. 365ff.).

Schlußbemerkungen

Die Lebensgeschichten der beiden pädophilen Männer, die hier vorgestellt wurden (Lewis Carroll und Jürgen Bartsch), liegen fast 100 Jahre auseinander. Sie veranschaulichen gleichzeitig zwei ganz unterschiedliche Pathologien, von denen die eine mehr der von Freud beschriebenen Perversionsmetapher entspricht, die auf dem Hintergrund einer neurotisch strukturierten Persönlichkeit verständlich wird, die andere läßt sich zunächst phänomenologisch viel besser mit dem Begriff der Paraphilie fassen, wie ihn das DSM-IV vorsieht und psychodynamisch einer Borderlinestruktur entspricht, beziehungsweise dem "malignen Narzißmus" wie er von Kernberg beschrieben wurde. Da sich aber Borderlinetherapie von der klassischen Neurosebehandlung unterscheidet, war es mir zunächst wichtig, diese unterschiedlichen Strukturen bei pädophilen Phänomenen herauszuarbeiten.

Literatur

Freud S (1905) Die sexuellen Abirrungen. In: Drei Abhandlungen zur Sexualtheorie. GW Bd 5, S 27 - 145

Giese H (1962) Leitsymptome sexueller Perversionen. In: Giese H (Hrsg) Psychopathologie der Sexualität. Enke, Stuttgart

Kernberg O (1992) Aggression in personality disorder and perversion. Yale Univ Press, New Haven

Khan MMR (1979) Alienation in perversion. Int Univ Press, New York

Moor P (1991) Jürgen Bartsch: Opfer und Täter. Das Selbstbildnis eines Kindermörders in Briefen. Rowohlt, Reinbek

Morgenthaler F (1974) Die Störung der Perversion in Metapsychologie und Technik. Psyche 28: 1077 - 1098

Reiche R (1996) Psychoanalytische Therapie sexueller Perversionen. In: Sigusch V (Hrsg) Sexuelle Störungen und ihre Behandlung. Thieme, Stuttgart, S 241 - 266

Reichert K (1976) Lewis Carroll, Briefe an kleine Mädchen. Insel, Frankfurt aM

Simon W (1995) Devianz als Geschichte: Die Zukunft der Perversion. Z Sexualf 8: 101 -122

Stoller R (1991) The term perversion. In: Fogel G, Myers WA (eds) Perversion and near-perversions in clinical practice. New psychoanalytic perspectives. Yale Univ Press, New Haven

Klinische Aspekte der Transsexualität

Friedemann Pfäfflin

Der Veranstaltungsort unserer Tagung in Lindau, früher Kirche bzw. Teil eines Klosters, inzwischen Theater, lädt geradezu dazu ein, Transsexualität zu thematisieren, war doch die Kirche über viele Jahrhunderte hinweg der einzige öffentliche Raum, in dem Männer legitimerweise transvestieren konnten, und das Theater der Ort, an dem menschliche Tragödien auf die Spitze getrieben, der Kampf der Menschen mit den Göttern, der Kampf der Generationen und der Kampf der Geschlechter ausgefochten wurden. Der Zuschauer ist gewöhnlich eingeladen zur Identifikation, oder er wendet sich entsetzt ab. Kalt läßt ihn jedenfalls nicht, was auf der Bühne des Lebens geboten wird. In modernen Theaterstücken und Filmen zählt die transsexuelle Thematik zu den fast unentbehrlichen Versatzstücken. Da heute klinische Aspekte der Transsexualität Thema sind, will ich meine jüngste Begegnung hier auf die Bühne bringen mit einem Mann, der mich vor kurzem zweimal aufsuchte. Der Patient war telefonisch angekündigt von einem Nervenarzt mit der Bemerkung, "es handelt sich um einen Transsexuellen".

Kasuistik

Fall A

Es erscheint ein knapp 30jähriger Mann, der mich als erstes an Iwan den Schrecklichen aus den Eisensteinfilmen erinnert: wilde Haare, ein Vier-bis-fünf-Tage-Bart und vorne am Kinn ein Spitzbart, merkwürdige, wache Augen und Mimik. Auf die Aufforderung zu sagen, was ihn herführt, verweist er auf den in unserer Ambulanz in der Abteilung Psychotherapie in Ulm üblicherweise vor den Interviews ausgegebenen Fragebogen, auf dem ich gelesen hatte "seelische, geistige und auch körperliche Probleme meiner Männlichkeit. Sie steigerten sich zum Verhältnis des Älterwerdens. Depressionen seit zehn Jahren, Männlichkeitskomplex seit siebzehn Jahren, Suizidgedanken, Amok (geistig) seit einem halben Jahr". Weiter sagt er, das Problem sei ihm in die Wiege gelegt, "seit ich denken kann". Im Verlauf des Gesprächs schildert er Masturbationsrituale, bei denen er sich ein Kissen zwischen die Beine klemmt und schaukelt und sich dann vorstellt, daß er eine Frau sei. Genau sagt er das nicht, man muß es mehr erahnen. Bei einem dieser Rituale hat er sich zu einem nicht näher bestimmten Zeitpunkt "das Ei verletzt", konnte tagelang nicht mehr laufen. Es war aber weder eine Schwellung noch eine Färbung noch irgend etwas anderes zu finden, als er den Arzt aufsuchte, der nichts objektivieren konnte, so daß sich der Patient nicht ernstgenommen fühlte. Daß er Frau sein will, wissen inzwischen drei Menschen, nämlich der Hausarzt, der überweisende Nervenarzt und ich. Mehr Menschen wollte er es nicht erzählen, denn dies gäbe, wie er sagt, "einen Sog", daß er sich noch weiter weiblich verhalten muß. "Anstatt daß die sich dann an mich kuscheln würden, stoßen sie mich ab", sagt er, "und ich schiebe einen Haß gegen die ganze Gesellschaft, weil mir keiner helfen will".

Der Gedankengang des Patienten ist sprunghaft und verschroben. So erklärt er zum Beispiel, die Welt sei flach, das könne er auch beweisen, das Universum sei ein axialer Raum usw. Er weiß aber, daß er, wenn er solche Erklärungen abgibt, schnell für verrückt erklärt wird. Jedenfalls ist ihm das schön öfter passiert. Deshalb deutet er es nur an.

Er hat dreizehn Geschwister von verschiedenen Vätern, von denen er nur die Hälfte kennt, die anderen waren im Heim. An Stabilem findet sich in seinen Schilderungen allein seine Tätigkeit in einem handwerklichen Beruf, der sehr viel mit Seiltanzen zu tun hat - ein Beruf, den er gerne ausübt. In seinem Lehrherrn hatte er einen Vaterersatz, ein Vorbild gefunden, hat aber später die Arbeit dort aufgegeben, weil er ausgenutzt wurde, bis zu sechzehn Stunden am Tag arbeiten mußte. Heute geht er geregelter Arbeit nach mit normalen Arbeitszeiten. Freunde hat er nicht.

Er möchte mehr Freude am Leben, mehr Unternehmungslust. Seit drei Monaten lebt er allein in einer eigenen Wohnung im Haus der Mutter; die wäscht und kocht für ihn, er bezahlt dafür, gibt ab, und die Mutter rechnet alles auf Heller und Pfennig nach. Seine Vorstellung, eine Frau zu sein, charakterisiert er als "Racheaktion gegen die ganze Welt", kommt dann auf sein Sternzeichen zu sprechen, schimpft auf die Ärzte, die ihn in seinem Wunsch, Frau zu sein, nicht unterstützen, die ihm sagen, daß das lange dauern wird.

Intime Freundschaften hatte er erst ganz wenige, alle vier bis fünf Jahre, jeweils nur kurz und ohne Verkehr. Sie waren nicht einfach, denn: "ich kann es der Frau nicht besorgen, wenn die sagt, 'mach's', dann bin ich dagegen". Überhaupt ist er grundsätzlich gegen alles, was ihm angetragen oder abgefordert wird. Schon als Kind hatte er sich von den Ärzten nicht gut verstanden gefühlt, hatte zum Beispiel einmal einen sehr dicken Hals, aber der Arzt hatte nichts gefunden und ihn nur darauf angesprochen, ob er seine Schulaufgaben vielleicht nicht machen will. Aus seiner Nase wurde schon eine "halbe Walnußschale herausgezogen, irgendein Knochen". Er hatte auch schon einmal einen Arzt aufgesucht, weil er "Glas im Auge hatte, es wurde aber nur Kalk entfernt, niemand hat das Glas gefunden".

Ich spreche ihn auf seinen Bart an, der doch zum Frausein schlecht passe, worauf er reagiert: "Eine Frau rasiert sich doch auch nicht im Gesicht. Einmal pro Woche rasieren, das muß reichen, das wächst nach. "Manchmal zupft er einzelne Haare aus, meint auch, man könne den Bart veröden lassen. Wir kommen noch einmal auf seine Nase zu sprechen. Er sagt, er kriegt durch die Nase keine Luft, das liege daran, daß er mit offenem Mund atme, daher die Fehlstellung der Zähne, und "man wollte mir die Zunge auch schon kleiner machen. Es ist ja klar, daß die Ärzte auch Geld verdienen wollen".

Alle meine Fragen nach depressivem Erleben, das er verbal so in den Vordergrund stellt und das nicht spürbar ist, gehen ins Leere. Suizidversuche hat er noch nicht gemacht, spricht aber davon, daß er in zehn Jahren nicht mehr leben will, wenn man ihm nicht hilft. An eine Behandlung, die ihm helfen könnte, Mann zu sein, hat er bisher noch gar nicht gedacht, findet meine Frage danach "interessant". Gefragt nach sexuellen Beziehungen zu Männern: "Ja, vor nicht allzulanger Zeit, aber schließlich schreckte ich zurück, ich bin zu fraulich. Wäre ich ein Mädchen gewesen, hätte die Mutter mich zur Adoption freigegeben."

Man weiß als Hörer an dieser Stelle nicht, ob der Patient dies als mögliches Glück oder Unglück meint. Er schildert, daß er in einem Frauenhaushalt aufgewachsen ist, der Opa stand nicht zur Verfügung, die Oma und die Schwestern und die Mutter, sechs Frauen, waren um ihn herum. Er schildert dann, wie er als Volksschüler eine dreiviertel Stunde lang von einer Religionslehrerin verdroschen worden war, und kommentiert "ich bin mein eigenes Leid. Was ich sage, ist nur ein Rachefeldzug". Seinen großen Haß führt er auf schlechte Erfahrungen zurück.

Ich frage ihn, ob er weiter bei dem überweisenden Nervenarzt in Behandlung bleiben will. Aber da will er nicht mehr hin, überhaupt nicht zu Ärzten, die ihm ja sowieso nicht helfen, oder ihm jedenfalls nicht helfen, sofort zur Frau zu werden. Das wird nachdrücklich gesagt, aber es ist gleichzeitig merkwürdig drucklos. Gegen Schluß erwähnt er noch einen ausgiebigen Drogengebrauch, alles habe er ausprobiert, zuletzt am vorausgehenden Wochenende Meskalin. Früher sei er - so wirkt er gar nicht - alkoholabhängig gewesen, davor habe er an Spielautomaten gespielt, immer habe er irgendeine Sucht gehabt. "Das alles hilft nur, das Problem, den weiblichen Drang, beiseite zu schieben. Es ist ein seelischer Drang, eine Frau zu sein, der immer stärker wird."

Auf mich wirkt die Art und Weise der Schilderung des Patienten wie Schilderungen anderer Patienten mit transsexueller Symptomatik, die sich in der längeren Verlaufsbeobachtung als psychotisch erwiesen hatten. Mir scheint eine kontinuierliche psychiatrische Behandlung erforderlich, einschließlich einer medikamentösen Behandlung.

Die den Patienten beunruhigenden Amokgedanken, die im letzten Jahr wohl stärker geworden sind, beunruhigen mich auch, und ich denke, man sollte sie ernst nehmen. Er selbst fürchtet sehr, irgendwann etwas Unkontrolliertes zu machen. Ich versuche, ihm die Notwendigkeit einer psychiatrischen Behandlung nahezulegen, aber er will davon gar nichts wissen.

Eher widerstrebend, ob es Sinn hat, gab ich ihm einen weiteren Termin, den ich aber bemerkenswerterweise in meinen Kalender nicht eintrug. So mußte ich am darauffolgenden Freitag den ganzen Nachmittag von anderen Terminen freihalten, weil ich zwar noch den Tag, aber nicht mehr die vereinbarte Uhrzeit erinnerte, und ich wollte den Patienten, der so explosiv auf mich gewirkt hatte, nicht dadurch provozieren, daß er warten mußte. Ich telefonierte mit dem Nervenarzt. Der hatte den Patienten nur sehr kurz gesehen, hatte gar nichts von einer psychotischen Symptomatik bemerkt, war ganz sicher, daß der Patient transsexuell war, denn damit konnte er begründen, daß er ihn nicht mehr sehen mußte, sondern ihn an mich abtreten konnte. Ich telefonierte mit dem Hausarzt, der sagte, er kenne den Patienten praktisch überhaupt nicht. Alle zwei Jahre komme er mal, wenn er eine Erkältung habe oder etwas ähnliches. Aber der Hausarzt, dem ich die Situation schilderte, fühlte sich sofort veranlaßt, zur Mutter, die bei ihm Patientin ist, zu gehen, und sie auf die kritische Situation ihres Sohnes aufmerksam zu machen. *Bei einem Patienten drei Reaktionen*: Ich alarmiert, aber zögernd, den Patienten zu nehmen, die Fehlleistung mit dem Termin belegt es; der Nervenarzt rationalisierend und abschiebend; der Hausarzt sofort zu Aktionen bereit.

Drei Thesen zur Transsexualität

1. Transsexualität ist die gemeinsame Endstrecke unterschiedlicher psychopathologischer Verläufe.
2. Geschlechtsumwandlungsbehandlungen sind ein möglicher Weg der Rehabilitation der Patienten.
3. Mehr noch als bei anderen Phänomenen, mit denen wir Psychotherapeuten zu tun haben, geht es bei der Transsexualität um interaktionelle Aspekte. Der Patient fordert uns auf: "Mache mich zu der, die ich zu sein behaupte, weil ich der, der ich bin, nicht sein kann."

Ausführliche Begründungen der ersten These finden sich bei Limentani (1979), Langer (1985) und Pfäfflin (1993, 1994), Belege für die zweite These, zu der später noch Daten genannt werden, bei Pfäfflin u. Junge (1992). Hauptsächlich geht es mir hier um die dritte These, d. h. um interaktionelle Aspekte und Gegenübertragungsreaktionen von Therapeuten, und deshalb sollen einige Ausführungen dazu am Anfang stehen.

Therapeut-Patient-Interaktion

In einer ausführlichen Fallschilderung, die sich mit der "transsexuellen Abwehr" auseinandersetzt, habe ich den in der dritten These genannten Aspekt in

Anlehnung an Hartmanns (1939) Unterscheidung von auto- und alloplastischer Adaptation als alloautoplastische Verschränkung bezeichnet (Pfäfflin 1993). In ihrer Aufforderung zum Handeln geht diese Form der induzierten Interaktion weit über das Maß normaler Gegenübertragungsreaktionen hinaus. Sie spielt nicht nur in der Interaktion mit Psychotherapeuten eine Rolle, sondern überall im Management der Transsexualität, dessen wesentliche klinische und außerklinische Bereiche in der folgenden Übersicht genannt sind.

Häufige klinische und außerklinische Interaktionsfelder

Psychotherapie, Psychologie und Psychiatrie
- Diagnostik u. Differentialdiagnostik
- Psychopathologie, Nosologie, Ätiologie
- Krisenintervention, Psychotherapie, Pharmakotherapie
- Suizidprophylaxe, Selbstbeschädigung, Sucht
- Familientherapie
- Forensische Psychotherapie und Psychiatrie
- Evaluation

Andere Kliniken
- Innere Medizin, Endokrinologie
- Chirurgische Fächer:
- Gynäkologie, Urologie, Plastische Chirurgie
- HNO-Klinik (Stimme), Dermatologie (Epilation)

Theoretische Fächer
- Ethik
- Medizinpsychologie u. Entwicklungspsychologie
- Epidemiologie
- Medizingeschichte
- Humangenetik

Außermedizinische Bereiche
- Recht
- Kriminologie
- Soziologie
- Ethnologie
- Selbsthilfeorganisationen

Beispielhaft sollen hier ausgewählte, häufig wiederkehrende Gegenübertragungsreaktionen angedeutet werden, die entsprechend die Interaktionen mit Transsexuellen bestimmen. *Im Bereich der Psychotherapie und Psychiatrie* wechseln die Einschätzungen zwischen massiver Pathologisierung, Entwertung, bis hin zur

Kriminalisierung ("psychopathologischer Steckbrief") einerseits, und andererseits Idealisierung Transsexueller als Vorhut im Kampf um die Überwindung starrer Geschlechtergrenzen. Je nach Position des Therapeuten im Spektrum der Voreinstellungen werden die Aussichten des Patienten auf eine hilfreiche therapeutische Beziehung steigen oder fallen. Meist kommt eine solche Beziehung nicht zustande, wenn der Therapeut im Erstgespräch sagt: "Solange Sie Ihren Wunsch nach einer Geschlechtsumwandlung nicht aufgegeben haben, kann ich Ihnen eine Psychotherapie nicht anbieten". Leitete man früher aus Selbstbeschädigungen und Autokastrationen eine nahezu zwingende Operationsindikation ab, weil der Leidensdruck des Patienten so groß war, sagt man heute genau umgekehrt: Wer so etwas macht, ist eher psychosenah, und man darf ihn nicht operieren. Randell, ein Psychiater der frühen Zeit in der Behandlung Transsexueller in England, der sich sehr für die Patienten einsetzte und sie in ihrem Operationswunsch auch unterstützte, rief ihnen später nach: "Ihr seid doch nur kastrierte Männer" (Randell 1969). Beantragen Transsexuelle eine Vornamens- und/oder Personenstandsänderung nach Transsexuellengesetz, brauchen sie Gutachten. Hier, wie auch in Sozialgerichtsverfahren, in denen es um Kostenübernahme für die Behandlung geht, hängt der Ausgang sehr von der Voreinstellung der Gutachter, seien es Forensische Psychiater und Psychotherapeuten oder andere Ärzte, ab.

Weil zur psychotherapeutischen Fachausbildung Selbsterfahrung gehört, darf man voraussetzen, daß Psychotherapeuten merken, wenn sie sich mit Patienten verstricken, sich mit deren Anliegen identifizieren oder es zurückweisen. Sie sind geschult, die interaktionellen Kräfte zu erkennen und therapeutisch zu nutzen. Weil jedoch, zumindest in den dynamisch orientierten Therapien, Handlungen des Patienten oder Handlungen des Therapeuten für und mit dem Patienten schnell dem Verdacht unterliegen, es werde agiert, und weil Agieren überwiegend negativ besetzt ist, werden Patienten mit transsexuellem Begehren oft erst gar nicht in Psychotherapie genommen. Ihr Anliegen wird nicht als kreative Phantasie verstanden, sondern als pathologischer Wunsch entwertet. Kollegen, die den Geschlechtsumwandlungswunsch aktiv fördern, indem sie z. B. Kostenübernahmeanträge für somatische Behandlungen stellen, unterliegen derselben Bewertung, und nur der Psychotherapeut, der sich zum Ziel setzt, den Patienten dazu zu bewegen, seinen Geschlechtsumwandlungswunsch aufzugeben, gilt als koscher. Übersehen wird dabei, daß unter dieser Voraussetzung ein tragfähiges Arbeitsbündnis in den meisten Fällen gar nicht zustande kommen kann. Denn auch der Psychotherapeut, der sich gar nicht auf Patienten mit transsexueller Symptomatik einläßt, entgeht der Verstrickung nicht.

Auch in den *anderen klinischen Bereichen* gibt es viele Beispiele für Verstrickungen. Unter dem Gesichtspunkt der Handlungsaufforderung und der hohen Ambivalenz, die die Patienten haben und die sich bei den Behandlern widerspiegelt, ist die Geschichte der *endokrinologischen Behandlung* Transsexueller aufschlußreich. Die ersten Transsexuellen wurden mit gleichgeschlechtlichen Hormonen behandelt in der Hoffnung, die zu ihrem somatischen Ausgangsgeschlecht passende Geschlechtsidentität zu stärken. Heute wird Transsexualität nicht selten erstmals beim Hausarzt, Internisten oder Endokrinologen diagnostiziert durch die probeweise Verabreichung gegengeschlechtlicher Hormone. Registriert der Patient die dadurch bewirkten körperlichen Veränderungen mit Befriedigung, werten die Ärzte dies als ausreichenden Beleg seiner Transsexualität. Zur Illustration von Verstrickungen in der Gynäkologie, Chirurgie und Urologie, die als *operative Fächer* zusammenzufassen sind, mag die folgende Kasuistik dienen, obwohl sich das Beispiel noch im Vorfeld operativer Eingriffe bewegt.

Fall B

Ein Urologe überwies mir einen etwa 40jährigen Patienten, den er sechsmal gesehen hatte. Er hatte ihn bereits einem Neurologen vorgestellt und einer Chirurgin, die ihm schon weibliche Hormone verordnet hatte. In seinem Überweisungsschreiben heißt es:

"Im Folgenden werden die Gründe dargelegt, die eine Geschlechtsumwandlung als möglicherweise sinnvoll erscheinen lassen:

1. Es erfolgte der Ausschluß einer organisch bedingten erektilen Dysfunktion. Der Patient gibt an, er habe seit etwa seinem vierzehnten Lebensjahr keine Erektion mehr gehabt. Zu einer Ejakulation sei es bei ihm noch nie gekommen. "(Deshalb hatte der Urologe einen SKAT-Test gemacht. Die Abkürzung SKAT steht für Schwellkörperautoinjektionstherapie, d. h. die Injektion vasoaktiver Substanzen, wie z. B. Opiat- oder Prostaglandinderivate, in die Schwellkörper, die dann bei funktionell intaktem Gewebe zu einer Erektion führt. Im SKAT-Test hatte sich jeweils bereits bei geringen Dosierungen eine vollständige Erektion über drei bzw. sogar über acht Stunden eingestellt, und der Patient hatte starke Schmerzen bekommen. Der Kollege hatte es also bis zum Priapismus getrieben, und er schloß daher unter Verweis auf weitere somatische Untersuchungsergebnisse): "Eine organische Ursache der erektilen Dysfunktion ist also unwahrscheinlich."... "Der Patient gibt hierzu an, daß er auch subjektiv Erektionen nicht wünscht, da sie zu seinem weiblichen Naturell nicht passen würden". Ich bat den Patienten "zur weiteren Abklärung eine Spermaprobe mittels Masturbation nach den SKAT-Injektionen zu gewinnen. Dies gelang ihm jedoch nicht." (Dann muß er ja wohl transsexuell sein!)

2. "Der Patient versuchte, von sich aus seit ca. 4 Monaten nach zwei gescheiterten kurzen Beziehungen zu Frauen über eine Prostituierte zu einem befriedigenden Sexualleben zu gelangen. Es entstand hierbei wohl eine gefühlsmäßige Bindung zu ihr, und der Patient ist jetzt offensichtlich auch zeitweise bei ihr eingezogen. Jedoch scheiterte die Frau mit ihren verschiedenen Versuchen, ihn sexuell zu erregen, selbst mit Rollenspielen. Sie schlug ihm eine psychiatrische Behandlung vor, nachdem ihr auffiel, daß er sich am wohlsten in Frauenkleidern fühlt, und sie auch aus mehreren Details zu erkennen glaubt, daß er sich mit einem Leben als Frau wesentlich besser identifizieren könnte. Die Prostituierte hat für den relativ hilflos auftretenden Mann mittlerweile so etwas wie eine Mutterrolle übernommen."

Sie war es, so erfährt man aus dem Brief weiter, die den Urologen telefonisch um Rat fragte, der noch am selben Tag beide einbestellte und als Eindruck notierte: "Die Frau machte durchaus den Eindruck, als würde sie sich um ihn sorgen. Er öffnete sich ihr gegenüber weitgehend, berichtete ihr, daß er sich im Laufe der letzten Monate bereits zweimal in einen Mann verliebt hatte. Da er jedoch wegen des Vorhandenseins seines männlichen Geschlechtsorgans keine sexuelle Annäherung wagte, war er sehr unglücklich. Er gab an, gegenüber diesen beiden Männern ein verliebtes Glücksgefühl zu haben, das er mit einer Frau nie empfinden könnte. Die Prostituierte sagte, sie sei bei ihm mit ihrer Kunst am Ende. Sie habe sogar versucht, ihm mit Hilfe von Abbildungen von nackten Männern eine Erektion beizubringen. Dies gelang auffälligerweise ebenfalls nicht."

In diesem Stil geht der Brief weiter. Er wird hier zitiert, um zu zeigen, wie die Diagnose Transsexualität ex negativo einer Erektion gestellt und danach gleich eine gegengeschlechtliche hormonelle Behandlung eingeleitet wurde. Immer wieder trifft man auf Patienten, die vor jeglichem Kontakt mit einem Psychotherapeuten oder Psychiater einen Chirurgen aufgesucht haben, der meinte, ihnen etwas Gutes getan zu haben, wenn er ihren Operationswunsch (in milderen Fällen: Verkleinerung des Adamsapfels; in gravierenderen Fällen sogar schon Brust- oder Penisamputation) erfüllte.

Selbst in den *theoretischen Fächern der Medizin* sowie in den *außermedizinischen Bereichen* bleiben die Verstrickungen nicht aus. Als Beispiel möge hier der Widerspruch genügen, daß bei der Diskussion der Homosexualität mit guten Gründen behauptet wird, Geschlechtsidentität und sexuelle Orientierung seien im Prinzip in der Pubertät weitgehend abgeschlossen und dann auch unveränderbar, daß aber andererseits bei den Transsexuellen immer wieder die Forderung erhoben wird, man müsse sie alle psychotherapeutisch behandeln, denn schließlich handele es sich um ein seelisches Problem. In der Forderung impliziert ist die Erwartung, hormonelle und chirurgische Eingriffe würden nach psychotherapeutischer Behandlung generell entbehrlich.

Behandlungsergebnisse

Die Psychotherapeuten sind derzeit sehr mit der Wirksamkeitsforschung und dem differentiellen Effektivitätsnachweis psychotherapeutischer Interventionen befaßt. Darüber wird seit etwa vierzig Jahren geforscht, und es gibt ungefähr viertausend empirische Ergebnisberichte (vgl. Grawe et al. 1994 und die Diskussion dazu). Über die Auswirkungen von Geschlechtsumwandlungen wird erst seit etwa dreißig Jahren in ähnlicher Weise geforscht. Entsprechend der weitaus geringeren Zahl transsexueller Patienten ist die Zahl der empirischen Arbeiten über postoperative Verläufe geringer. In einer Übersichtsarbeit über die Nachuntersuchungen operierter Transsexueller aus den Jahren 1961 bis 1991 (Pfäfflin u. Junge 1992) ist aber immerhin der postoperative Verlauf von etwa 1000 bis 1500 Mann-zu-Frau-Transsexuellen und 400-560 Frau-zu-Mann-Transsexuellen erfaßt (wegen Stichprobenüberschneidungen ist die genaue Zahl nicht exakt ermittelbar). Faßt man die Ergebnisse global zusammen, läßt sich erstens feststellen, daß positive Effekte der geschlechtsumwandelnden Maßnahmen negative bei weitem übertreffen, und zweitens, daß Frau-zu-Mann-Transsexuelle durchschnittlich besser abschneiden als Mann-zu-Frau-Transsexuelle. Die einzelnen Nachuntersuchungen stimmen in diesen Einschätzungen überein, unabhängig davon, ob die jeweiligen Autoren Geschlechtsumwandlungen als ultima ratio oder als Behandlung der Wahl einschätzen. Durchschnittlich liegen die positiven Effekte bei etwa zwei Drittel der behandelten Patienten. Bei manchen Patienten verändert sich das Befinden nicht. Unbefriedigende Ergebnisse finden sich bei 8 bis 13 Prozent der Mann-zu-Frau-Transsexuellen und bei 3 bis 10 Prozent der Frau-zu-Mann-Transsexuellen. Die höchste Rate schlechter Ergebnisse (etwa ein Drittel) findet sich in einer Nachuntersuchung aus Schweden, wobei zu berücksichtigen ist, daß es sich in jener Stichprobe um Patienten handelte, die unter sehr ungünstigen Bedingungen und unzureichend behandelt wurden, so daß sie irgendwo zwischen den Geschlechtern hängenblieben.

Wirkfaktoren

Im einzelnen konnten sieben voneinander unabhängige Faktoren isoliert werden, die zu einem günstigen Behandlungsergebnis beitragen. Die folgende Aufzählung stellt keine Rangfolge dar:

1. Kontinuierlicher Kontakt mit einem Behandlungsprojekt.*
2. Der sog. Alltagstest, das heißt das Leben in der gegengeschlechtlichen Rolle, noch ohne somatische Behandlung.
3. Die gegengeschlechtliche Hormonbehandlung.
4. Psychiatrische und/oder psychotherapeutische Behandlung.
5. Chirurgische Behandlung.
6. Die Qualität der chirurgischen Behandlung.
7. Die juristische Anerkennung der neuen Geschlechtsrolle.

Risikofaktoren

Die Wahrscheinlichkeit unbefriedigender Ergebnisse steigt, wenn die folgenden Faktoren vorliegen: psychotische Episoden; geistige Behinderung; instabile Persönlichkeit; akuter Alkohol- und Drogenmißbrauch; strafbare Handlungen; Unfähigkeit, für den eigenen Unterhalt aufzukommen; mangelnde familiäre Unterstützung; weiter Anfahrtsweg zum Behandlungszentrum, so daß nur sporadische Kontakte möglich sind; ausgeprägt geschlechtsspezifisches körperliches Erscheinungsbild, das es erschwert, in der anderen Geschlechtsrolle zurechtzukommen; langer Militärdienst; starkes sexuelles Interesse und viel heterosexuelle Erfahrung; fortgeschrittenes Lebensalter bei Behandlungsbeginn. Für sich allein genommen, ist keiner dieser Faktoren ein Argument gegen eine geschlechtsumwandelnde Behandlung. Bei den wenigen Patienten jedoch, die nachträglich die Behandlung bereuten, fanden sich durchschnittlich sieben bis acht dieser Faktoren im Vergleich zu durchschnittlich nur 2, 8 bei jenen, denen es nach der Behandlung deutlich besser ging als zuvor.

Psychotherapie

Die Frage, wozu Psychotherapie für Patienten mit transsexueller Symptomatik gut sein soll, kann mit sehr unterschiedlichem Tonfall gestellt werden. In *provozierender Weise* wird sie manchmal von Patienten an die Adresse von Psycho-

---

* Dies geht zurück auf die Untersuchungen an der Johns Hopkins Universitätsklinik in Baltimore, die Mitte der 60er Jahre die erste Geschlechtsidentitätsklinik an einer amerikanischen Universität einrichtete, der es im wesentlichen auf Forschungs- und nur am Rande auf Behandlungsfragen ankam.

therapeuten gerichtet, v. a., wenn die Patienten befürchten, man wolle ihnen ihre Transsexualität wegtherapieren, wegerklären, wo diese doch gerade für sie das Versprechen eines Auswegs aus ihrer Misere und die Aussicht auf einen Neuanfang darstellt. Kürzlich wollte mir ein Patient, den ich für die Vornamensänderung begutachten sollte, über seine Vergangenheit aus eben diesem Grund überhaupt nichts erzählen. Es gibt einige Selbsthilfeorganisationen, z. B. die *International Transgender Law and Occupation Association* in Houston, Texas, die Psychotherapie für Transsexuelle prinzipiell ablehnen und in ihren *Standards of Care* nicht einmal erwähnen. Sie fordern statt dessen freien Zugang zu geschlechtsumwandelnden, hormonellen und chirurgischen Eingriffen einfach auf Wunsch, und sie meinen, Ärzte, die dies nicht bereitstellen, begingen einen Kunstfehler.

Die führende internationale und interdisziplinäre Fachgesellschaft auf dem Gebiet der Geschlechtsidentitätsstörungen, die *Harry Benjamin International Gender Dysphoria Association, Inc.*, verabschiedete erstmals 1979 Behandlungsrichtlinien bzw. *Standards of Care*, deren Ziel war, den Zugang zu hormoneller und chirurgischer Behandlung verantwortlich zu gestalten. Psychotherapie wurde dort nur am Rande thematisiert. Die derzeit gültige Fassung dieser Standards ist im Anhang des von Clement und Senf herausgegebenen Buches abgedruckt (Clement u. Senf 1996, S. 103-115). Eine gründlich überarbeitete Neufassung, die psychotherapeutische Aspekte stärker berücksichtigt, befindet sich in Vorbereitung und wird im September 1997 beim XV. *Harry Benjamin International Gender Dysphoria Symposium* in Vancouver veröffentlicht werden.

Die Frage, wozu Psychotherapie, kann man auch im *Tonfall der Resignation* stellen. Wozu soll Psychotherapie gut sein, wo sie doch gar nichts bewirken kann? Wenn der Patient gar nicht verstehen will, was ihn bewegt, und sein Verlangen nach Geschlechtsumwandlung in keinem Fall aufgeben will? Dieser Tonfall findet sich nicht selten bei überzeugten Psychoanalytikern, die sich ein- oder auch mehrmals vergeblich dieses Ziel gesetzt hatten.

Man kann die Frage auch stellen im *Tonfall des überheblichen Triumphs*: Ihr seht doch, daß Psychotherapie nicht hilft. Laßt uns also um so schneller zum Messer greifen. Man kann die Frage entwerten und *als irrelevant beiseite schieben*, weil man das Erschrecken über oder die Identifikation mit dem transsexuellen Wunsch verleugnet und sich mit diesem Wunsch nur in rationalisierender Weise auseinandersetzen kann, z. B. mittels somatischer Ätiologiemodelle, die alle paar Jahre neu aufgelegt werden. Mal ist es die intrauterine Hormonbalance, die sich prägend im kindlichen Gehirn niederschlagen soll, mal wird dem H-Y-Antigen die kritische Funktion zugeschrieben, neuerdings sind es Unterschiede im Bed Nucleus des Hypothalamus, die für späteres gegengeschlechtliches Selbsterleben verantwortlich gemacht werden und die dann somatische Behandlung legitimieren.

Schließlich kann man die *Frage ernst nehmen* und sachlich diskutieren unter Berücksichtigung der eben erwähnten Antwortmöglichkeiten. Das soll im folgenden geschehen unter Berücksichtigung der unterschiedlichen Verläufe transsexueller Symptombilder: Nur die allerwenigsten Patienten berichten über konfliktfreie Entwicklungen zur Transsexualität und selbst bei jenen, die dies tun, entpuppt sich die angebliche Konfliktfreiheit im längeren Gespräch als Abwehr und Rationalisierung. Die neuerdings modische Normalisierung der Transsexualität ist zwar politisch und unter rehabilitativen Gesichtspunkten gut und wünschenswert, enthält jedoch viel Verleugnung. Die Suizidalität ist unter den Patienten hoch. Heute eher selten zu beobachten sind Selbstverstümmelungsversuche, aber sie zeigen die Psychosennähe. Rückumwandlungsbegehren sind zwar sehr selten, aber auch aus naheliegenden Gründen von den Patienten kaum einzugestehen. Unbehandelte Patienten unterscheiden sich in testpsychologischen Erhebungen, die Neurotizismustendenzen erfassen, erheblich von Patienten während oder nach Abschluß der Behandlung (Pfäfflin 1993).

Beispielhaft herausgegriffen werden sollen hier nur die Ergebnisse einer Vergleichsuntersuchung mit dem *Bem Sex Role Inventory (BSRI)*, einem Instrument, das Geschlechtsrollenstereotype erfaßt und das, wenn auch mit Vorbehalten, benutzt werden kann, um annähernd das komplexe Konstrukt der Geschlechtsidentität zu operationalisieren und zu quantifizieren. Anders als die bisher gebräuchlichen Maskulinitäts-Feminitäts-Skalen, die Männlichkeit und Weiblichkeit als Gegenpole eines Kontinuums erfassen, konzeptualisiert das BSRI sie als zwei unabhängige Dimensionen, die gleichermaßen zur Beschreibung desselben Individuums herangezogen werden können. Vom klinischen Bild her wird man erwarten, daß sich unbehandelte Mann-zu-Frau-TS als sehr weiblich und wenig männlich einschätzen. Dies trifft tatsächlich zu. Mit dem klinischen Eindruck der Geschlechtsneutralität sind auch die Meßergebnisse bei unbehandelten Frau-zu-Mann-TS vereinbar, denn diese schätzen sich selbst sowohl auf der Männlichkeits- wie auf der Weiblichkeitsskala sehr niedrig ein. Bei Vergleichsgruppen Transsexueller, die die Geschlechtsumwandlung schon durchschnittlich drei Jahre hinter sich haben, findet sich nun einerseits das erwartete Ergebnis, daß sie sich auf der jeweils ihrem aktuellen Leben entsprechenden geschlechtsspezifischen Dimension hoch einschätzen, d. h., die nunmehr anerkannt als Frauen lebenden früheren Mann-zu-Frau-TS schätzen sich als sehr weiblich ein, und die nunmehr anerkannt als Männer lebenden früheren Frau-zu-Mann-TS schätzen sich entsprechend als sehr männlich ein. Unerwartet aber war das Ergebnis, daß auch die ihrem Ausgangsgeschlecht entsprechende Dimension statistisch signifikant höher lag als bei nichtklinischen Gruppen des jeweiligen Ausgangsgeschlechts (Pfäfflin 1993, 1995). Das paradox erscheinende Ergebnis besagt mit anderen Worten: die der ursprünglichen Anatomie entsprechende Geschlechtsrollen- bzw. Geschlechtsidentitätsdimension entfaltet sich um so mehr, je mehr der Patient in der entgegengesetzten Geschlechtsrolle Anerkennung erfährt. Was bisher abgewehrt werden mußte, kann sich nun nachträglich entwickeln.

Dies wird mit Sicherheit nicht allein durch die somatischen Behandlungen allein bewirkt. Die Anerkennung als gegengeschlechtlich empfindender Mensch durch andere schafft Freiräume, sich selbst und eigene abgewehrte oder nur rudimentär entwickelte Selbstaspekte mehr anzunehmen. Langjährige klinische Erfahrung belegt, daß Patienten, die in Psychotherapie waren, langfristig die bessere Prognose haben. Dies gilt unabhängig davon, ob sie sich zur somatischen Behandlung entschließen oder nicht. Im übrigen gibt es eine beachtliche Zahl von Patienten mit transsexueller Symptomatik, die entweder spontan oder im Verlauf psychotherapeutischer Behandlung von den somatischen Behandlungen dauerhaft Abstand nehmen - in der eigenen Stichprobe etwa ein Drittel -, man darf sich dies nur nicht selbst zum Ziel setzen.

Manchmal hilft es herauszufinden, wie man Psychotherapie besser anwenden kann, wenn man untersucht, wie man sie diskreditiert. Die beste Methode, die Wirksamkeit von Psychotherapie hinsichtlich der Behandlung transsexueller Patienten zu diskreditieren, ist die Alternativdiskussion: Entweder Psychotherapie oder Operation. Patienten von vornherein vor diese Alternative zu stellen in dem Sinne: "Ich nehme Sie nur dann in Psychotherapie, wenn Sie mir versichern, daß Sie während der Therapie keine Hormone nehmen und sich nicht operieren lassen", hat bei vielen Patienten, die ich gesprochen habe und die zuvor bei Psychotherapeuten waren, zum unmittelbaren Abbruch der Kontakte geführt. Die zweitbeste Methode ist die, von Probetherapie zu sprechen, etwa unter dem Vorzeichen: "Wenn diese Therapie gescheitert ist, dann dürfen Sie sich operieren lassen." Zu nennen sind hier auch die verschiedenen Auflagen: In Österreich wird neuerdings gefordert, daß jeder transsexuelle Patient mindestens fünfzig Stunden Psychotherapie nachweisen muß, bevor er zu somatischen Behandlungen zugelassen wird. Mit solchen Erfordernissen wird Psychotherapie zur formalen Hürde, und es ist naheliegend, daß dies den Widerstand erhöht, sich mit sich selbst in konstruktiver Weise auseinanderzusetzen.

Erstkontakte und -interviews

Da die Weichenstellung für den weiteren Verlauf meist schon beim ersten Kontakt erfolgt, erscheint es sinnvoll, sich klinische Beispiele solcher Erstkontakte vor Augen zu führen.

Fall C

Ein Arzt berichtete über seine viele Jahre zurückliegende erste Begegnung mit einem transsexuellen Patienten. Damals gab es noch kaum öffentliche Berichte über Transsexualität, und das Phänomen war auch in Mediziner- und Therapeutenkreisen noch weitgehend unbekannt. Orientiert an dem ihm von der Sprechstundenhilfe hereingereichten Überweisungsschein, erwartete der Arzt einen Mann und war vollkommen perplex, als eine eindrucksvolle Dame ins Sprechzimmer trat, eine Pistole aus ihrer Handtasche zog, auf ihn anlegte und sinngemäß sagte: "Wenn Sie nicht sofort ein Gutachten für eine Geschlechtsumwandlungsoperation ausstellen, dann knallt's."

Dramatischer kann eine Arzt-Patient-Begegnung kaum beginnen. Was fühlen Sie, wenn Sie sich in die Situation des Arztes versetzen? Angst? Erschrecken? Entsetzen? Was hätten Sie getan? Im Zuge eingeübter Selbstverteidigung reflexartig der Dame den Revolver aus der Hand geschlagen? Oder hätten Sie um Hilfe geschrien? Oder hätten Sie versucht zu fliehen? Oder wären Sie im Sinne einer Reaktionsbildung unterwürfig bis freundlich geblieben und hätten der Dame einen Platz angeboten? Es sind viele Reaktionen denkbar.

Zu Ihrer Beruhigung: Der Arzt erfreut sich guter Gesundheit, und es gibt ausreichend Hinweise für die Vermutung, daß die Geschichte frei erfunden ist. Um so mehr ist aber zu fragen, was ihn veranlaßt haben mag, die Geschichte mitzuteilen, und was er damit zum Ausdruck bringen wollte. Offenbar hat ihm die Konfrontation mit transsexuellen Wünschen einen großen Schrecken eingejagt. Bemerkenswert an seiner Schilderung ist ferner, daß er dem Patienten alle Schuld an diesem Schrecken zuschiebt. Worüber ist er aber so erschrocken, wenn es sich um eine Phantasiegeschichte handelt? Könnte es sein, daß er sich in seiner eigenen männlichen Identität angegriffen und in Frage gestellt erlebte? Oder könnte es sein, daß er aufgrund eigener unbewältigter Entwicklungskrisen grundsätzlich vor Frauen Angst hat, so daß er sie sich auch nur als phallische Frauen, als *pistoleras*, vorstellen kann?

Fall D

Eine Internistin, die einen schwer depressiven jungen Mann mit dem gleichen Anliegen wie die eben geschilderte Fata morgana in ihrer Sprechstunde sah, wobei dieser junge Mann sein Anliegen sehr leise und flehend, nicht fordernd, vortrug, war davon so angerührt, daß sie das Leiden des Patienten nicht aushalten, nicht mit ansehen konnte und sich sofort zu praktischen Lösungen aufgefordert fühlte. Sie schickte ihn mir mit folgendem Begleitschreiben: "Sehr geehrter Herr Kollege, der oben genannte Patient wünscht eine Geschlechtsumwandlung und meldet sich bei Ihnen wegen eines Gutachtens. Bitte informieren Sie mich, ob diese Geschlechtsumwandlung zu Lasten der Krankenkasse möglich ist und ob eine Behandlung meinerseits juristisch einwandfrei ist, wenn der Patient schriftlich zustimmt. Weiterhin benötige ich die Angabe, ob und wieviel östrogenhaltige Materialien und wie lange in welcher Dosierung gespritzt werden müssen."

Die Kollegin versuchte also, die Krise, in die sie durch diese Begegnung gestürzt wurde, administrativ zu lösen. Daß der junge Mann kam und sagte, "ich kann kein Mann sein, helfen Sie mir, ich halte es nicht mehr aus, ich kann so nicht mehr leben", rückte ihr offenbar so sehr auf den Leib, daß sie gegen den ansteckenden depressiven Affekt sofort Aktivitäten ergriff und den Wunsch des Patienten für bare Münze nahm, dessen Hintergründe jedoch nicht mehr untersuchte und nicht einmal mehr den Konsiliarius zu dieser Untersuchung aufforderte. Ihre Irritation und ihr Zweifel kommen nur noch in der scheinbar neutralen Frage zum Ausdruck, ob eine Behandlung ihrerseits juristisch einwandfrei ist.

Eine weitere, sehr viel konstruktivere Variante, wie der Therapeut auf die Irritation, die er bei der Forderung des Patienten auf die Überweisung zur Geschlechtsumwandlung erlebt, reagieren kann, findet sich bei Herold (1994), ein Text, der in eindrucksvoller Weise nachzeichnet, wie trotz eigener gravierender Vorbehalte gegen die expliziten Wünsche des Patienten ein Weg gefunden werden kann, gemeinsam zu arbeiten.

Ziele der Psychotherapie

Ziele der Psychotherapie sind, den Patienten zu verstehen und ihm dadurch zu ermöglichen, sich selbst besser zu verstehen. Viele haben gar keinen Zugang zu ihrem eigenen Leiden, zu ihrer oft sehr ausgeprägten Depressivität und/oder Aggressivität, weil diese ganz in der Abwehr der transsexuellen Phantasie gebunden sind und alle Konflikte nur dem "falschen Körper" attribuiert werden. Angesichts häufig, wenn auch nicht immer vorhandener massiver Identitätswiderstände erscheint es daher vordringlich, mit der Abwehr des Patienten mitzugehen und seine Selbstheilungsversuche bzw. seine Suche nach Kompromißbildungen in ihrem konstruktiven Charakter zu erkennen und anzuerkennen. Wahrnehmungserweiterung hinsichtlich der sozialen Bezüge und Förderung von Symbolisierungsfähigkeit durch häufige Anwendung von Metaphern, angepaßt den Verständigungsmöglichkeiten mit dem Patienten sind weitere wichtige Ziele und Wege zu einem therapeutischen Arbeitsbündnis. Im übrigen gelten die generellen Regeln der Psychotherapie, wobei bei diesen Patienten vielleicht noch stärker als bei anderen die heftigen Gegenübertragungsgefühle und -reaktionen bearbeitet werden müssen.

Anfang, Ende und Dauer von Psychotherapie

Im Prinzip ist jeder Zeitpunkt recht, zu dem der Patient kommt. Manche Patienten, die ich über Jahre begleitet habe und die sich operieren ließen, waren erst viel später, Jahre nach der Operation, zu produktiven Psychotherapien in der Lage.

Fall E

Ein Patient, der andernorts vier Jahre Psychotherapie gemacht hatte, suchte mich auf mit der Frage: "Ich weiß nicht, ob ich verrückt bin oder transsexuell. Ich will eine Diagnoseabsicherung. "Diese Alternative ist bemerkenswert. Es könnte auch heißen: "Ich weiß nicht, ob ich verrückt bin, *weil* ich transsexuell bin. "Aber er sagte: "Ich weiß nicht, *ob* ich verrückt bin *oder* transsexuell. "Er sagt, der Drang, Frau zu sein, sei sehr stark. Aber er kann sich immer wieder davon distanzieren, läßt sich beeinflussen und dadurch wieder abbringen. Aktuell läßt er sich abbringen von seiner derzeitigen Partnerin, die er seit einigen Monaten kennt und die zwei Kinder hat. Er hatte sie in einer Kaffeestunde nach einer Transsexuellengruppe kennengelernt. Sie hatte ihn zunächst für einen Transvestiten gehalten, hatte sein Transvestieren als 'spleenigen Klamottenfimmel' abgetan. "Und jetzt fordert die von mir den Mann". Das bringt den Patienten in Konflikt, denn er hat schon häufiger nachgegeben, wenn Frauen etwas von ihm forderten: "Aufgrund von Wünschen von Frauen habe ich meinen eigenen Wunsch, Frau zu sein, immer wieder unterdrückt. "Zu meiner Überraschung antwortet er auf meine Frage, wann das angefangen hat: "Erstmals im Alter von vier Jahren." Damals wollte er von seiner Mutter auch Strumpfhosen haben, wie sie die zwei Jahre jüngere Schwester selbstverständlich bekam. Die Mutter hielt ihm entgegen: "Die Jungen machen so etwas nicht. "Diese Antwort erlebte er als Zurückweisung, als "geballte Kraft, die sich mir entgegenstellte". Mir kam das vor wie eine eigene Erklärung des Patienten für den Anfang der Symptomatik. Er selbst faßte es jedoch nicht als Erklärung auf. Er hatte nämlich gesagt, "das Anziehen von weiblicher Kleidung war eine Form, mir Zuneigung zu geben". Über diese Formulierung war ich sehr erstaunt und brachte ihm gegenüber meine Verwunderung zum Ausdruck, indem ich vermutete, daß doch ein Vierjähriger am ehesten Zuneigung von den Eltern erwarten würde. Seine Antwort: "Meine Mutter hat immer gesagt, ich sei heißgeliebt, aber ich spürte es nicht."

In den letzten Wochen vor dem Gespräch hatte der Patient wieder als Mann gelebt, einerseits wegen Partnerschaftsproblemen, andererseits aus Rücksicht auf die beiden Kinder der Freundin, insbesondere des dreijährigen Sohnes, in dem er sich selbst als Kind wiedererkannte. Er erlebt diesen Sohn "verloren wie ich als Kind". Ihm will er eine männliche Identifikationsfigur bieten, obwohl er es eigentlich nicht recht kann und es fast wie eine Schauspielerei erlebt. Dort, an dieser Stelle, so schien mir, mußte man ihn abholen, um ihm zu ermöglichen, aus der Rolle des Schauspielers eines Mannes zum Mann zu werden, von der Bühne des Theaters auf die Bühne des Lebens zu wechseln.

Literatur

Clement U, Senf W (Hrsg) (1996) Transsexualität. Behandlung und Begutachtung. Schattauer, Stuttgart New York

Grawe K, Donati R, Bernauer F (1994) Psychotherapie im Wandel. Von der Konfession zur Profession. Hogrefe, Göttingen Bern Toronto Seattle

Hartmann H (1939) Ich-Psychologie und Anpassungsproblem. Nachdruck. Klett, Stuttgart

Herold R (1994) Transsexualität: Die Phantasie des Geschlechtswechsels. In: Frank C (Hrsg) Wege zur Deutung. Westdeutscher Verlag, Opladen, S 167-198

Langer D (1985) Der Transsexuelle: Eine Herausforderung für die Kooperation zwischen psychologischer und chirurgischer Medizin. Fortschr Neurol Psychiat 53 : 67-84

Limentani A (1979) The significance of transsexualism in relation to some basic psychoanalytic concepts. Int Rev Psychoanal 6 : 139-153

Pfäfflin F (1993) Transsexualität. Beiträge zur Psychopathologie, Psychodynamik und zum Verlauf. Enke, Stuttgart

Pfäfflin F (1994) Zur transsexuellen Abwehr. Psyche 48 : 904-931

Pfäfflin F (1995) Transsexualität. Die Trennung von Anatomie und Schicksal? In: Szanya A (Hrsg) Elektra und Ödipus. Von Penisneid und Kastrationsangst. Picus, Wien, S 196-210

Pfäfflin F, Junge A (1992) Nachuntersuchungen nach Geschlechtsumwandlung. Eine kommentierte Literaturübersicht 1961-1991. In: Pfäfflin F, Junge A (Hrsg) Geschlechtsumwandlung. Abhandlungen zur Transsexualität. Schattauer, Stuttgart New York, S 149-457

Randell (1969) Preoperative and postoperative status of male and female transsexuals. In: Green R, Money J (eds) Transsexuals and sex reassignment. Johns Hopkins Press, Baltimore, pp 355-381

Sexuelle Appetenzstörungen - diagnostische Abklärung und Behandlung

Brunhild Kring

Mein Beitrag besteht aus drei Abschnitten: Zuerst möchte ich einen geschichtlichen Überblick und eine Begriffsdefinition der Appetenzstörungen geben. Zur weiteren Erläuterung werde ich einige Fallbeispiele darstellen. Der zweite Abschnitt beschäftigt sich mit den wichtigsten Autoren, die das Gebiet der Appetenzstörungen in der Sexualmedizin in den USA weitgehend beeinflußt haben und die die Interventionen in der Behandlung geprägt haben. Zum Schluß möchte ich diese verschiedenen Behandlungsweisen integrieren und Behandlungsvorschläge für Patienten mit mangelndem sexuellen Begehren darstellen.

Der relative Einfluß von biologischem Trieb, psychologischem Wunsch nach Nähe und Bindung und soziologischen Regeln für geschlechtsspezifisches Rollenverhalten zieht sich wie ein roter Faden durch die Erörterung der Appetenzstörungen.

Geschichtlicher Überblick und Begriffsdefinition

Auf den ersten Blick scheint die Frage nach der sexuellen Lust und Unlust einfach zu beantworten zu sein. Sexuelles Verlangen ist das, was uns dazu motiviert, uns sexuell zu betätigen. Wir setzen es gewöhnlich einem körperlichen Trieb gleich, der ähnlich wie Hunger oder Durst nach regelmäßiger Befriedigung verlangt. Wenn wir jedoch sexuellem Bedürfnis oder vielmehr dem Mangel an sexuellem Begehren in uns selbst, in unserem Partner oder in den Patienten, die wir behandeln begegnen, erkennen wir sehr schnell, daß diese biologische Anschauungsweise bei weitem zu vereinfachend ist.

Sexuelles Bedürfnis ist nicht nur ein physiologischer Trieb, sondern ein vielschichtiges Verlangen, das große Variationen an Intensität zeigen kann. Es ist außerdem eine psychologische Kraft, die schon vor dem sexuellen Akt beginnt und die die Erregung und die Leidenschaft, die wir empfinden, modifiziert. Es ist ein

Verlangen, das uns in die Arme von einigen treibt und das uns von anderen mit gleicher Heftigkeit abstößt. Sexualität ist sowohl eine Widerspiegelung unserer privatesten Gedanken und unseres innersten Selbst als auch eine Reflexion der Geschlechtsrollen, die die Gesellschaft uns abverlangt. Selbst in unseren intimsten Augenblicken wird unser Verhalten von gesellschaftlichen Normen geprägt. Das Konzept des "sexual script" beschreibt diesen Tatbestand. Jeder vorgetäuschte Orgasmus gleicht einem höflichen Lächeln.

Diese Beobachtungen sind aus den klinischen Fällen von Patienten mit sexuellen Appetenzstörungen entstanden. Seit der Einführung der Sexualtherapie in den 70er Jahren haben die Patienten, die wegen der Unberechenbarkeit und den unvorhersehbaren Schwankungen ihrer sexuellen Bedürfnisse unsere Hilfe suchen, sich als die der Therapie am wenigsten zugänglichen oder kniffeligsten Fälle herausgestellt.

Wie verfahren diese Situationen sein können, will ich an einigen Fallbeispielen verdeutlichen.

Kasuistik

Ein 29jähriger Arzt verliert seine Stelle, weil er an Depressionen leidet und den Anforderungen nicht mehr gewachsen ist. Seine 26jährige Frau ist mit dem 2. Kind schwanger und muß nun die Familie unterhalten. Sie glaubt, daß er schon längst einen andere Job hätte finden können oder daß er wenigstens zu Hause mehr mithelfen solle. Sie fühlt sich überfordert und ist auf ihn ärgerlich, weil er häufig nach Sexualverkehr verlangt. Sie hat seit Monaten jegliches sexuelle Interesse verloren. Er begeht einen schweren Suizidversuch. Er findet, daß Sexualität ihm helfen könnte, seine Depressionen und finanziellen Sorgen besser zu ertragen.

Zwei erfolgreiche Rechtsanwälte, beide Mitte 30, seit 3 Jahren verheiratet, keine Kinder. Er hatte eine Papilloma Virusinfektion, sog. genitale Warzen. Trotz sorgfältiger Benutzung von Kondomen wurde auch die Frau infiziert. Sie ist voller Ärger und wirft ihm die vielen, häufig wechselnden Partnerinnen, die er vor der Heirat hatte, vor. Beide sind inzwischen symptomfrei, aber sind zu entfremdet als daß sie sexuell miteinander umgehen könnten. Die Frau versucht immer wieder erfolglos, eine zärtliche Beziehung zu ihm herzustellen, aber er hat seit der Hochzeitsreise einfach kein sexuelles Verlangen mehr. Sie leidet unter seiner emotionalen Kälte und ist hoffnungslos und ängstlich. Beide möchten gerne Kinder haben. Obwohl sie ihm mehrmals und ausführlich vergeben hat, kann er seine Schuldgefühle nicht überwinden. Er fühlt sich sexuell verunsichert und reagiert auf jede Bemerkung, als ob es sich um Kritik handele.

Ohne Zweifel kann die diagnostische Abklärung eines normalen sexuellen Verlangens nicht kultur- oder geschlechtsunabhängig vollzogen werden. Bei Paaren, bei denen ein Partner an sexuellem Desinteresse leidet, unterstellen wir den Männern das Recht auf einen "gesunden sexuellen Hunger", während lustvolle Frauen sich leicht des Verdachts der Manie oder gewisser Persönlichkeitsstörungen bezichtigt sehen. Wir stehen der sexuellen Appetenz einer Frau, soweit sie nicht reaktiv auf die eines Mannes ist, sehr ambivalent gegenüber. Alten Frauen sprechen wir Sexualität ganz ab oder finden es abstoßend. Ich habe einmal ein 70jähriges Ehepaar behandelt, bei dem die Frau noch sehr aktiv und unternehmungslustig war, unter anderem am Sonntag in der Kirche Jazz sang, ihr Mann dagegen hatte weit weniger Energie und kein Interesse an sexuellen Beziehungen mehr. Sie lockte ihn jedes Wochenende auf das große Doppelsofa im Wohnzimmer, stellte einen Spiegel daneben und holte den Vibrator aus der Schublade. Mein Kotherapeut, der zum ersten Mal an Sexualtherapietraining teilgenommen hatte, schaute mich nach der Stunde entsetzt an und meinte, die Frau sei sicher hypomanisch. Junge Frauen, die z. B. außereheliche Beziehungen unterhalten, weil sie sich sexuell in der Ehe unbefriedigt fühlen, beurteilen wir mit einem strengeren Maßstab, als wir es bei einem Mann in der gleichen Situation tun würden. In jedem Fall wird der Therapeut von dem Paar in die Rolle des Schiedsrichters gedrängt, der von einem wissenschaftlichen Standpunkt aus die Frage nach der "normalen" Häufigkeit von sexuellen Beziehungen entscheiden soll.

Epidemiologie

Bemerkenswert ist auch, daß die Prävalenz der Appetenzstörungen im Vergleich zu anderen Sexualstörungen wie Erektionsstörungen und Orgasmusschwierigkeiten in den vergangenen Jahrzehnten von 1970 bis 1990 zugenommen hat. Verschiedene sexualtherapeutische Kliniken sowohl in den USA als auch in Europa haben eine stetige Zunahme an Fällen beobachtet, in denen zumindest ein Partner an Lustlosigkeit als primärem Symptom leidet. In Helen Singer-Kaplans Zentrum in New York stellten diese Patienten 38% aller Fälle dar. Männer und Frauen zu ungefähr gleichen Anteilen (Kaplan 1995). Die Sexualberatungsstelle der Universitätsklinik in Hamburg hat eine Zunahme von Appetenzstörungen bei Frauen von 8% auf 74% festgestellt, bei Männern eine Erhöhung von 4% auf 17%. Gleichermaßen wurde dieser Trend von Buddeberg für die Patientinnen der Sexualmedizinischen Sprechstunde des Universitätsspitals Zürich bestätigt: Dort stieg der Anteil der "lustlosen" Frauen von 30% im Jahre 1980 auf fast 50% im Jahre 1990 (zit. n. Lange 1994).

Zusammenfassend kann man sagen, daß ungefähr 30% aller neuen Fälle in Sexualberatungsstellen Appetenzstörungen aufweisen und daß der Anteil der Frauen größer ist als der der Männer. Wir müssen diese Daten allerdings mit einiger Skepsis betrachten, da die diagnostischen Kategorien einem Wandel unterliegen. Mögliche Gründe für die höhere Unlustquote sind folgende:

- Promiskuität ist wegen der sexuell übertragbaren Krankheiten gefährlicher geworden; neue und aufregendere Partner können nicht so einfach gefunden werden - "hot monogamy";
- nach Einführung der Pille (Ovulationshemmer) in den 60er Jahren bot sich eine einmalige Gelegenheit für eine kurzlebige sexuelle Revolution; AIDS und andere Geschlechtskrankheiten haben dem ein vorschnelles Ende bereitet;
- Paarbeziehungen sind überfordert, wenn Sexualität alleine die Entfremdung, das Alleinesein und den Streß des modernen Menschen kompensieren soll;
- es gibt eine längere Lebenserwartung und damit eine größere Anspruchshaltung gegenüber der Sexualität: Die unter Umständen unvermeidliche Abnahme des sexuellen Verlangens in langfristigen Beziehungen ist nicht akzeptabel. Alternativen zum Geschlechtsverkehr und zu sinnlicher Sexualität sind wenig differenziert.

Diagnostische Abklärung

Buddeberg (1987) hat folgende diagnostische Einteilung der sexuellen Funktionsstörungen vorgenommen (s. Tabelle 1):

Tabelle 1. Diagnostische Einteilung der sexuellen Funktionsstörungen (Buddeberg 1987)

Phase	Störungen beim Mann	Störungen bei der Frau
1. Lust-Appetenz-Phase	Libidomangel sexuelle Aversion	Libidomangel sexuelle Aversion
2. Erregungsphase	Erektionsstörungen (Impotenz) Dyspareunie	Erregungsstörungen (Frigidität); Vaginismus Dyspareunie
3. Orgasmusphase	vorzeitige Ejakulation verzögerte Ejakulation fehlende Ejakulation	Orgasmusschwierigkeiten

Was in dieser diagnostischen Einteilung als "Libido" bezeichnet wird (Störung in der Lust und Appetenzphase) wird in der amerikanischen Nomenklatur (DSM-IV) folgendermaßen definiert: Eine Appetenzstörung liegt vor bei dem Mangel oder Fehlen von sexueller Phantasietätigkeit und dem Bedürfnis nach sexueller Aktivität. Die Beurteilung dieser Störung obliegt dem Untersucher unter Einbeziehung aller Faktoren, die die sexuelle Funktion beeinflussen, z. B. Alter und Lebensumstände. Es sei hier betont, daß sexuelle Appetenzstörungen sehr häufig *sekundäre* Störungen sind, die sich wegen Erektionsproblemen oder Orgasmusschwierigkeiten entwickeln. Die Festlegung einer minimalen Frequenz von sexuellen Beziehungen wird in dieser Definition gar nicht versucht. Das erhöht die Flexibilität des Untersuchenden, öffnet aber gleichzeitig Tür und Tor für Vorurteile und Voreingenommenheit.

Diese diagnostische Definition der Lustlosigkeit weist auf die grundsätzlichen Probleme hin, die wir mit diesem Konzept haben. Natürlich gibt es auf die Frage, wie oft sollte man "normalerweise" mit einem Partner Sex haben, keine befriedigende Antwort. Ist dreimal am Tag zu viel oder zweimal im Monat zu wenig? Abgesehen von den offensichtlichen Unterschieden je nach Alter, Geschlecht oder Kultur, ist die Frage nach der Frequenz von sexuellen Beziehungen niemals ein neutrales Thema. Meistens besteht in diesen Fällen eine Lust-Unlustdiskrepanz zwischen den Partnern. Wie schon in den Fallbeispielen angedeutet, kommen solche Paare in die Therapie, weil es zu einer Krise gekommen ist oder einer mit Scheidung gedroht hat, es sei denn, der Partner mit dem geringeren Verlangen sei willens, sich von dem Therapeuten eines Besseren belehren zu lassen.

Abgesehen von den wohlbekannten Paarkonflikten ist es objektiv schwierig zu entscheiden, ob das Niveau des sexuellen Interesses sich in einem problematischen Bereich befindet, sei es, daß jemand zu wenig Interesse hat oder sei es, daß die Sexualität einen zwanghaften oder suchtartigen Charakter angenommen hat. Auch hierzu ein Beispiel:

Ein 50jähriger Ingenieur, dessen Arbeitsleistungen unerklärlich nachgelassen haben, wird von seinem Arbeitgeber informiert, daß er entlassen werde, falls sich keine Besserung einstelle. Er geht in eine Beratung und gesteht seinem Therapeuten nach langem Zögern, daß er jede Nacht bis spät auf der Suche nach Prostituierten durch gewisse Stadtteile fahre. Er habe die Kontrolle über sein Verhalten verloren.

Dieses Fallbeispiel bezieht sich auf das Phänomen der "sexual addiction". Interessanterweise ist dies nicht eine offizielle psychiatrische Diagnose. Häufiger Sexualverkehr wird in unserer Kultur idealisiert, besonders bei Männern.

Die diagnostische Einteilung der sexuellen Funktionsstörungen basiert ursprünglich auf dem von Masters und Johnson erforschten menschlichen sexuellen Reaktionszyklus (Masters u. Johnson 1966). Ihre Arbeit war revolutionär, hat aber leider das ihrige zur Festlegung der biologischen Komponente als Haupterklärungsmodell für Appetenzstörungen beigetragen.

Meine Kollegin Leonore Tiefer hat sehr eloquent und ausführlich die wissenschaftliche Methodik von Masters und Johnson hinterfragt (Tiefer 1995). Man bemerke, daß die Autoren nicht von einem sexuellen Reaktionszyklus sprechen, sondern von *dem* menschlichen sexuellen Reaktionszyklus, als ob es sich dabei um eine Naturkonstante handelte. Allerdings weiß jeder, der schon einmal mit einem anderen Menschen geschlafen hat nur zu gut, daß dieser Prozeß nicht immer genau so abläuft. Diese idealisierte Kurve ist zum EKG der Sexualität geworden. Masters und Johnsons Versuchspersonen mußten sich durch ihre Fähigkeit, Orgasmus sowohl mit Masturbation als auch mit Koitus unter Laborbedingungen produzieren zu können, qualifizieren. Diese Idealkurve ist repräsentativ für quasi sexuelle Hochleistungssportler, aber nicht für die Durchschnittsbevölkerung. Masters und Johnson setzten das Vorhandensein eines sexuellen Triebs voraus, der lediglich einer effektiven Stimulation bedürfe, um Erregung und Orgasmus zu produzieren. Sie waren an Subjekten, die keine sexuelle Appetenz vorweisen konnten, nicht interessiert. Sie wußten wohl, daß das Niveau an sexuellem Interesse eine wichtige Variable darstellt, aber sie wollten die sexuelle Reaktion bei den Menschen demonstrieren, die eben eine solche hatten. Theoretisch gesehen stimmte das mit ihrer Grundannahme überein, daß alle Sexualfunktionsstörungen auf *Performance Anxiety* (Versagensangst) basierten, die mit Sexualtherapie überwunden werden konnte. Etwas polemisch formuliert, wird Sexualität auf das mechanisch reibungslose Funktionieren von Körperteilen reduziert. Das Modell von Masters und Johnson scheint besonders unrepräsentativ für das sexuelle Erleben von Frauen zu sein, deren Sexualität sich häufig anders und weniger zielorientiert ausdrückt.

Ich möchte nun kurz die Arbeit derjenigen Sexualwissenschaftler in den USA referieren, die wichtige Beiträge zur Diagnose und Behandlung der Appetenzstörungen geliefert haben. Sie unterscheiden sich hauptsächlich in der Gewichtung von individuellen und paarbezogenen Ursachen für die Ätiologie der Störung.

	Ursachen	
Individuell		Paarbezogen
Helen Singer-Kaplan	Otto Kernberg Stephen Levine	David Schnarch

Singer-Kaplan (1995) lokalisiert die Ursache für die fehlende Lust in der individuellen Psyche, während Schnarch (1991), der aus dem Feld der Familien- und

Systemtheorie auf die Sexualität gestoßen ist, die mangelnde Appetenz der gestörten Homöostase zwischen den Partnern zuschreibt. Kernberg (1995) und Levine (1988), beides Psychoanalytiker, die von der Objektbeziehungstheorie beeinflußt sind, stehen in ihrem Ansatz in der Mitte.

Natürlich stellen alle Theoretiker ihre Argumente in polarisierter Form dar. Im klinischen Alltag der Sexualtherapie scheinen wir alle in mehr oder weniger eklektischer Weise zu arbeiten. Allerdings bekennen sich die Familientherapeuten ganz unambivalent zur Paarbehandlung unter weitgehender Vernachlässigung der individuellen Geschichte und der intrapsychischen Konflikte, die als etwas Gegebenes vorausgesetzt werden.

Die Kurve des sexuellen Reaktionszyklus von Masters und Johnson erfuhr im Jahre 1977 eine wichtige Veränderung. Helen Singer-Kaplan (1977, 1995) hatte in langjähriger Erfahrung mit tausenden von Patienten im New York Hospital Cornell Medical Center auf der Upper East Side gelernt, daß die Vernachlässigung von sexueller Appetenz als notwendige Voraussetzung für den reibungslosen Ablauf des sexuellen Zyklus ein Fehler war. In ihrem Konzept werden die Appetenzstörungen den Eßstörungen gleichgesetzt. Hypersexualität wird mit Übergewichtigkeit oder Bulimie verglichen und mangelndes Begehren mit der Anorexie. Sie vermutet, daß das Gehirn Sexregulationszentren hat, die von physiologischen und psychologischen Faktoren beeinflußt werden können, was wir im einzelnen aber noch nicht genügend verstehen. Patienten schalten sexuell ab, indem sie sich auf die negativen Aspekte der Sexualität, ihrer selbst und ihres Partners konzentrieren (down regulation). Oftmals haben diese Patienten so ernste Persönlichkeitsstörungen oder zwischenmenschliche Konflikte, daß es zu einer globalen Hemmung der Sexualität kommt und ein Augenblick der Harmonie oder des Waffenstillstandes nicht gefunden wird, wo es überhaupt zu einer sexuellen Annäherung kommen könnte.

Die Behandlung beginnt mit einer individuellen psychodynamischen Kurztherapie, in der man psychiatrische Probleme wie Depressionen, Angst, Drogenabhängigkeit, Streß usw. abklärt und wenn notwendig, mit Medikamenten behandelt. Außerdem macht man die Patienten auf ihre negativen Gedanken im Hinblick auf Sexualität aufmerksam und versucht ihre kognitiven Prozesse zu rekonstruieren. Dann erhöht sich die subjektive Wahrnehmung der sexuellen Lust mit Masturbationsübungen und dem Anschauen von erotischem Phantasiematerial. Mit "fantasy and friction", wird das Problem "frontal" angegangen.

Singer-Kaplan schlägt hier sehr viele wertvolle Interventionen vor, die wir auch in unsere Behandlung integriert haben. Allerdings bleibt ihr Modell zu sehr der biologischen Funktion der Sexualität verbunden. Sie geht davon aus, daß Sexualität gut ist und nach regelmäßiger Befriedigung verlangt. Dieser implizite Druck kann sich auf einzelne negativ auswirken und zu einer Verschlechterung ihrer Appetenzprobleme führen. Auch Eßstörungen kann man nicht so direkt ansehen. Wie soll man nun das Zusammenspiel von Biologie und Psychologie in der Sexualität überhaupt verstehen? Die meisten sexuellen Interaktionen dienen ja nicht der Prokreation, sondern der Rekreation. Menschen sind außerdem die einzigen Lebewesen, die sich beim Geschlechtsverkehr anschauen.

Levine (1988), Psychoanalytiker und Direktor des Center for Human Sexuality in Cleveland, hat das feine psychosomatische Zusammenspiel zwischen biologischem Trieb, psychologischem sexuellen Wunsch und bewußter Motivation beschrieben. Er betont drei Komponenten, die das Phänomen der sexuellen Appetenz ausmachen:

- biologischer Trieb, eine spontan erfahrene sexuelle Grundspannung;
- sexueller Wunsch, der dem Bedürfnis nach Nähe und Zärtlichkeit entspricht;
- Motivation oder bewußte Bereitschaft oder Absicht, sich sexuell zu betätigen.

Beispiele, die zeigen, wie Sexualität entweder stattfindet oder vermieden wird, je nach der Kombination dieser Faktoren:

a. Ein junger Mensch vermeidet ein sexuelles Verhältnis trotz hoher Triebspannung und starkem Wunsch nach Zärtlichkeit, weil er sich emotional nicht dazu bereit fühlt oder noch keinen geeigneten Partner gefunden hat oder sich vor der Erfahrung eines so intensiven Erlebnisses fürchtet.
b. Ein verheirateter Mann vermeidet Sexualität, weil er kurz vor der Scheidung steht: Er hat einen gering ausgeprägten Trieb, einen intensiven Wunsch nach Nähe, aber keine Motivation, mit dem gegenwärtigen Partner Sexualverkehr zu haben.
c. Eine Frau hat Sexualverkehr, obwohl ihr sexueller Trieb schwach ist, sie keinen starken Wunsch nach körperlicher Nähe mit dem Partner hat, aber eine hohe Motivation, die Ehe aufrechtzuerhalten und ihren Mann sexuell an sich zu binden.

Kernberg (1995) vertritt in seinem Buch *Love Relations* die Ansicht, daß die Grundlagen für spätere sexuelle Befriedigung in der frühkindlichen körperlichen Interaktion mit der Mutter oder der Pflegeperson gelegt werden. Erotogene Zonen entwickeln sich während der glücklichen Erfahrung des Berührtwerdens und Gehaltenwerdens. Eine weitere Modifikation erfährt das sexuelle Verlangen durch das Vorhandensein grundlegender aggressiver Triebe, die z. B. zu Perversionen führen können. Sowohl die Erfahrung der ödipalen Dreiecksbeziehung oder vielmehr die Überwindung des Ödipuskomplexes als auch die Entwicklung von Persönlichkeitsstörungen, besonders wenn sie von narzißtischer Natur sind, haben einen wichtigen Einfluß auf das individuelle sexuelle Schicksal. Z. B. finden wir bei narzißtischen Patienten entweder ein breit gestreutes, wie zufälliges, unspezifisches und notwendigerweise unbefriedigt bleibendes sexuelles Begehren, das nicht zu einem erotischen Verhältnis führen kann. Besonders schwer gestörte Patienten zeigen einen vollkommenen Mangel an sexuellem Begehren, weil sie das Risiko einer potentiellen Enttäuschung oder Ablehnung durch einen Partner nicht ertragen könnten.

Kernberg (1995) unterscheidet ausdrücklich zwischen sexuellem und erotischem Begehren. Das sexuelle Verlangen hat ein primitives Teilobjekt zum Ziel, während das erotische Begehren durch das Verlangen nach einem bestimmten Objekt gekennzeichnet ist. Der relative Beitrag von biologischem Trieb und psychologischem Affekt kennzeichnet seine Diskussion.

Nun zu dem ausschließlich paartherapeutischen Ansatz: Schnarch hat im Jahr 1991 sein Buch *Constructing the sexual crucible* veröffentlicht. Das heißt so viel wie das Herstellen des sexuellen Schmelztiegels. Der Titel spielt auf die energiereichen, möglicherweise explosiven Reaktionen an, die sich bei Partnern abspielen können. Eine zweite Bedeutung von *crucible* ist Test oder Prüfung, was man auch von der Ehe behauptet hat.

Sein Ansatz zielt auf die Verwirklichung des sexuellen und erotischen Potentials hin. Er schlägt vor, daß wir uns nicht obsessiv auf die Häufigkeit von sexuellen Beziehungen konzentrieren, sondern auf deren Qualität und Intensität. Er arbeitet mit Paaren daran, "eye"-contact oder "I"-contact während der Liebe herzustellen. Die Frage ist also nicht, wie häufig will man Sex, sondern wieviel Verlangen hat man nach dem anderen während der sexuellen Begegnung. Die sexuelle Reaktionskurve erfährt in seinem Ansatz eine weitere Revision. Die häufig auftretenden Variationen des sexuellen Reaktionszyklus sind seiner Meinung nach als normal aufzufassen. Wir müßten diese Fixierung auf Genitalität und Orgasmus als Hauptziel einer jeglichen sexuellen Interaktion in Frage stellen. Der sexuelle Reaktionszyklus von Masters und Johnson hat zu einem idealisierten sexuellen Skript geführt, so daß Patienten jede Abweichung davon als "bad sex" identifizieren und den damit verbundenen Verlust an Selbstbewußtsein erdulden.

Das Konzept der Appetenz verschmilzt bei Schnarch mit dem der Erregung. Appetenz wird transformiert in Leidenschaft, Sehnsucht, Lust oder verzehrendes Verlangen nach einem bestimmten Partner. Wenn man sich auf die ekstatische Dimension der Sexualität bezieht, dann verschwinden die vorwurfsvollen Blicke auf das Kalenderblatt, und das Paar kann den ausweglosen Stillstand in der Beziehung überwinden. Würde man nicht lieber gelegentliche ekstatische, quasi persönlichkeitsverändernde erotische Erlebnisse haben, als die üblichen 10 Minuten von "wham-bam, thank you Ma'am"?

Das bringt uns wieder auf die Diskussion der geschlechtsspezifischen Rollenerwartungen in der Sexualität. Schmidt (1996) verfeinert unser paardynamisches Verständnis der Appetenzstörungen in ähnlichem Sinne: Es gibt selten einen Lustlosen in der Beziehung; meistens wird die Frau zum Symptomträger der sexuellen Langweile. Dadurch kann das Paar die übliche sexuelle Rollenverteilung aufrechterhalten. Wenn die Frau Sex verweigert, kann der Mann seine Lustlosigkeit verleugnen. Er bleibt in der Rolle des Eroberers, seine scheinbare sexuelle Überlegenheit und Potenz bleiben gesichert. Darüber hinaus kann er die Ablehnung der Frau wie ein Aphrodisiakum konsumieren. Allerdings ist es in dieser Paarkonstellation zu einer Machtverschiebung gekommen: Er muß ihr den Hof machen, und die Frau hält mit ihrer Verweigerung die Karten in der Hand. Kein sexuelles Verlangen haben zu wollen ("not wanting to want") ist eine Position der Macht, nicht der Ohnmacht.

Behandlung

Die Standard-Sexualtherapie stellt die Grundstruktur unseres therapeutischen Vorgehens dar: Aufnahmegespräch mit beiden Partnern, Einzelgespräche zur Erhebung der individuellen Anamnese, Paarsitzung zur Formulierung des Problems und der verhaltenstherapeutische Behandlungsplan mit "sensate focus" oder Streichelübungen. Die ätiologischen Faktoren werden dabei in prädisponierende, auslösende und weitererhaltende eingeteilt. In Fällen mit Appetenzstörungen erscheinen uns gewisse Modifikationen als nützlich: Wie Kaplan behandeln wir psychiatrische Symptome, *bevor* wir das Paar überhaupt zu einer Sexualtherapie zulassen. Dann versuchen wir den unvermeidbaren Stillstand in der Beziehung dadurch zu überwinden, daß wir die zentrale Stellung der Sexualität relativieren. Wir frustrieren die Erwartungen beider Partner: Des Partners, der im Stillen gehofft hat, daß wir mit medizinischer Autorität Sexualität als etwas Gesundes und Lebensbejahendes verschreiben und die des anderen Partners, der sich vor diesem normativen Druck fürchtet.

Dann fördern wir die psychologische und emotionale Differenzierung des Paars. Man kann nur dann ein vollständiger, emotional reifer Partner in einer Beziehung sein, wenn man nicht total auf die Bestätigung des anderen angewiesen ist. Das wird durch zunehmende Unabhängigkeit erreicht, oftmals durch getrennte Aktivitäten und selbständige Freundschaften.

Weiterhin regen wir die Entwicklung von sexuellen Äquivalenten an: Das ist eine anspruchsvolle Erwartung in unserer "zerebralen Epoche", wo wir es einfacher finden, mit dem Internet in Verbindung zu stehen, als eine Beziehung zu unserem Körper zu haben. Teilaspekte der Sexualität können durch andere körperliche Betätigungen befriedigt werden: Sublimation, Tanzen, Sport, Musik, Schwimmen, Yoga, Meditation, Massage, Schaumbäder usw.

Streichelübungen werden in die Therapie eingeführt, wenn es in dem Paarkonflikt zu einem Waffenstillstand gekommen ist. Wir betonen dabei die sinnliche Erfahrung der Sexualität und nicht den Geschlechtsverkehr. Grundsätzliche Konflikte werden gelöst, wenn jeder Partner im Wechsel die Initiative ergreift oder sich passiv verwöhnen läßt. Streichelübungen sind sexuelle Interaktionen und nicht nur ein Vorspiel, das der eigentlichen Sexualität vorausgeht. Die Patienten empfinden diese Streichelübungen oft als etwas Künstliches, Gestelltes oder Artifizielles, das der Spontanität ermangelt. Wir empfehlen die Streichelübungen in eine erotische Szene oder Phantasie einzubauen, z. B. man berühre das Gesicht des Partners so, als ob man es nach langer Trennung zum ersten Male wiedersehe oder man stelle sich vor, man könne die schlafende Geliebte mit der Berührung wieder zum Leben erwecken.

Zum Schluß noch einige generelle Prinzipien, um die Sexualität wieder in Gang zu setzen und zu erhalten: Besonders bei Appetenzverlust in langfristigen Beziehungen ist guter Rat oft teuer. Soll man sich trennen oder daran arbeiten? Kann Leidenschaft wiederkehren, wenn sie einmal erloschen ist? Man darf dabei nicht vergessen, daß sexuelles Bedürfnis bei Männern und Frauen vielleicht das Gleiche, aber nicht unbedingt dasselbe ist (Lange 1994). Nach Zilbergeld (1992) sind "prioritizing, timing, relating, isolating, separating, touching, romancing, anticipating, playing, feeling, talking, sharing" Vorschläge, um das Feuer in einer Beziehung am Leben zu erhalten.

Der Wunsch, sexuelles Begehren, Orgasmusfähigkeit und körperliche Attraktivität unter vollständige Kontrolle zu bringen, erscheint den Patienten als das erstrebenswerteste Ziel. Ihre unausgesprochene Hoffnung ist, begehrt zu werden und zu begehren, möglichst zu allen Zeiten, unter allen Umständen und ohne sich mit den oft angsterregenden zwischenmenschlichen Beziehungskonflikten auseinandersetzen zu müssen. Wenn wir sie mit einem Schlag von unerfülltem Verlangen, Mangel an Selbstbewußtsein, Alleinesein, Entfremdung, Liebeskummer usw. in der Sexualität befreien könnten, wäre ihnen jedes Mittel recht.

Literatur

Buddeberg C (1987) Sexualberatung. Enke, Stuttgart

Kaplan H (1995) The sexual desire disorders. Brunner & Mazel, New York

Kernberg O (1995) Love relations. Yale Univ Press, New Haven Connecticut

Lange C (1994) Das Gleiche ist nicht dasselbe. Z Sexualforsch 7 : 52-61

Levine S (1988) Sex is not simple. Ohio Psychol Publ, Columbus Ohio

Masters WH, Johnson VE (1966) Human sexual response. Little & Brown, Boston

Masters WH, Johnson VE (1977) Human sexual inadequacy. Little & Brown, Boston
Schmidt G (1996) Paartherapie bei sexuellen Funktionsstörungen In: Sigusch V (Hrsg) Sexuelle Störungen und ihre Behandlung. Thieme, Vandenhoeck & Ruprecht, Stuttgart New York
Schnarch D (1991) Constructing the sexual crucible. Norton, New York
Tiefer L (1995) Sex is not a natural act. Westview Press, Boulder Colorado
Zilbergeld B (1992) The new male sexuality. Bantam, New York

Paartherapie bei sexuellen Funktionsstörungen und sog. sexueller Lustlosigkeit: Das Hamburger Modell

Margret Hauch

Es hat in den vergangenen Jahren und Jahrzehnten massive gesellschaftliche Veränderungen im Hinblick auf Familie und Partnerschaft gegeben, wie sich z. B. in den ständig gestiegenen Scheidungsziffern, der Zunahme von Singlehaushalten und Alleinerziehenden, der vermehrten Berufstätigkeit von Frauen verbunden mit neuen Akzentuierungen im herrschenden "Geschlechterarrangement" (Dinnerstein 1979) abbildet. Zu nennen wäre auch die fortschreitende Auflösung restriktiver Sexualmoral in vielen Bereichen und ihre Ersetzung durch eine Verhandlungsmoral (Schmidt 1996) resp. einen Menschenrechtsdiskurs, wie er v. a. von vielen weltweit agierenden Fraueninitiativen zu den Problemen sexuelle Gewalt und Diskriminierung, Prostitution und Menschenhandel initiiert wurde; bemerkenswert auch die größer werdende Toleranz gegenüber vielfältigen sexuellen Orientierungen und Arrangements und, verstärkt in den letzten Jahren, die Infragestellung von Heterosexualität als gleichsam natürlich vorgegebener Norm gelungener erwachsener Sexualität.

All das hat jedoch bisher wenig daran geändert, daß die Mehrzahl der Ratsuchenden, die in unserer poliklinischen Sprechstunde um professionelle Hilfe nachsuchen, heterosexuelle Frauen und Männer sind, die unter sexuellen Problemen in ihrer derzeitigen Partnerschaft leiden. Verändert hat sich, daß mehr Frauen von sich aus die Initiative zu einem solchen Schritt ergreifen als früher. Fast schon dramatisch zu nennende Änderungen ergaben sich im Hinblick auf die Probleme, über die die Patientinnen und Patienten klagen.

Tabelle 1. Veränderungen des Erscheinungsbildes sexueller Probleme in den letzten zwei Jahrzehnten [1]

Frauen	1975-77 (*n*=384)	1992-94 (*n*=251)	Männer	1975-77 (*n*=431)	1992-94 (*n*=349)
Lustlosigkeit	8%	58%	Lustlosigkeit	4%	16%
Erregungs- und Orgasmusstörungen	80%	29%	Erektionsstörungen	67%	63%
Vaginismus	12%	13%	vorzeitige Ejakulation	23%	19%
			ausbleibende Ejakulation	6%	3%

Während im Untersuchungszeitraum 1975 bis 1977 bei den Frauen 80% über Erregungs- und Orgasmusprobleme und 12% über Vaginismus klagten und bei den Männern in 67% der Fälle Erektionsstörungen und in 29% der Fälle Ejakulationsprobleme genannt wurden, d. h. bei beiden der Anteil der sog. klassischen sexuellen Funktionsstörungen über 90% ausmachte, hatte sich das Bild im Untersuchungszeitraum 1992-1994 drastisch geändert, v. a. bei den Frauen. Der Anteil der Patientinnen, bei denen sog. "sexuelle Lustlosigkeit" diagnostiziert wurde, ist von 8% auf 58% angestiegen, entsprechend ist der Anteil von Erregungs- und Orgasmusstörungen auf 29% gesunken (vgl. Schmidt 1996b). Bei der Interpretation dieser Veränderungen ist zu bedenken, daß hier sicher eine Reihe unterschiedlicher Faktoren zum Tragen kommt, sich nicht nur die Realität, sondern auch die Sicht von Expertinnen und Experten, aber auch der Betroffenen, auf die Realität verändert hat. Da diese Entwicklung in einer Reihe von neueren Publikationen von uns ausführlich analysiert wird (vgl. z. B. Hauch 1993, 1995; Hauch u. Lange 1995; Lange 1994; Schmidt 1993, 1996), will ich diesen Aspekt nur kurz an einem Beispiel erläutern: Während wir in den 70er Jahren in Anlehnung an die aus den USA übernommenen Kategorien regelhaft bei einer Frau, die zwar bei der Masturbation nicht aber beim Geschlechtsverkehr mit ihrem Partner zum Orgasmus kommen konnte und keine Lust auf Geschlechtsverkehr mit ihrem Partner hatte, eine - wenn auch partielle - Orgasmusstörung diagnostizierten, fällt sie heute in die Kategorie "sexuelle Lustlosigkeit". Hier spielt eine Rolle, daß eine Reihe von Untersuchungen gezeigt hat, daß für eine große Zahl von Frauen in den westlichen Industrienationen

[1] Patienten und Patientinnen, die die Poliklinik oder die Sexualberatungsstelle der Abteilung für Sexualforschung wegen sexueller Probleme (sexuelle Funktionsstörungen, Lustlosigkeit) konsultieren. Patienten mit anderen Problemen (z. B. Transsexualität, sexuelle Abweichungen) sind in der Tabelle nicht berücksichtigt. Für die Daten 1975-77 vgl. Brand 1980. Anteil der Patientinnen 1975-77:47% 1992-94: 42% (Schmidt 1996)

Geschlechtsverkehr als Stimulationsform zur Erreichung hoher Erregungsstufen und Orgasmen nicht geeignet ist, anders als bei der überwiegenden Mehrzahl der heterosexuellen Männer. Definitiv zugenommen hat in unserer Klientel die Zahl der Frauen, die bei Petting oder Geschlechtsverkehr sehr wohl zu Orgasmen kommen, aber dennoch keine Lust auf sexuelle Kontakte mit ihrem Partner haben. Hier werden Unterschiede im sexuellen Erleben zwischen Frauen und Männern sichtbar, denen in der konkreten therapeutischen Arbeit mit Paaren, aber auch auf der Ebene der theoretischen Reflektion Rechnung getragen werden sollte (wie z. B. Tiefer 1988, 1991, 1994; Boyle 1993; Irvine 1990).

Den Anstieg der "sexuellen Lustlosigkeit" auch bei den Männern im letzten Untersuchungszeitraum von vorher 4% auf immerhin 16% (Schmidt 1993, 1996) als nur quantitativ nicht aber qualitativ verschiedenes Phänomen zu parallelisieren, ist zwar verführerisch, läuft aber unter den gegebenen Bedingungen eines asymmetrischen Geschlechterverhältnisses Gefahr, in die Irre zu führen. Da dieses Problem in unserer klinischen Praxis nur eine geringe Rolle spielt, will ich hier nicht weiter darauf eingehen.

Eine weitere gravierende Veränderung, die sich quantitativ aber nicht so gut abbilden läßt, ist die zunehmende Thematisierung von sexueller Gewalterfahrung durch Patientinnen und Patienten, die wegen sexueller Probleme in der Partnerschaft Hilfe suchen. Immer mehr Frauen, aber auch Männer, berichten schon bei den ersten diagnostischen Kontakten von sexuell traumatisierenden Erfahrungen in der Kindheit und Jugend. Das entspricht den Entwicklungen in vielen anderen psychosozialen Arbeitsbereichen. Bemerkenswert erscheinen mir dabei v. a. zwei Aspekte:

- im Unterschied zu anderen Arbeitsfeldern, wo das Ansprechen derartiger sexueller Themen nach langjähriger Tabuisierung eine Fülle neuer Wahrnehmungen und Informationen ermöglichte und vom Effekt her oft fast dammbruchartig anmutete, gehörten bei uns schon Anfang der 70er Jahre Fragen beispielsweise nach sexuellen Erfahrungen mit Erwachsenen während der Kindheit zum Standardrepertoire bei der Anamneserhebung (vgl. Hauch et al. 1993). Sie liefen aber überwiegend ins Leere. Das änderte sich erst in der Folge der zunehmenden öffentlichen Auseinandersetzung zu diesem Thema.
- zum anderen finde ich auffällig, daß sich die Berichte über sexuell traumatisierende Erfahrungen, die Frauen oft auch im höheren Lebensalter erfahren haben, so gut wie nie auf die aktuelle Partnerschaft beziehen, obwohl bekannt ist, daß gerade Ehen und Partnerschaften häufig Tatort sexueller Übergriffe, v. a. von Männern gegenüber Frauen sind. Solche Paare suchen oder finden den Weg zu uns vielleicht nicht (vgl. Hauch 1994).

Mit diesen kurzen Schlaglichtern wollte ich den Hintergrund erhellen, vor dem ich das *Hamburger Modell der Paartherapie* vorstellen will (für eine ausführliche Darstellung s. Arentewicz u. Schmidt 1993). Es wurde auf der Basis der Ansätze von Masters und Johnson (1977) und, in der Folge Singer- Kaplan (1984) von unserem Theapeutinnenteam an der Hamburger Abteilung für Sexualforschung entwickelt und schon in den 70er Jahren aufwendig empirisch überprüft (Arentewicz u. Schmidt 1980). Zu diesem Zeitpunkt dominierten bei den heterosexuellen Paaren, die professionelle Hilfe suchten, noch die klassischen sexuellen Funktionsstörungen, d. h. bei Männern Erektions- und Ejakulationsprobleme, bei den Frauen Erregungs- und Orgasmusprobleme und Vaginismus (Scheidenkrampf). Für deren Behandlung wurde dieses Paartherapiekonzept dann ursprünglich auch entwickelt. Das Konzept hat sich in den vergangenen zwanzig Jahren bewährt und damit die Hoffnungen, die sich auf die hohen klinisch-empirisch erhobenen Erfolgsraten (Masters u. Johnson 1966): über 80% Besserung oder Heilung, bei uns (Arentewicz u. Schmidt 1980): 75% Symptombesserung oder Heilung, 78% befriedigendere Sexualität gründeten, weitgehend erfüllt. Es bot aber auch genügend Raum für die Flexibilität, die notwendig war, um sich den gewandelten gesellschaftlichen und klinischen Bedingungen zu stellen und gewachsen zu zeigen, wie ich im folgenden noch ausführen will.

Ich will jetzt zunächst kurz auf die Funktion sexueller Symptome (vgl. hierzu auch Sigusch 1996) eingehen und die grundlegenden Elemente und Prinzipien unseres Paartherapiekonzepts erläutern. Dann will ich einen Überblick über den Ablauf der Paartherapie geben und dabei auf Akzentverschiebungen im Lauf der Jahre eingehen.

Wenn ich das *Symptomverständnis* im Hinblick auf sexuelle Funktionsstörungen und sog. "sexuelle Lustlosigkeit" kurz skizziere, werde ich auf die Frage organischer Verursachung resp. Mitverursachung nicht weiter eingehen. Die Behauptung, die in den seit den 80er Jahren sintflutartig zunehmenden Publikationen zur Somatodiagnostik v. a. bei männlichen Funktionsstörungen immer wieder auftaucht, daß der Anteil somatisch bedingter Störungen bisher weit unterschätzt wurde, für die sich aber in unserer Klientel keine Belege finden lassen, haben wir in der neuesten Auflage unseres Buches (Arentewicz u. Schmidt 1993) zur Paartherapie "Sexuell gestörte Beziehungen" ausführlich kritisch analysiert. (vgl. auch Tiefer 1986; Sigusch 1996).

Wir gehen davon aus, daß in einer sexuellen Symptombildung vielfältige individuell- biographisch bedingte Erfahrungen eingehen, und die Symptombildung sowohl der Reinszenierung von Ängsten - zu nennen wären hier v. a. Trieb-, Beziehungs-, Geschlechtsidentitäts- und Gewissensängste, und den daraus resultierenden Konflikten als auch deren Abwehr dienen kann. Zur Symptommanifestation kommt es dann oft erst unter ganz spezifischen Bedingungen, beispielsweise einer spezifischen Partnerkonstellation. Aber auch wenn das

Symptom partnerunabhängig, d. h. in verschieden Beziehungen auftritt, gehen wir davon aus, daß es in der Partnerdynamik eine wichtige Rolle spielt und auch für den/die sog. "symptomfreie/n" Partnerin oder Partner eine psychisch stabilisierende Funktion hat. In gewisser Weise handelt es sich um eine Art Arrangement, von dem beide Seiten profitieren, wenngleich z. T. in unterschiedlichem, zumindest unterschiedlich offensichtlichem Ausmaß. Daß der Mann einer Frau mit vaginistischer Symptomatik, in dieser Partnerschaft vergleichsweise sicher davor sein kann, sich mit seinen Potenzängsten oder auch realen Erektionsproblemen auseinandersetzen zu müssen, leuchtet unmittelbar ein. Der Partner einer Frau, die sich als sexuell lustlos erlebt, mag auf der bewußten Ebene die Ablehnung sexueller Kontakte seitens der Partnerin als enttäuschend, schmerzhaft und kränkend erleben. Dennoch befindet er sich ja in der Rolle des "immer Potenten, Triebstarken", was angesichts der kulturell noch vorherrschenden Männerbilder eine wichtige Quelle narzißtischer Bestätigung für ihn sein kann. Die Funktion einer sexuellen Problematik innerhalb der jeweiligen Paardynamik ist nach dem Geschlecht der Partner unterschiedlich akzentuiert und läßt sich i. d. R. nicht sinnvoll parallelisieren. So ist es angesichts der vorherrschenden kulturellen Bilder, in denen beispielsweise die sexuell potente Frau, wenn überhaupt v. a. als (für Männer) sexuell attraktive Frau erscheint, für eine Frau sehr schwierig, sich im Erleben ihrer sexuellen Potenz gestärkt zu fühlen, wenn ihr Partner keine Lust auf sexuelle Kontakte zu ihr hat oder im Zusammensein mit ihr keine Erektion mehr bekommt. Ich habe in meiner langjährigen Beratungspraxis nur zwei Frauen erlebt, denen das "gelungen" ist: Im einen Fall war die Frau über zehn Jahre älter, im anderen über zehn Jahre jünger als der Mann, in beiden Fällen lag bei den Männern eine langjährige, partnerunabhängige Erektionsstörung vor. Meiner Erfahrung nach suchen die Frauen meistens zunächst das Problem bei sich, zweifeln beispielsweise an ihrer Attraktivität und fühlen sich - auch auf der unbewußten Ebene - narzißtisch entwertet. Das heißt aber nun nicht, daß die Frau in einer solchen Beziehungskonstellation von dem Symptom des Partners überhaupt nicht profitieren kann. So kann sie sich beispielsweise von eigenen Sexualängsten entlastet fühlen, Wut- und Racheimpulse kanalisieren usw.

Diese partnerschaftlichen Arrangements können sehr unterschiedlich akzentuiert sein, z. B. Aggressionen ausdrücken oder binden bzw. entschärfen, Nähe-Distanz-Konflikte kanalisieren usw. Paare suchen in der Regel erst professionelle Hilfe, wenn die etablierten Balancen aus den Fugen zu geraten drohen. Unserer Erfahrung nach geschieht das oft im Zusammenhang mit äußeren, häufig lebensphasischen Veränderungen, beispielsweise anläßlich eines aus biologischen Gründen nicht mehr aufschiebbaren Kinderwunsches beim Vorliegen einer vaginistischen Symptomatik oder auch einer Erektionsstörung, nach der Geburt von Kindern, nach Arbeitsplatzverlust oder Berentung oder etwa nach Abschluß der Arbeiten für ein gemeinsames Haus.

Lern- und Erfahrungsdefizite im Hinblick auf den Umgang mit dem eigenen Körper und dem der Partnerin/des Partners, wie wir sie auch heute noch bei vielen auch jüngeren und sich liberal gebenden Paaren finden, sind nach meinen Erfahrungen stark überformt und geprägt durch die jeweilige Individual- und Partnerdynamik, also nicht als simple Informationsdefizite zu verstehen und auch nur unter Berücksichtigung dieses Kontextes sinnvoll zu bearbeiten. Sie haben dann aber auch einen nicht unerheblichen Stellenwert.

Last but not least wäre noch der *Selbstverstärkungsmechanismus* zu nennen, von Lobitz et al. (1974) auch als "sich selbst erhaltender Teufelskreis" bezeichnet, eine Formulierung, die bei den meisten Paaren eine entlastende Wirkung zeigt. Dabei geht es um einen einfachen Sachverhalt: Das Auftreten einer sexuell eingeschränkten Funktion, i. d. R. unter dem Einfluß ungünstiger innerer und äußerer Rahmenbedingungen, wie z. B. Alkohol, Streß, führt zu Erwartungsangst. Diese wiederum beeinträchtigt die Chance ungestörten "Funktionierens" bei der nächsten Gelegenheit usw. Das Vermeiden entweder der sexuellen Begegnung insgesamt oder auch einzelner Interaktionsteile führt zur Angstentlastung und verstärkt sich auf diese Weise selbst: Die sexuelle Funktionsstörung wird gewissermaßen funktionell autonom, d. h. kann auch fortbestehen, wenn die sie ursprünglich bedingenden Ängste und Konflikte, etwa im Rahmen einer längeren psychotherapeutischen Behandlung eines oder auch beider Partner weitgehend bearbeitet werden konnten. Diese Zusammenhänge wurden schon sehr früh auch in der psychoanalytischen Literatur beschrieben und beklagt, etwa 1920 von Stekel. Aber erst Masters und Johnson haben diesen eher immer wieder beiläufig erwähnten Mechanismus detailliert beschrieben und daraus wichtige therapeutische Konsequenzen abgeleitet, die in der Konzeption des therapeutischen Settings und auch unserer Ausdifferenzierung desselben ihren Niederschlag fanden, so daß die Bearbeitung dieses Problems inzwischen gleichsam selbstverständlich nebenher erfolgt und nicht mehr groß thematisiert werden muß.

Grundlegende Elemente der Paartherapie

1. Das Paar wird behandelt: Dieses Prinzip wurde von Masters und Johnson (1977) übernommen und findet sich in vielen Ansätzen zur Behandlung sexueller Funktionsstörungen wieder. Im Unterschied zu Masters und Johnson, die den Partner/die Partnerin ohne manifeste Symptombildung eher als eine Art Hilfstherapeuten einsetzten - wie sich z. B. auch in der aus meiner Sicht hochproblematischen Arbeit mit sog. Surrogatpartner zeigte - verstehen wir, wie gesagt, die sexuelle Problematik als eine Störung, die sich in der Beziehung des jeweiligen

Paares manifestiert, auch wenn nur bei einem/r Partner eine manifeste Symptombildung vorliegt. Ihr kann eine wichtige Stabilisierungsfunktion für die jeweilige Partnerschaft resp. die psychische Balance der beteiligten Partner zukommen. Dabei gehen wir davon aus, daß die individuell biographischen Erfahrungen, gerade auch die frühen Beziehungserfahrungen bei der Partnerwahl zum Tragen kommen und zumindest bei längerdauernden Partnerschaften eine bedeutsame Rolle spielen, sowohl im Hinblick auf konstruktive wie auch auf destruktive Strukturen.

2. *Die psychotherapeutische Arbeit ist erfahrungsorientiert*, d. h. das Paar wird angeleitet, zu Hause den körperlich-sexuellen Umgang mit dem/der Partner(in), aber auch mit sich selbst nach bestimmten Regeln zu gestalten. Die Erfahrungen damit werden dann in der therapeutischen Sitzung besprochen. Dieses Regelset, auf das ich noch genauer eingehen werde, bietet einen klar strukturierten Rahmen, innerhalb dessen die individuell akzentuierten Probleme des einzelnen Paares, die jeweiligen Ängste, Konflikte und Abwehrstrukturen aktualisiert, thematisiert und bearbeitet werden können.

Die Paartherapie kann in verschiedenen *Settings* durchgeführt werden:

- als *"massierte" Therapieform* innerhalb von drei Wochen bei täglichen Sitzungen mit einem aus einer Frau und einem Mann bestehenden PsychotherapeutInnenteam. Nach Abschluß der dreiwöchigen Intensivphase werden mit dem Paar je ein Nachgespräch nach drei Monaten und einem Jahr vereinbart.
- als *"verteilte" Therapieform* mit wöchentlich ein bis zwei therapeutischen Sitzungen. In diesem Setting kann auch eine Therapeutin bzw. ein Therapeut die Therapie alleine durchführen, wobei es sich bewährt hat, wenn das Geschlecht von TherapeutIn und SymptomträgerIn übereinstimmen. In diesem Setting durchgeführte Therapien dauern erfahrungsgemäß etwa 9 bis 15 Monate bei ca. 40-60 Sitzungen.

Diese Form der Paartherapie ist *indiziert* bei Paaren, bei denen eine langdauernde sexuelle Funktionsstörung oder auch sexuelle Lustlosigkeit vorliegt, unter der Voraussetzung, daß beide die Probleme in der sexuellen Beziehung gemeinsam bearbeiten wollen, und zwar unabhängig von der Schwere der neurotischen Konflikte und Partnerkonflikte. Obwohl eigentlich nichts dagegen spricht, die Behandlungsform auch bei homosexuellen und lesbischen Paaren zu indizieren, liegen dazu nur vereinzelte Erfahrungen vor; es würde aber den Rahmen dieses Beitrags sprengen, hier auf diesen Punkt weiter einzugehen.

Kontraindikationen sind lediglich schwere Drogen- und Alkoholabhängigkeit und Psychosen. Die Paare müssen damit einverstanden sein, während der Zeit der

Therapie für Empfängnisverhütung zu sorgen und die Realisierung eines vorhandenen Kinderwunsches auf nach Beendigung der Therapie zu verschieben. Das gilt auch dann, wenn ein drängender Kinderwunsch Anlaß war, therapeutische Hilfe zu suchen - wie es gerade bei Paaren mit vaginistischer Problematik oft der Fall ist. Ein noch so drängend erlebter Kinderwunsch beinhaltet doch regelhaft Ambivalenzen, die sich oft genug auch im sexuellen Symptom manifestieren. Erst die Bereitschaft eines Paares, sich auf eine solche Regelung einzulassen, ermöglicht dann, diese Thematik im Rahmen der Paartherapie schrittweise zu bearbeiten und bewußteren Entscheidungen zugänglich zu machen.

Auch aktuelle Außenbeziehungen eines oder beider Partnerinnen und Partner sind erfahrungsgemäß ein Faktor, der die psychotherapeutische Arbeit an der Beziehung im Rahmen dieses Konzepts weitgehend unmöglich macht, stellen also ein empirisch - nicht ideologisch - begründetes Ausschlußkriterium dar. Gleiches gilt übrigens i. d. R. für parallel laufende psychotherapeutische Behandlungen.

Wenn bei einer Partnerin oder einem Partner sexuell traumatisierende Erfahrungen bei der diagnostischen Abklärung deutlich werden, gilt es herauszufinden und mit beiden, ggf. in Einzelsitzungen zu besprechen, ob nicht eine einzeltherapeutische Behandlung vielversprechender erscheint. Falls dann doch die Entscheidung zur Paartherapie getroffen wird, ist in diesen Fällen besonders darauf zu achten, daß es nicht im Rahmen der angeleiteten Erfahrungen zu Reinszenierungen der alten Traumatisierungen kommt.

Die Indikationsgespräche dauern in unserer poliklinischen Praxis i. d. R. eine bis drei Sitzungen à 50-60 Minuten, aber meist länger, wenn es um das Problem sog. sexueller Lustlosigkeit geht. Hier gilt es besonders sorgfältig abzuklären, ob nicht ein ängstlich abgewehrter Trennungswunsch oder besondere Belastungen im Alltag, etwa nach der Geburt von Kindern, der fehlenden sexuellen Lust zugrunde liegen und ob diejenige, meist die Frau, die das Problem präsentiert, eigene Veränderungswünsche im Hinblick auf die Sexualität hat. Diese Klärungsphase entspricht in etwa dem, was in den USA (vgl. Kring 1996) als vorgeschaltete "marital therapy" bezeichnet wird.

Auf jeden Fall ist eine Indikation zur Paartherapie erst zu stellen, wenn mit beiden Partnern gesprochen worden ist. Die eigentliche Therapie beginnt mit ausführlichen Einzelexplorationen. Bei Teamtherapien, etwa im Rahmen des massierten Settings, exploriert zunächst die weibliche Therapeutin die Frau und der männliche Therapeut den Mann und anschließend umgekehrt. Diese Exploration umfaßt thematisch die aktuelle Lebenssituation einschließlich der sexuellen Problematik, die individuelle Biographie mit Schwerpunkt auf der psychosexuellen Entwicklung und die Entwicklung der Partnerschaft. Neben der Erfassung negativer Erfahrungen, die der Hypothesenbildung über die individuelle und partnerdynamische Funktion der sexuellen Symptomatik dienen, geht es auch darum, Stärken und konstruktive Bewältigungsmuster herauszuarbeiten, auf denen sich in der weiteren Arbeit aufbauen läßt. Diese Art des Vorgehens firmiert inzwischen meines Wissens unter dem Begriff "ressourcenorientiert".

Die Therapeutinnen und Therapeuten entwickeln aus den so gewonnenen Informationen - dazu gehört auch die Analyse erster Übertragungs- und Gegenübertragungsreaktionen - ein Verständniskonzept, das sie in der folgenden gemeinsamen Sitzung (Round-Table oder Rund-Tisch-Gespräch genannt) mit dem Paar vor und zur Diskussion stellen. Ziel ist es, dem Paar Entstehung und Funktion der aktuellen Problematik nachvollziehbar zu machen, um beide erst einmal zu entlasten.

Gegen Ende dieser ersten gemeinsamen Sitzung wird mit beiden Partnern vereinbart, daß sie bis auf weiteres auf Geschlechtsverkehr, Geschlechtsverkehrsversuche und genitales Petting verzichten. Das hieß früher bei uns ungebrochen "Koitusverbot" in der Tradition des Erlaubens und Verbietens, die bei dem therapeutischen Konzept von Masters und Johnson eine große Rolle spielte und möglicherweise auch Anflüge von therapeutischen Größenphantasien enthielt. Die Kehrseite war und ist noch immer, daß besonders unerfahrene Therapeutinnen und Therapeuten sich schwer tun, das dem Partner, i. d. R. entsprechend den gängigen heterosexuellen Klischees dem Mann, der in der Beziehung stärker auf mehr Sexualität gedrängt hat, zuzumuten. Das ändert sich erst, wenn sie die Erfahrung gemacht haben, wie entlastend eine solche Vereinbarung auch für den "drängenden" Partner sein kann. Jetzt wo im Rahmen der Umbrüche im Geschlechterverhältnis auch immer mehr Männer eingestehen können, daß die gängigen, am idealtypischen Funktionsablauf der genitalen Reaktionen beim Mann entwickelten Sexualnormen auch sie unter Druck setzen, ist es leichter geworden, sich schon an dieser Stelle gleichsam mit dem Erwachsenen-Ich des/der Partners(in) zu verbünden, indem ihnen erläutert und kognitiv nachvollziehbar gemacht wird, daß unsere langjährigen Erfahrungen gezeigt haben, daß so der Raum geschaffen wird für neue emotionale und sexuelle Erfahrungen im Zusammensein. Die Widerstände dagegen sind bei den Paaren erfahrungsgemäß meist deutlich geringer als bei den Therapeuten und Therapeutinnen.

Am Ende dieser ersten gemeinsamen Sitzung werden dem Paar die ersten *Verhaltensanleitungen* gegeben: Beide werden aufgefordert, sich bis zur nächsten Sitzung 2x Zeit zu nehmen, um miteinander neue körperliche Erfahrungen zu machen. Sie sollen sich an einem bequemen Ort, - das kann, muß aber nicht das Schlafzimmer sein - zurückziehen und dafür zu sorgen, daß sie möglichst nicht gestört werden. Die Lichtverhältnisse sollen so sein, daß sie sich gegenseitig gut sehen können. Beide sollen sich ganz entkleiden. Dann beginnt das Streicheln: Der Mann oder die Frau, i. d. R. der- oder diejenige, der/die sonst aktiver ist, wird aufgefordert, sich in möglichst bequemer Haltung auf den Bauch zu legen. Die/der andere soll dann anfangen, den/ die Liegende/n zu streicheln. Dabei soll der ganze Körper einbezogen werden, von den Haaren bis zu den Zehen. Es kann sanft und fest, schnell und langsam usw. gestreichelt werden. Nach ca 5 Minuten - dabei sollte ruhig eine Uhr zu Hilfe genommen werden - gibt die/der "Aktive" das Zeichen zu wechseln, und die Rollen werden getauscht. Nach weiteren 5 Minuten wieder, dann legt sich die/der "Passive" auf den Rücken und läßt sich auf der Vorderseite streicheln. Brüste und Genitalbereich, deren Berührung gerade Frauen und Männer in sexuell gestörten Beziehungen massiv unter Erfolgsdruck setzt und damit Angst auslöst, sollen von Berührungen zunächst ausgespart werden. Zum Abschluß liegt dann jeder nochmals auf dem Bauch und läßt sich am Rücken streicheln.

Beiden Partnern wird als wichtige *Grundregel* mitgegeben, für sich selbst Verantwortung zu übernehmen und nichts nur der/m anderen zuliebe zu tun oder auszuhalten. Die/der Streichelnde soll seine Aktivitäten danach ausrichten, was ihr/ihm gefällt, worauf sie/er gerade Lust hat oder neugierig ist und nicht versuchen, es der/m anderen besonders schön zu machen. Auch in der Rolle als "Passive" sollen sie unterschiedliche Wahrnehmungsqualitäten wie warm/kalt, hart/weich, schnell/langsam usw., wie sie vom Streichelnden vorgegeben werden, auf sich wirken lassen, versuchen, sich dabei zu entspannen und dann sofort Einspruch zu erheben, ein sog. Veto einzulegen, wenn etwas unangenehm wird, z. B. zu hart, kalt, kitzelig usw. Dieser Einspruch muß auf jeden Fall respektiert werden, d. h. der/die Streichelnde soll die als unangenehm erlebte Berührungsform verändern, um herauszufinden, ob das Unbehagen dann nachläßt, was meistens der Fall ist. Falls nicht, beispielsweise wenn jemand friert, soll sie/er die Übung beenden und zu einem anderen Zeitpunkt, möglichst unter günstigeren klimatischen Bedingungen, wieder aufnehmen.

Alle Erfahrungen sind wichtig für den Veränderungsprozeß, auch die unangenehmen, sofern sie nicht krampfhaft ausgehalten werden, da sie dann mögliche Fortschritte behindern können. Hier liegt die zentrale Bedeutung der Grundregel.

Wenn ich Ihnen diese detailistische Präsentation zugemutet habe, dann in der Hoffnung, daß sie bei Ihnen einen Assoziationsprozeß dazu in Gang setzt - vielleicht schon jetzt, vielleicht auch erst später, wenn sie nochmals darüber nachdenken - was hier alles angerührt, aufgebrochen, ich möchte sagen, "getriggert" wird.

Eins ist hoffentlich klar geworden: Es geht nicht um ein neues Idealbild, wie "richtige" sexuelle Interaktion stattfinden sollte. Kein Mensch, weder Frau noch Mann käme auf die Idee, das so zu gestalten. Das bedeutet aber auch, *alle* Paare, so unterschiedlich ihre individuelle und Partnerproblematik auch sein mag, setzen sich hier neuen Erfahrungen aus. Die alten, eingefahrenen Rituale der Vermeidung resp. die Reinszenierung von Ängsten und Konflikten werden aufgebrochen, müssen sich in diesem Raster neu konstellieren, werden leichter identifizierbar und einer Bearbeitung zugänglich.

Von scheinbar auf Äußerlichkeiten zielenden Streitpunkten, wie etwa der um die Raumtemperatur, die oft das Feld für einen virulenten Machtkampf des Paares darstellen, bis hin zur Inszenierung von Verschmelzung im Dienste der Konfliktverleugnung, wie sie bei Paaren, die die sog. sexuelle Lustlosigkeit der Frau in die Therapie geführt hat, besonders häufig anzutreffen ist, oder dem tentativen Ausleben aggressiver Impulse in diesem geschützten Rahmen und der Angst, die diese Erfahrung zunächst auslösen kann - diese Aufzählung ließe sich lange fortführen - wird eine Fülle therapeutisch relevanten Materials produziert, sicher mehr, als im Rahmen eines zeitlich so begrenzten Konzepts bearbeitbar ist. Hier ist es dann notwendig, aus den Hypothesen über die individuelle und partnerdynamische Funktion des sexuellen Symptoms einen Fokus abzuleiten, der die therapeutische Arbeit strukturiert und die für die therapeutische Technik vorgegebenen Leitlinien, nämlich v. a. positive Erfahrungen der Partner verstärkend aufzugreifen und auftauchende Widerstände erst zu thematisieren, wenn sie persistieren, akzentuiert.

Ich will jetzt noch einen kurzen Überblick über die Abfolge der weiteren Schritte für die *Verhaltensanleitungen* geben. Die Anfangs- und Endphase, das der Entspannung dienende Streicheln auf dem Rücken bleibt bei allen weiteren Schritten erhalten. Nach den ersten Sitzungen wird die Grundregel insofern erweitert, daß die PartnerInnen in der "passiven "Rolle, wenn sie konkrete Verhaltenswünsche an die/den Streichelnden haben, diese ansprechen sollen. Der/dem Angesprochenen ist freigestellt, auf diese Wünsche einzugehen oder aber ihre Erfüllung im Sinne der Grundregel abzulehnen, wenn sie/er sich dadurch gestört oder überfordert fühlt oder ähnliches.

Im nächsten Schritt wird die Aussparung der Genitalien und Brüste zurückgenommen. Sie sollen in das nicht-fordernde, auf Entspannung zielende Streicheln einbezogen werden. Anschließend wird das Paar angeleitet, sich gegenseitig spielerisch und explorierend mit den Genitalien zu beschäftigen. Dieser Abschnitt geht über in entsprechend spielerisch-explorativen Umgang mit intensiver Stimulation und Erregung, zunächst ohne, später mit Orgasmus. In der letzten Phase wird dann auch die Einführung des Gliedes in die Scheide in den spielerisch-experimentierenden Umgang einbezogen. Im Verlauf dieses Prozesses werden die strengen Reglementierungen im Hinblick auf Zeitvorgaben, Aktivität/Passivität usw. allmählich abgebaut. In der Schlußphase werden dann alle Vorgaben zurückgenommen und dem Paar die Entscheidung über die Gestaltung ihrer körperlich-sexuellen Begegnung ganz überlassen. Eine Ausnahme bildet die Grundregel, die beiden Partner als wichtige Grundvoraussetzung befriedigender sexueller Beziehungen, in welcher Form auch immer, mit auf den Weg gegeben wird.

Nach den ersten gemeinsamen Erfahrungen werden sowohl die Frau als auch der Mann angeleitet, auch allein Erfahrungen mit dem eigenen Körper zu machen.

Diese Anleitungen folgen ähnlichen Prinzipien wie die Anleitungen für die gemeinsamen Übungen. Auf die Einzelerfahrungen kann dann in den gemeinsamen Übungen aufgebaut werden (vgl. Hauch 1993).

Die Zeit, die die Paare für die einzelnen Abschnitte brauchen, variiert beträchtlich, abhängig von der jeweiligen Problematik. Nach unseren Erfahrungen können alle Paare von allen Abschnitten profitieren, wenngleich in sehr unterschiedlicher Form. So kann vielleicht ein Paar, das sich im Gefolge einer langjährigen Erektionsstörung des Mannes aufgrund der damit verbundenen Frustrationen und Kränkungen körperliche Kontakte seit langem ganz eingestellt hat, die ersten Streichelübungen, geschützt vor sexuellem Leistungsdruck, als Wiederbelebung langersehnter körperlicher Nähe und Intimität genießen. Dann können eventuell beide sich in ihrem Selbstwertgefühl gestärkt fühlen, da es da doch einen Bereich gibt, in dem sie lustvoll miteinander umgehen können. Ein Paar dagegen, das wegen sexueller Lustlosigkeit in Behandlung gekommen ist und berichtet, daß sie jeden Abend mindestens eine Stunde miteinander kuscheln, kann auf die Anleitung sehr irritiert reagieren, - so nach dem Motto "das können wir doch, deshalb sind wir nicht hier!" - um dann bei den ersten Erfahrungen nach diesen Vorgaben verunsichert festzustellen, vor welche Herausforderung sie sich gestellt sehen, wenn sie beispielsweise durch die klare Trennung von aktiver und passiver Rolle den Weg in die vertraute symbiotische Verklammerung verstellt sehen, mit der sie bisher alle aggressiven Impulse und damit lebendige Sexualität in ihrer Partnerschaft erstickt haben. Ähnliches gilt auch für die anderen Abschnitte der Verhaltensanleitungen. In unserer klinischen Praxis hat es sich jedenfalls bewährt, mit allen Paaren alle Abschnitte durchzuarbeiten, ggf. auch nur kurz.

Ich will an dieser Stelle nochmals nachdrücklich darauf hinweisen, daß es sich um *ein in reflektierter Praxis entwickeltes und empirisch auf seine Effektivität hin überprüftes therapeutisches Konzept* handelt, dessen Wirkfaktoren auf der Basis lerntheoretischer, psychodynamischer und systemischer Konzepte von uns und anderen bisher wohl nur ansatzweise theoretisch erfaßt sind. Das finde ich aber in vieler Hinsicht nicht nur von Nachteil. So hat sich beispielsweise die Annahme von Masters und Johnson, daß sich durch Teamtherapien in der Vierer-Konstellation Übertragungs- und Gegenübertragungsprozesse weitgehend ausschließen lassen, nicht bewahrheitet, was aber für die therapeutische Arbeit keineswegs negativ war, eher im Gegenteil.

Zum Schluß möchte ich noch die wichtigsten *Modifikationen und Akzentverschiebungen,* die sich im Lauf der Jahre ergeben haben, zusammenfassen:

Während anfangs die ersten Abschnitte der Verhaltensanleitungen mehr den Charakter einer Aufwärmphase hatten, gleichsam im Sinne des berüchtigten sog. Vorspiels im Hinblick auf das "Eigentliche", den Geschlechtsverkehr, sind sie im Lauf der Jahre zum zentralen Feld für die Bearbeitung der der Symptomatik zugrundeliegenden Konflikte avanciert. Während in den ersten Jahren unserer Arbeit die therapeutischen Interventionen stärker die auf Nähe und Verschmelzung zielenden Elemente der Verhaltensanleitungen betonten (vgl. die Kritik von Reiche 1981), ergab sich allmählich - sicher beeinflußt durch die sich ausdifferenzierende Debatte um Asymmetrie und Gewalt im realexistierenden Geschlechterverhältnis eine stärkere Betonung auf einem ausbalancierten Verhältnis von Annäherung und Abgrenzung, verbunden mit einer zunehmenden Sensibilisierung für die unterschiedliche Bedeutung, die diese Elemente angesichts der herrschenden geschlechtsspezifischen Rollenbilder und Identitätskonzepte für Frauen und Männer haben. Die Gefahr, den Verführungen der - von Schnarch (1991) sog. - "Pro-Sex-Position", die er mit Recht gerade auch bei der Behandlung von Paaren, die wegen sog. sexueller Lustlosigkeit kommen, für besonders kontraproduktiv hält, wurden mit zunehmender Erfahrung in dieser Arbeit deutlich geringer.

Möglicherweise haben wir aufgrund dieser Veränderungen auch bei der Behandlung von "lustlosen" Paaren mit diesem Konzept ermutigende Erfolge erzielt, obwohl das in der Literatur sehr kritisch diskutiert wird. Es geht bei diesem Konzept eben nicht darum, die Paare sexuell zu beglücken, sondern sie darin zu unterstützen, ihre Ängste und Konflikte, soweit sie sich in der körperlich-sexuellen Interaktion manifestieren, zu bearbeiten. Das kann, muß aber nicht dazu führen, daß beide angstfreier, konfliktfähiger, selbstbewußter und lustvoller miteinander umgehen.

Bezüglich der *Qualifikation von Therapeutinnen und Therapeuten* für diese Behandlungsform möchte ich darauf hinweisen, daß wir in Hamburg an der Abteilung für Sexualforschung an der Universitätsklinik ein umfassendes Weiterbildungscurriculum entwickelt haben. Denn "während die Behandlungsstrategie unkompliziert, vielleicht sogar simpel ist und scheinbar von jedem angewandt werden kann, der die Literatur gelesen hat, ist der Therapieprozeß in Wirklichkeit komplex und erfordert ein großes Ausmaß klinischer und interpersonaler Fähigkeiten" haben Lobitz et al. schon 1974 ausgeführt. Abschließend möchte ich hinzufügen, diese Arbeit erfordert die Bereitschaft, sich mit dem auch für Therapeutinnen und Therapeuten nicht unheiklen Thema Sexualität explizit auseinanderzusetzen.

Literatur

Arentewicz G, Schmidt G (Hrsg) (1993) Sexuell gestörte Beziehungen. Konzept und Technik der Paartherapie. 3. bearbeitete Auflage. Enke, Stuttgart,

Boyle M (1993) Sexual dysfunction or heterosexual dysfunction? In: Wilkinsen S, Kitzinger C (eds) Heterosexuality. Sage, London

Hauch M, Arentewicz G, Gaschae M (1980) Manual zur Paartherapie sexueller Funktionsstörungen. In: Arentewicz G, Schmidt G (Hrsg) Sexuell gestörte Beziehungen. Konzept und Technik der Paartherapie. 3. bearbeitete Auflage. Enke, Stuttgart

Hauch M (1993) Meine Lust-Deine Lust-Keine Lust. Überlegungen zu Lust und Sexualität im Kontext geschlechtsspezifischer Arbeitsteilung. In: Profa (Pro Familia?) (Hrsg) Zwischen Lust und Technik. Unsicherheiten mit dem Sexuellen." Reader zur gleichnamigen Tagung vom 26.-28.11.1992 in Göttingen

Hauch M (1994) Gewalt in der Liebe. Z Sexualforsch 7 : ??

Hauch M (1995) Lust als Machtfrage. Pro Familia, Ortsverband München (Hrsg) Paare, Liebe. Jahresheft 1 : ??

Hauch M, Lange C (1995) Lüste-(Alt)Lasten-Liebeschancen. In: Hotfilter-Menzinger Ch (Hrsg) Die Last mit der Lust. Piper, München

Irvine J (1990) From difference to sameness: Gender ideology in sexual science. J Sex Res 27 : 7-24

Kring B (1996) Sexuelle Appetenzstörungen - diagnostische Abklärung und Behandlung. In: Buchheim P, Cierpka M, Seifert Th (Hrsg) Lindauer Texte. Springer, Berlin Heidelberg New York

Lange C (1994) Das Gleiche ist nicht dasselbe. Subversive Elemente des Paartherapiesettings im Hinblick auf das Geschlechterverhältnis am Beispiel "Lustlosigkeit". Z Sexualforsch 7 : 52-61

Lobitz WC, LoPiccolo J, Lobiotz G, Brockway J (1994) A closer look at the simpistic behavior therapy for sexuel dysfunctions: Two case studies. In: Eysenck HJ (ed) Case studies in behavior therapy. Routledge & Kegan, London

Masters WH, Johnson VE (1966) Human sexual response. Little & Brown, Boston

Masters WH, Johnson VE (1977) Human sexual inadequacy. Little & Brown, Boston

Reiche R (1981) Buchbesprechung "Sexuell gestörte Beziehungen". Psyche 35 : 376 - 380

Schmidt G (1993) Tendenzen und Entwicklungen. In: Arentewicz G, Schmidt G (Hrsg) Sexuell gestörte Beziehungen. Konzept und Technik der Paartherapie. 3. bearbeitete Auflage, Enke, Stuttgart

Schmidt G (1996a) Das Verschwinden der Sexualmoral. Klein, Hamburg

Schmidt G (1996b) Paartherapie bei sexuellen Funktionsstörungen. In: Sigusch V (Hrsg) Sexuelle Störungen und ihre Behandlung. Thieme/V&R, Stuttgart

Schnarch DM (1991) Constructing the sexual crucible. An intergation of sexual and marital therapy. Norten, New York London

Sigusch V (Hrsg) (1996) Sexuelle Störungen und ihre Behandlung. Thieme/V&R, Stuttgart

Sigusch V (1996) Organogenese sexueller Funktionsstörungen. In: Sigusch V (Hrsg) Sexuelle Störungen und ihre Behandlung. Thieme/V&R, Stuttgart

Singer-Kaplan H (1984) The new sex therapy. Brunner & Mazel, New York

Stekel W (1920) Die Impotenz des Mannes. Urban & Schwarzenberg, München Wien Baltimore

Thüngen-Eschmann A v (1994) Lustlose Paare - eine Herausforderung für die Sexualtherapie. In: Pro Familia München (Hrsg) 25 Jahre Pro Familia München (Jubiläumsband)

Tiefer L (1986) In pursuit of the perfect penis. The medicalisation of male sexuality. Am Behav Sci 29 : 579-599

Tiefer L (1988) A feminist critique of the sexual dysfunction nomenclature. Women Therapy 1 : 5-21

Tiefer L (1991) Historical, scientific, clinical and feminist criticism of "The human sexual response cycle" model. Ann Rev Sex Res 2 : 1-23

Tiefer L (1994) Sex is not a natural act. Z Sexualforsch 7 : 36-42

Sprachloser Sex ist stumme Musik

Klaus Heer

Sprachlose Sexualität ist zwar keine anerkannte sexuelle Störung, aber – wie die Überschrift des Beitrags sagt – immerhin "stumme Musik". Und "stumme Musik" ist eine so bemerkenswert paradoxe Erscheinung wie "trockenes Wasser".

Daß Sexualität in sog. intimen Beziehungen häufig lautsprachlich verstummt ist, sowohl in den Betten als auch außerhalb, das ist für Therapeutinnen und Therapeuten in der Tat ein attraktives Thema. Literatur gibt es darüber fast keine. Alltagssexualität scheint die Sexualforschung kaum zu interessieren, außer es handelt sich um handfeste Defekte, allen voran Paraphilien und Impotenz – allenfalls noch Anorgasmie. Vielleicht ist die alltägliche sexuelle Stummheit aber auch deshalb kein Thema, weil die Fachleute selbst heute noch fast genauso "stumme Musiker" sind wie jene, die sie mit ihren Schwierigkeiten aufsuchen. Dies könnte für uns ein prekärer Befund sein und darüber nachzudenken ein aufregendes Unterfangen.

Ich möchte von meinem Eindruck ausgehen, daß Sexualität die Menschen in sehr vielen, wenn nicht in den meisten festen Beziehungen nicht befriedigt. Meine tägliche Arbeit mit differenzierten und mutigen Klientenpaaren und meine eigenen Erfahrungen haben mich davon überzeugt, daß sexuelle Begegnungen, besonders, wenn sie Jahre überdauern sollen, ein ausgesuchtes Kunststück sind. Leider hat noch niemand abschließend herausgefunden, wie ein Paar dieses Kunstwerk zustande bringen kann. Aber ich bin ziemlich sicher, daß es einem stummen Paar besonders schwer fallen wird. "Ja, aber!" wenden stumme Paare ein, besonders sprachlose Männer. "Sexualität ist doch etwas Natürliches, das wir mit den Tieren teilen. Der Kopf und all das Gerede machen uns nur unsicher."

Biologen rechnen uns tatsächlich vor, daß der Mensch 98% seines biologischen Erbgutes mit dem Schimpansen gemeinsam hat. Haben die Schimpansen vielleicht Sexprobleme? – Nicht daß ich wüßte. In den Köpfen vieler Menschen muß die Sexualität nicht nur "natürlich" ablaufen, sondern auch unbedingt spontan. "Spontan" heißt nichts anderes als "sprachfrei", von selbst, vollautomatisiert und servogelenkt. Was sich nicht spontan ergibt, ist nichts wert. Ein Graus die Idee, Sex könnte geplant und abgekartet sein. Und daß auch die Sprache es in sich hätte, spontan zu fließen – niemand kann sich das vorstellen. Reden während der

Paarung oder über Sexualität ist also ein echtes Tabu: Das tut man nicht. Peinlichen Vorgängen im Bett noch peinlichere Worte hinzufügen ist für die meisten Paare fremd und eine schiere Überforderung.

Beliebt ist darum auch die Formulierung: "Wir wollen unsere Sexualität nicht zerreden". Sie wird aber nicht etwa von den Paaren gebraucht, die das tatsächlich tun (das gibt es vereinzelt auch), sondern von jenen, die noch gar nicht damit begonnen haben, ihre Ängste, Enttäuschungen und Unsicherheiten in Worte zu fassen. Dahinter steckt die uneingestandene Furcht, daß alles noch viel schlimmer wird, wenn es offen auf den Tisch kommt. Interessanterweise scheinen viele Paare nicht in erster Linie darauf aus zu sein, es miteinander möglichst gut zu haben im Bett. Viel bedeutsamer ist ihnen, daß das "normal" ist, was sie da machen.

Lieber zölibatär als "abnormal"

Natürlich hat das viel mit Scham zu tun. Solange die Menschen nämlich nicht ins "Abnormale" abrutschen – so nehmen sie stillschweigend an – entgehen sie der Gefahr, sich schämen zu müssen. Schließlich sind sie ja, so nackt und bloß – weiß Gott schon exponiert genug. Wenn aber elementare Bestandteile des als "normal" eingestuften sexuellen Prozedere gar gestört sind oder ausfallen, werden viele unruhig. Sie neigen dazu, ihre ganze Sexualität für gescheitert zu erklären und zum epidemisch verbreiteten ehelichen Zölibat überzugehen – wortlos, versteht sich. Also lieber gar keinen Sex als einen mit verklemmtem oder nicht vollsynchronisiertem Orgasmus z. B.

Seit wir von den Bäumen heruntergekommen sind, hat sich unsere Sexualität entscheidend verändert. Die starren Brunstzeiten gibt es nicht mehr: Wir sind jederzeit ansprechbar für geschlechtliche Annäherung. Der aufrechte Gang läßt uns die feinen, schwielenlosen Hände frei für ein kunstvolles Liebesspiel. Die Paarung von vorne gibt uns die Möglichkeit, über die Augen einen intensiven seelischen Kontakt miteinander aufzunehmen. Zudem hat die Evolution den Menschen aus der instinktgesteuerten Sicherheit seines Handelns entlassen. Instinktreduziert lebt er in einer offenen Welt und ist gezwungen, sich seine Umgebung und seine Anpassung selbst zu erschaffen, auch in der Sexualität. Der Mensch muß den Verlust an Instinktsicherheit seines Tuns durch Lernprozesse ausgleichen. Seine neuen Instrumente: das Denken und die Sprache. Doch den Menschen scheint diese Gabe über Jahrtausende entgangen zu sein. Es ist noch gar nicht lange her, daß sie kaum auf die Idee kamen, den Geschlechtsverkehr als ausgiebige genüßliche und kommunikative Betätigung zu erfahren. Sex fand dem Vernehmen nach unter der schnörkellosen Regie des Mannes im Dunkeln, unter dem Bärenfell, später unter der Bettdecke, stumm und ohne Vor- und Nachspiel statt. Die Lustfähigkeit der Frau war erst recht kein Thema. Auch heute noch ist es eine landläufige dumpfe Lieblingsidee, daß Lust etwas Triebhaftes, Unbewußtes, nicht wirklich Steuerbares ist, das uns treibt, bestimmt und determiniert. Es ist sinnlos, ja störend, darüber nachzudenken und zu reden. Hauptsache, die Spannungsabfuhr funktioniert.

Dieses Konzept läßt sich nur umsetzen in Form des heterosexuellen Allerweltsgeschlechtsverkehrs. Hier ist immer nur die Frage, ob, niemals aber wie. Die Entscheidung für oder gegen einen Koitus fällt bei vielen Paaren aufgrund von nichtsprachlichen Signalen, die sich im Lauf der Zeit entwickelt haben. Ein Mann erzählte mir z. B., daß er nur an den immergleichen Geschlechtsverkehr herankomme unter der Bedingung, daß seine Frau in der Badewanne sitzt und ihm gestattet, hinter ihr in der Wanne Platz zu nehmen. Für den Fall, daß sie ihn anweist, sich ihr gegenüber hinzusetzen, ist ihr immer nach Auseinandersetzung zumute und aus Sex wird nie etwas.

Wenn es den Menschen nicht gelingt, den kahlen arterhaltenden Geschlechtsverkehr ordnungsgemäß und regelkonform zu vollziehen, fassen sie das häufig in dem Satz zusammen: "Bei uns klappt es im Bett nicht mehr". In meinen Ohren tönt das ähnlich wie "Bei der Pumpe ist das Ventil ausgestiegen". Oder: "Der Vergaser ist hoffnungslos verrußt". Einerseits verrät die Sprache hier mechanische Vorstellungen von Sexualität. Was nicht klappt, muß geflickt werden. In der Therapie am liebsten mit geeigneten Tips und Tricks. Andererseits stecken hinter der mechanischen Ausdrucksweise aber auch naive harmoniesüchtige Idealvorstellungen. Sexualität sollte so paradiesisch-pannenfrei "klappen", wie sie in den ersten Wochen und Monaten der Beziehung angelaufen ist. Damals waren doch alle Worte überflüssig, wenn sie nicht sogar gestört hätten. Wahre Liebe und himmlisches Verfließen sollten sich von selbst einstellen, für und für, – vorausgesetzt man paart sich mit dem richtigen Partner, der passenden Partnerin. Flächendeckend folglich auch die Enttäuschung, wenn sich der Verschmelzungskitsch gegen die Beziehungsrealität nicht durchzusetzen vermag.

Entblößter als nackt

So stauen sich in den meisten Köpfen die Argumente für die sprachlose Liebe. Mehr noch: Man fürchtet sich davor, daß die symbiotische Einheit durch Reden zersetzt werden könnte. Es ist die Angst, die Eindeutigkeit der Gefühle würde getrübt und zerstört. Später, wenn Trübung und Zerstörung bereits um sich gegriffen haben, drängen Scham und Angst die Sehnsucht zurück. Die Angst, sich schämen zu müssen, die Angst auch, daß die Scham vom anderen gesehen werden könnte, treiben die beiden je in ihre Einsamkeit. Jetzt reden – das wäre das Schlimmste: Das Bedrohliche und Schmerzliche würden augenblicklich vervielfacht. Reden könnte das ganze Ausmaß der Widrigkeit mit einem Schlag enthüllen. Ich würde mich weit über meine körperliche Nacktheit hinaus entblößen und mich zu erkennen geben.

Wenn ich das Unsägliche ausspreche, so fürchte ich, verletze ich den anderen, der ja ebenso nackt ist wie ich. Und ich will auch nicht schuld sein, wenn alles schiefgeht. Will lieber den Schaden begrenzen, hinter dem schützenden Schleier des Schweigens und des Tuns als ob. Gewöhnlich glaubt und hofft man, mit Hilfe stummer nichtverbaler Botschaften die Gefahr zu bannen, zurückgewiesen und beschämt zu werden. Körpergesten bestehen dann aus versteckten Andeutungen, die bei Bedarf immer dementierbar sind. Der Mann, der seiner Frau am Tisch zwischen die Schenkel langt, kann notfalls seine sexuellen Absichten leugnen und damit sein Gesicht wahren, wenn sie seine Hand wegnimmt. Würde seine verbale Anfrage verbal abgelehnt, wäre das schmerzlicher und peinlicher für ihn.

Beliebt und weitverbreitet ist auch die Überzeugung, daß der andere "spüren" müsse, was gemeint und gewünscht ist, da man es ihm doch gezeigt habe. So gibt z. B. eine Frau ihrem Mann jahrelang nasse Küsse ins Ohr, weil sie das so gern hat. Sie sagt es ihm aber nicht. Warum? Es ist eben viel mehr wert, wenn er es selbst merkt. Doch das einzige, was der Mann merkt, ist, daß er nasse Küsse ins Ohr haßt. Es gibt also einen unausgesprochenen kompakten Konsens, daß Sexualität besser aufgehoben ist im Halbdunkel des Unausgesprochenen und daß ihr die grellen Scheinwerfer der artikulierten Sprache nicht gut bekommen. Allerdings baut sich da auch ein gegenläufiger Trend auf: Die Medien lassen immer weniger solche Redehemmungen gelten. Gewiß nicht aus lupenreinen wohltätigen Motiven, sondern weil man sich damit bequem die Marktchancen verbessern kann. Sexualität ist ein öffentliches Thema, mehr und mehr. Kein noch so entlegenes und exotisches sexuelles Problem, das nicht schon den Weg in die Beratungsspalten eines Boulevardblattes oder einer Frauenzeitschrift gefunden hätte. Immer finden sich Leute, die mit vollem Namen und vor laufenden Fernsehkameras Intimstes auspacken. Und pornographische Erzeugnisse sind heute jedermann leichter zugänglich denn je.

Therapie als Anstoß

Sexualität ist also ein etabliertes Thema in der Öffentlichkeit, doch im Dunstkreis der eigenen vier Wände hat sie immer noch wenig bis gar keine Chance als Gesprächsgegenstand. Vereinzelte Paare wählen die vermittelnde Modellsituation der Paartherapie, um ihren Verständigungsproblemen auf den Leib zu rücken. Ein paar wenige Männer und Frauen kommen in der Therapie von sich aus auf ihre unbefriedigende Sexualität zu sprechen. Sie formulieren ihr Problem meist allgemein, indem sie etwa sagen: "Und da ist es nicht verwunderlich, daß meine Gefühle nicht mehr mitmachen". Oder: "Ich komme seit vielen Jahren zu kurz als Mann". Die meisten Paare sind darauf angewiesen, daß der Therapeut, die Therapeutin das Thema explizit anstößt und es unbefangen in Gang hält. Sie sind ausdrücklich dankbar dafür, wenn sich jemand schwindelfrei im unwegsamen Gelände ihrer problematischen Sexualität bewegt und sie dabei unerschrocken und, wenn's geht, auch mit einer Prise herzwarmen Humors, bei der Hand nimmt.

Die Schwierigkeiten beginnen schon damit, daß das Paar es nicht schafft, ein Gesprächssetting herzustellen, das der anspruchsvollen Thematik gewachsen wäre. Manche versuchen ein Gespräch anzuzetteln mitten in der Nacht; oder kaum ist die Lieblingsfernsehsendung des Partners angelaufen. Oder während der Morgentoilette, oder wenn der andere gerade dabei ist, das Haus zu verlassen. Der allerungeeignetste Ort für ein Gespräch über Sexualität ist der traditionelle Schauplatz des Geschehens selbst: das Bett. Wieviele Ehebetten sind belastet nicht nur von schwer verkraftbaren sexuellen Mißlichkeiten, sondern darüber hinaus auch noch von all den fehlgeschlagenen Versuchen, mit den enttäuschenden Erfahrungen klarzukommen. Klarheit setzt Distanz voraus. Also Distanz vom Tatort, örtlich und zeitlich. Und auch emotional. So kann man vielleicht eher verhindern, von bedrängenden Gefühlen überschwemmt zu werden. Dies scheint in horizontaler Lage nur schwer realisierbar. Krisensitzungen im Bett zu nachtschlafener Zeit sind geeignet, jede Krise zu verschärfen, oder jeden Impuls verpuffen zu lassen. Aufrecht lassen sich die Dinge, die einem so nahegehen, unverzagter und auch erfolgversprechender anschauen und ansprechen.

Verstopfte Ohren

Doch das Schwierigste am intimen Gespräch ist nicht das Reden, sondern das Zuhören. Sich Ausdrücken ist ja erleichternd und befreiend, wenn jemand da ist, der es hören will, der interessiert ist, der mir den Platz dafür schafft, daß ich mich zeigen kann, der mein Erleben für ebenso wichtig und wahr nimmt wie sein eigenes, auch wenn sich die beiden Wahrnehmungen als unvereinbar auszuschließen scheinen.

Ein Beispiel: In vielen festen Beziehungen hat ein Partner ausgeprägtere sexuelle Bedürfnisse als der andere. Der weniger Bedürftige hat oft unglaubliche Mühe, dem Bedürftigeren seine unbehagliche Situation in der Beziehung verständlich darzustellen. Der Bedürftigere fühlt sich nämlich sofort abgewertet oder angegriffen. Er kann damit seinem weniger bedürftigen Partner in keiner Weise das Gefühl vermitteln, daß er an ihm und seiner Lage interessiert ist. Mit anderen Worten: Die gemeinsame gestörte Sexualität geht Mann und Frau so bedrohlich nahe, daß sie zwischen Du und Ich nicht mehr unterscheiden können. Das Problem scheint die Grenzen zwischen beiden aufgelöst zu haben. Es schwappt ungehindert vom einen zum anderen hinüber. Der eine fühlt sich zwangsläufig schuldig, weil der andere ein Problem hat. Und keiner kann sich artikulieren, keiner wird sich verstanden fühlen. Die Folge: Auf die sexuelle Schwierigkeit türmt sich eine zweite Klemme – die Unmöglichkeit, sich zu verständigen. Die Lösung des ursprünglichen Problems rückt weiter weg denn je. Die Sprache, wohl eigentlich gedacht als Instrument zur gemeinsamen Handhabung von Differenzen und Unstimmigkeiten, erweist sich als untauglich. Dies wiederum empfinden viele Menschen als ziemlich bösartiges Problem. Der Rückzug in die resignierte Sprachlosigkeit liegt nahe.

Vielleicht wenden Sie ein, Sexualität sei schließlich nichtverbale, körpersprachliche Kommunikation. Die Bemühungen der Therapeuten müßten darauf abzielen, diese elementare Verständigung vom komplizierten wortsprachlichen Überbau zu befreien. Schön wär's! Leider haben wir mit dem Rausschmiß aus dem Paradies die Unschuld und Eindeutigkeit unserer Körpergesten verloren. Stellen Sie sich die Frau vor, die nackt zu ihrem Mann unter die Bettdecke schlüpft. Nehmen wir an, sie möchte Geborgenheit, Nähe, Wärme. Ihr Sinn steht nach Haut, ganz eindeutig. "Schleimhaut!" übersetzt ihr Mann ihre Signale. Er mißversteht ihr Verhalten als sexuellen Wunsch und arbeitet ab sofort auf den Geschlechtsverkehr hin.

Nach Watzlawick (1969) kommunizieren wir immer auf zwei Leitungen gleichzeitig. Was wir mitteilen, wird begleitet von Informationen, die klarmachen sollen, wie das gemeint ist, was wir mitteilen. Was auf der Haut gespürt wird, wird immer auch im jeweiligen Beziehungskontext verstanden. Die Begleitsignale auf der Beziehungsebene geben z. B. darüber Auskunft, wie eine physische Annäherung zu entschlüsseln ist: Muß sie mit "Aufeinanderzugehen" oder mit "Aufeinanderlosgehen" übersetzt werden? Heißt sie "Sichnäherkommen" und "Sichnahestehen" oder "Sichzunahetreten"? Möglich wären auch "Aufeinandereingehen" oder aber "Übereinanderherfallen", "Eingelassenwerden" oder "Einbrechen". Die gleiche Umarmung kann ebensogut Besitzergreifen, Festhalten oder

Freiheitsberaubung bedeuten wie Angenommensein, Geborgenheit, Sicherheit oder Liebe. Und noch vieles andere mehr. Auch "Nein" ist nicht einfach "Nein". Der eine versteht "Nein" als klare und endgültige Weigerung und läßt ab von seinem sexuellen Vorhaben. Der andere liest es als herausfordernde Aufforderung, erst recht weiterzumachen. Nicht einmal auf das ganz gewöhnliche Schweigen ist Verlaß. Ist es wortloses Einverständnis, wohliges Schnurren, geduldiges Warten, stumme Hilflosigkeit, gekränktes Sichzurückziehen, bitterer Liebesentzug oder rücksichtslose Erpressung? Oder etwas ganz anderes? Sobald man sich in die Nähe kommt, kann man nicht nicht kommunizieren. Jeder Kontakt, sei er wortsprachlich oder körpersprachlich, ist grundsätzlich übersetzungsbedürftig, weil mißverständnisanfällig.

Zugegeben, das tönt jetzt alles reichlich kompliziert und düster. Ein Wunder, so scheint es, wenn es überhaupt lustvolle Paarungen gibt, die nicht im dichten Gestrüpp von Mißdeutungen hängenbleiben. Ganz so schlimm ist es glücklicherweise nicht. Wir gehören nämlich alle einer gemeinsamen Körper- und Sex-Kultur an, die von vornherein einigermaßen Klarheit schafft über die Zeichen und Bedeutungen erotischer Körpersprache. Und je länger zwei Partner miteinander vertraut sind, umso umfangreicher und verläßlicher wird auch ihr individueller gemeinsamer Vorrat an verständlichen Körpergesten. Gleichzeitig nehmen aber mit den Jahren auch die Korrosionserscheinungen in der Sexualität zu, wenn Sprachlosigkeit herrscht. Andauernde Stummheit produziert andauernde Stummheit. Unausgesprochene heikle Dinge verklumpen und verhärten sich mit der Zeit. Es wird immer schwieriger, die Scham- und Angstschwelle zu überwinden und sich zu öffnen. Vermutlich gelingt das vielen Paaren höchstens mit professioneller Hilfe – vorausgesetzt, sie ist wirklich professionell.

Ich gehe davon aus, daß es auch für geübte Therapeutinnen und Therapeuten schwierig ist, mit der stummen Blockade eines gemeinsam mauernden Paares zurechtzukommen. Das Klima in manchen Beziehungen ist offensichtlich von Mangel und Unwirtlichkeit gezeichnet. Da wäre es wohl ein unauffälliger, aber gravierender Kunstfehler, sich in aller Stille mit dem Schweigen des Paares über seine Sexualität zu verbünden – nur weil man selbst voller Angst und Hemmungen ist. Oft höre ich von Klienten, bei früheren Therapieversuchen sei über alles Mögliche gesprochen worden, nur nicht über "das heiße Eisen". Das sieht nach verpaßten Chancen aus, denn viele Paare sind erleichtert, wenn ihr Therapeut, ihre Therapeutin fähig ist, sorgfältig und entschieden den lähmenden Bann zu brechen. "Brechen" tönt andererseits auch wieder nicht so gut. Widerstand wird mit Vorteil nicht gebrochen, sondern zum Thema gemacht. Dies aus der Erkenntnis heraus, daß solche Barrieren meist einen Sinn im psychischen System des einzelnen oder im Paarorganismus haben.

Prekäres Vokabular

Wie auch immer: Wenn selbst die Wörter fehlen, läuft gar nichts. Dabei wäre alles da. Jedermann könnte sich nach Herzenslust bedienen an einem bestehenden satten erotischen Wortschatz. Z. B. Bornemans (1971) Standardwerk "Sex im Volksmund, die sexuelle Umgangssprache des deutschen Volkes" ist ganze sechs Zentimeter dick. Für "koitieren" fand Borneman in deutschsprachigen Landen über 1500 Wörter, 850 für Scheide und 1100 für Penis. Viele davon sind witzig und ausgesprochen geistreich, einige scharfzüngig und beißend. Extrem karg und ärmlich hingegen präsentiert sich unser alltägliches Sexvokabular. Oder fallen Ihnen vielleicht auf Anhieb mehr als drei brauchbare Wörter für "Penis" ein? Der rechtschaffene Duden füllt immerhin eine halbe Spalte mit einschlägigen Synonyma ab. Bei genauerem Hinsehen wird aber deutlich, wo die Schwierigkeit liegt. Hinter den allermeisten Ausdrücken steht in Klammern entweder: "kindersprachlich" (z. B. "Zipferl", "Pillermännchen", "Piephahn"), "scherzhaft" ("Gießkanne", "Elfter Finger", "Hanswurst"), oder "salopp" ("Gurke", "Horn", "Lümmel"), "umgangssprachlich" ("Apparat", "Johannes") oder aber – am häufigsten – "vulgär" ("Ständer", "Schwanz", "Fummelhobel").

Es gibt wohl kein anderes Thema auf der Welt, das derart von merkwürdigen Bezeichnungen durchsetzt ist wie die Sexualität. Da sind die sauberen und linkischen Wörter wie "verkehren", "beiwohnen" oder "etwas miteinander haben". Und die Dreckswörter wie "ficken", "vögeln" und "besteigen". Dazwischen ist nicht viel. Sauberer und dreckiger Sex – das entspricht der fatalen, alteingesessenen Unterscheidung zwischen Sex mit Liebe und Sex ohne Liebe. "Mit Liebe" heißt dann im amerikanischen Sprachgebrauch "make love". Ohne kann man's gut zum Fluchen gebrauchen: "Fuck you!" Wo um Himmels Willen sind die sexuellen Wörter, die ebenso verständlich, selbstverständlich und liebenswürdig klingen wie "Blume" oder "Hand"? Wer auf deutsch über Sex sprechen will, muß eben mehrsprachig sein. Er hat je nach Kontext zügig von einer unpassenden Sprache zur passenden anderen zu wechseln. Nehmen wir z. B. das "Scrotum". Wenn Sie mich jetzt verstehen, oder diesen Begriff aus der exklusiven Fachsprache sogar in Ihrem aktiven Wortschatz bereithalten, gehören Sie zum innersten Kreis der Insider. Sie können darauf zählen, daß Sie damit von den meisten Leuten nicht verstanden würden. Fachsprachen sind Geheimsprachen. In der hohlwangigen Bürokratensprache heißt das Scrotum "Hodensack", auf alltagssprachlich kurz "Sack" (wenn das Ding überhaupt je in Gesprächen auftaucht). In blumiger Sprache kommen etwa "Eierschaukel" oder "Dudelsack" zum Zug, untergrundsprachlich eher "Pulverkiste" oder "Kugellager".

Andere sexuelle Wörter sind zwar frei im Umlauf und verständlich, haben aber nach meinem Empfinden einen mißlichen Beigeschmack. Das Wort "Busen" z. B.

hat seine etymologischen Wurzeln gemeinsam mit "pusten", "Pausback", "Bausch", "böse" und "Beule". Genau so unsympathisch tönt "Busen" auch in meinen Ohren. Anderen Ohren – so vermute ich – kommt "Brust" oder gar "Brüste" lautklanglich zu prall vor, zu deftig, zu saftig. Das ist wohl der Grund, warum "Busen" vornehm ausweichend den Bereich zwischen den Brüsten bezeichnet, nicht die Brüste selbst. Und diese entsetzliche "Warze" auf der Brust der Frau – hat sie vielleicht derlei verbale Verschandelung verdient? Die Warze gehört doch auf den Nasenrücken – v. a. von Hexen, wenn ich mich richtig erinnere. Oder wie empfinden Sie "bumsen" – ein Wort, dem man jetzt mehr und mehr auch in der Schweiz zu begegnen das Vergnügen hat? Irritiert es Sie nicht auch, daß der Duden als erste Bedeutung "dröhnend aufschlagen" angeben muß – Nomen est omen – und erst als zweite: "koitieren"? Unmittelbar darunter steht das hocherotische "Bumsvoll".

Noch um einiges unappetitlichere indogermanische Hintergründe hat das Wort "Fotze". Es kommt schlicht von "faulen" und "stinken". In Wirklichkeit läuft doch derlei mit Vorliebe eher unter männlichen Vorhäuten.

Blutleere und aggressive Metaphern

Einige Wörter mit sexueller Bedeutung verundeutlichen mehr als sie beim Namen nennen. Mit dem Oberbegriff "Sexualität" fängt es bereits an. Erst seit etwa hundert Jahren wird er im heutigen Wortsinn verwendet, und zwar nur in der westlichen Welt. Er verdrängte geschmacklich intensivere Begriffe wie "Leidenschaft, Sinnlichkeit, Geschlechtsgenuß, Begierde, himmlische Wonnen, Liebeslust, Wollusttrieb und Lustreiz". Unabweislich vatikanische Obertöne hat das Adjektiv "genital". Man muß es mit "zur Zeugung gehörig" übersetzen. Keine Lust dabei, weit und breit!

Gar nicht lustvoll hebt die Sprache an zu singen, wenn es um den weiblichen Schoß geht. Dort sitzen Schamhaare auf den Schamlippen und rund herum und auf dem Schamhügel, und das Ganze nennt sich "die Scham" – natürlich nur bei der Frau. Die meisten sexuellen Wörter bezeichnen in ihren Herkunftsbereichen etwas ganz anderes als im sexuellen Zusammenhang. Dort werden sie also metaphorisch verwendet. Beispielsweise hat die lateinische "Vagina" (zu übersetzen mit: "Schwertscheide") die verschiedenartigsten Metaphern auf den Plan gerufen. Kindliche: "Müscheli" oder "Schnäggli" in rührendem Schweizerdeutsch. Verdinglichende: "Steckdose", "Mörser" oder "Einstiegluke". Und aggressiv-abwertende Metaphern: "Schützengraben", "Bohrloch" oder "Runzelfalle". Andere metaphorische Ausdrücke sind ausgesprochen blutleer und verunklärend: Wenn zwei "miteinander schlafen" und dabei geschlechtlich verkehren wollen, müssen sie über seltene somnambule Fähigkeiten verfügen. Beim "Blasen" wird alles andere als geblasen, sondern gelutscht, geleckt, gesaugt, gezüngelt, gebissen, geküßt. "Bist du gekommen?" heißt genau genommen nur: "Wo bist du eigentlich bis jetzt gewesen?"

Paartherapie könnte also zeitweise Sprachunterricht sein. Nicht daß es darum ginge, den wortkargen Paaren eine bestimmte Sprache mit einem bestimmten Vokabular beizubringen. Die Aufgabe der Fachperson könnte es eher sein, durch Fragen an Mann und Frau herauszuarbeiten, wie und mit welchem gemeinsamen Code sie sich am besten verständigen könnten. Dann stelle ich mir vor, daß man solange gemeinsam Wörter und Sätze suchen und anprobieren könnte, bis sie beiden Partnern als passend vorkommen. Sie dürfen auch ermutigt werden, nach selbstgeschaffenen Wörtern und Wendungen zu fahnden, um Sexuelles zu bezeichnen. Wenn zwei Menschen intim werden, denken wir zwar unwillkürlich an einen bestimmten physiologischen Vorgang. Doch die wenigsten sind bereit, sich damit zufriedenzugeben, sich mit Hilfe eines funktionstüchtigen Mechanismus von Erregung und Entladung periodisch erleichtern zu können. Vielleicht trifft das am ehesten noch zu für ein paar unsensible männliche Auslaufmodelle verflossener Evolutionsstufen.

Kein Spiel ohne Sprache

Sexualität ist für uns heutige Menschen ein Intimitätserlebnis, das wir wie kein anderes als Ausdruck unserer Gesamtpersönlichkeit selbst gestalten können. Intim werden heißt eben sich entblößen von oben bis unten, mit Haut und Haaren, mit Leib und Seele. Wir entblößen uns voreinander nicht etwa in zufälliger oder willkürlicher Weise. Selbst wenn wir überzeugt sind, Sexualität sei etwas "Natürliches" oder sie müsse "spontan" ablaufen, haben wir in Wirklichkeit unsere steuernden Konzepte im Kopf. Und seien es nur bestimmte Vorstellungen von "normal" und "abnormal". Es gibt keine menschliche Sexualität ohne Drehbuch. Wir inszenieren unsere intimen Begegnungen. Je bewußter uns das ist, um so größer wird unser Spielraum. Ja, Sexualität ist Spiel. Das erkennt man, sobald man versucht, das Drehbuch nach den gemeinsamen persönlichen Bedürfnissen zu schreiben. Und ohne Sprache geht das nicht.

Ohne Sprache gibt es keine Alternative zu der öden orgasmusfixierten Standardbegattung, über die sich viele Leute gegenüber Meinungsforschern "zufrieden" äußern, weil sie nichts anderes kennen. Ohne Sprache kein Spiel. Wenn keiner fragt: "Willst du mit mir spielen?" und "Was wollen wir zusammen spielen?", sind nur die stieren Abläufe zu erwarten. Doch in den wenigsten mentalen Bildern kommen Sexualität und Spiel gemeinsam vor. Erstaunlicherweise würden sich wohl die meisten Menschen eher die Zunge abbeißen als miteinander detailliert phantasieren und festlegen, wie sie sich heute abend oder morgen früh paaren könnten. Vor die Wahl gestellt, würden sie sich ohne zu zögern für den ausgelatschten sexuellen Trampelpfad entscheiden. Sie hatten in ihrem Leben wohl nie Gelegenheit, zu erfahren, daß Liebe nicht nur durch die Haut geht – und in verdaulicher Form durch den Magen. Sie kann in prickelnder Weise auch auf den hauchdünnen Flügeln der Sprache ins Innerste eindringen. Verstehen Sie mich bitte richtig: Daß Sexualität und Sprache sehr intim miteinander verbunden werden können, ist meine persönliche Vision. Andere Menschen und Paare leben und lieben – ob sie's wissen oder nicht – nach anderen Konzepten. Z. B. liebt sich's gut bis sehr gut auf animalisch. Vorausgesetzt, die zwei sind begabt dafür. Ich kann mir auch mühelos vorstellen, daß es sogar unglaublich aufregend sein kann, sich beim Sex einzig und total von der Fortpflanzungsidee erfaßt zu fühlen. Andere Paare erleben ihre Leidenschaft vielleicht im Schoß eines spirituellen Einverständnisses. Alle diese Konzeptionen lassen sich auch verwirklichen ohne Worte – und wie! Sicher für eine gewisse Zeit. Und immer, mit oder ohne Sprachbegleitung, ist die Qualität der Fleischeslust abhängig von der Qualität der Alltagsbeziehung oder sagen wir – fast immer. Und für meine Vision setze ich, wie alle Utopisten, günstige Bedingungen voraus.

Darum bin ich jetzt bei der spannendsten Frage: Reden Sie auch beim Sex? Und wenn ja, was sagen Sie? Oder kennen Sie nur den Stummfilmsex? Wenn ja, gelüstet es Sie, Ihre Sexualität zu vertonen? Wenn ja, was hätten Sie davon? Vielleicht möchten Sie einfach lieber nicht zu den Zweidritteln aller Männer und Frauen gehören, die ihren Partnerinnen und Partnern im Bett niemals sagen, was sie gern haben und was nicht. Wenn Sie es tun, steigen Ihre Chancen, daß Ihre Wünsche in Erfüllung gehen. Natürlich kommt es vor, daß Gesten deutlicher und schlüssiger sind als Wörter. Wie eine Klitoris berührt und gereizt werden möchte, läßt sich leichter zeigen als beschreiben.

Intim oben und unten

Wenn wir intim werden mit jemandem, hoffen wir tatsächlich auf Intimität. Haut und Schleimhäute berühren und reiben sich. Wir sind erregt, berauscht vielleicht sogar. Doch unser Herz und unsere Seele möchten auch. Sie möchten oben genauso intim werden wie unser Geschlecht unten. Sie drängen darauf, sich nahezukommen, sich zu betasten und zu begreifen. "Sich erkennen" heißt das geflügelte biblische Synonym für Geschlechtsverkehr. "Die Augen!" sagen Sie vielleicht, "die Augen sind doch die Fenster der Seele. Mit ihnen kann man ineinander versinken." – Versinken ja, aber wohin? Ohne Ausdruck und Austausch erfahren wir nicht viel über die intimen Zonen unserer Begegnung. Wir atmen tiefer und schneller als sonst, weil ein erhitzter Lebensstrom uns erfaßt hat. Die Atemströmung bringt uns in Schwingung. Und wenn wir uns hingeben, fangen wir unwillkürlich an zu tönen und zu stöhnen. Ein Herz, das überfließt, tut dies am liebsten singend: Auf dem Wellenkamm des Atems fließen auf einmal Wörter heraus und Sätze. Als bewußtseins- und sprachbegabte Menschen können wir eigentlich fast nicht anders als unser erotisches Tun und Sein mit Gesang begleiten. Es sei denn, wir ersticken ihn unter Hemmungen und Ängsten. Der erotische Sprechgesang ist der Generalbaß, mit dem sich die sexuelle Begegnung verzieren und vertiefen läßt.

Worüber Sie reden könnten beim Sex, konkret, möchten Sie wissen. Über die Lust? Über Ihre Wünsche und Phantasien? Oder über die Liebe vielleicht? Über alles können Sie reden, was jetzt ist. *Jetzt* ist das einzige Thema. Ihre Lust jetzt. Ihr Begehren jetzt. Ihre Phantasiebilder jetzt. Ihre Liebesgefühle jetzt. Ihr Inneres jetzt – jetzt ausgedrückt, das ist das mächtigste Aphrodisiakum überhaupt. Denn in der liebenden Sexualität sind Sie eingeladen zu einem der stärksten Jetzt-Erlebnisse, die es gibt. *Jetzt* ist genauso unvorhersehbar und jeden Moment neu wie der Mensch, mit dem Sie es zu tun haben. Wenn Sie ganz und gar da sind und wach, sind Sie fortwährend dem Wagnis der Begegnung ausgesetzt. Z. B. riskieren Sie immer, beschämt zu werden, wenn Sie jemandem nahekommen. Doch sich zeigen, also Scham überwinden, ist lustvoll. Wenn Sie anfangen zu reden – über das, was *Jetzt* ist – zeigen Sie sich am deutlichsten. Sie bringen den Augenblick zum Glitzern. Die Sprache bündelt Ihre Konzentration und Wachheit. Sexualität hat nämlich viel mit Konzentration zu tun.

Fließen im Aufwind der Sprache

In den Genuß Ihrer eigenen Hingabe kommen Sie, wenn Ihre Partnerin, Ihr Partner Wörter und Sätze fließen läßt. Jetzt können Sie sich der Führung des anderen überlassen. So schweben Sie – wie bei anderen meditativen Erlebnissen – zwischen Konzentration und Entspannung. "Flow" nennt der amerikanische Psychologe Csikszentmihalyi (1992) diese fokussierte Aufmerksamkeit, diese strömende Ordnung im Bewußtsein beider. "Flow" ist ein anderes, neues Wort für "Glück". Wenn der Fluß in Gang ist, schmilzt das Ego – die beste Voraussetzung, um, "ein Fleisch" zu werden.

Es ist wie bei der Zeitlupe: Erst wenn der Fluß ausreichend verlangsamt ist, werden die Feinheiten wahrnehmbar. Wenn sie auch noch ausgesprochen werden, diese Feinstheiten, dann wird das Fließen noch langsamer, und tiefer, und intimer. Einziger Zweck des Fließens ist im Fließen zu bleiben, nicht irgend ein Ziel oder einen bestimmten Höhepunkt zu erreichen. Fließen ist der Höhepunkt. Wenn zwei Menschen genüßlich und ausgedehnt erotisch und sexuell miteinander fließen und fliegen möchten, überlassen sie sich am besten dem Aufwind der Sprache. Die Sexualität liebt den sprachlich artikulierten klingenden Atem.

Sprache fokussiert Bewußtheit und Konzentration und Entspannung beider Partner. Sie hilft mit, den anderen zu orten im Fluß der Begegnung. Sie klärt die sinnlichen Gesten, die mehrdeutig sind, indem sie sie begleitet mit verdeutlichenden Wörtern. Sie schafft die notwendige Distanz, damit Spielen möglich wird. Sexuelle Spannung, die jahrelanges enges Zusammenleben überdauern soll, setzt distanzierende Spiele voraus. Spiel und Paarung gehören biologisch zusammen – bereits in der Tierwelt. Für Menschen lassen sich Spielszenarien und Spielregeln indes nur sprachlich entwerfen. Sprache verhilft aber auch zu intimer Nähe. Sie untermalt körperliche Berührung mit stimmlicher Musik. Mit Wörtern kann man den Partner liebkosen und streicheln. Und Sprache ist ein potentes erotisches und sexuelles Stimulans. Es ist aufregend, das Erleben des gegenwärtigen Moments zu benennen. Sprache erzeugt Wirklichkeit. Reden gestaltet das Klima. Stimme definiert Stimmung.

Mit Wörtern kann man auch Bilder erschaffen. Die Phantasie als kreative Kraft in uns sorgt dafür, daß die Sexualität frisch und lebendig bleibt und nicht aufhört zu wachsen. Wenn Phantasie gegenseitig zugänglich gemacht wird, gedeihen Intimität, Vertrauen und Lust. Höchste Lust aber bereitet der Glanz des Augenblicks. Ein Paar, das mit Haut und Schleimhaut und Herz und Augen und Ohren und Tönen und Wörtern und Sätzen als ganze Menschen miteinander verbunden ist, genießt das Jetzt. Und vergißt alles um sich herum.

Wo immer Lust ist, ist auch Geheimnis. Das Unausgesprochene, das nicht oder noch nicht Preisgegebene, sorgt für erotische Spannung – genauso wie das Offenbarte. Dem Sexfilm, der alles zeigt und offenlegt, fehlt das Verborgene und Verschwiegene. Er ist öde. Es gibt keine begehrliche Sexualität ohne Verschweigen. Das Geheimnis ist der unausgeleuchtete Fundus einer erregenden Begegnung der Geschlechter. Wer aber nichts anderes kennt als das Verschweigen, wird auch nichts wissen von der prickelnden Energie der entblößenden Sprache. Er ist stumm und stumpf – wahrscheinlich. Erotisch aufregend ist also das Reden und das Verschweigen. Fehlt noch das gewöhnliche Schweigen. Wenn Sie die Sprache entdecken als Flügel zum Fliegen, werden Sie auch das Schweigen lieben als beredte Stille.

Literatur

Borneman E (1971) Sex im Volksmund. Die sexuelle Umgangssprache des deutschen Volkes. Rowohlt, Reinbek

Csikszentmihalyi M (1992) Flow. Das Geheimnis des Glücks. Klett-Cotta, Stuttgart

Heer K (1995) Ehe, Sex & Liebesmüh'. Dokumente aus dem Innersten der Zweisamkeit. Scalo, Zürich Berlin

Watzlawick P, Beavin JH, Jackson DD (1969) Menschliche Kommunikation. Huber, Bern

Entwicklung, Implementation und Adaptation eines mehrstufigen Qualitätssicherungskonzepts zum kontinuierlichen Monitoring von Aus-, Weiter- und Fortbildungsveranstaltungen [1]

Wolfgang Lutz, Matthias Richard, Marion Schowalter und Horst Kächele

Im Anschluß an die Entwicklungen im Rahmen der Evaluations- und Organisationsstudie 1995 (EOS 4) war das Ziel der Evaluationsstudie während der Lindauer Psychotherapiewochen 1996 (EOS 5) die weitere Implementation, Adaptation und Optimierung des mehrstufigen Qualitätssicherungskonzepts zum kontinuierlichen Monitoring von Aus-, Weiter- und Fortbildungsveranstaltungen[2].

Dazu wurde das Evaluationskonzept von EOS 4 im Sinne einer formativen Evaluation des eigenen Vorgehens weiterentwickelt und optimiert (Wottawa u. Thierau 1990; Wittmann 1985). Die Rückmeldungen und Anregungen, welche wir während der ersten Woche der Lindauer Psychotherapiewochen von den Teilnehmerinnen und Teilnehmern bekommen haben[3], sowie die intensive und konstruktive Auseinandersetzung durch mehrere Veranstaltungsleiterinnen und -leiter, wurden zur Optimierung und kontinuierlichen Adaptation im Sinne eines modernen Qualitätsmanagements genutzt. Damit soll das Ziel erreicht werden, das Evaluationskonzept im Dialog mit den Anwenderinnen und Anwendern zu entwickeln; dadurch soll die Motivation der Teilnehmerinnen und Teilnehmer sowie der Mitarbeiterinnen und Mitarbeiter, aktiv am Evaluationsprozeß teilzunehmen, erhöht und die Praxistauglichkeit des Modells verbessert werden. Das Interesse an der Rückmeldung und die Auseinandersetzung der verschiedenen beteiligten Gruppen mit der Evaluation kann entsprechend als ein Beleg für die Tragfähigkeit des mehrstufigen Qualitätssicherungskonzepts insgesamt sowie die schrittweise Einführung desselben verstanden werden.

---

[1] Unser besonderer Dank gilt dem Sekretariat der Lindauer Psychotherapiewochen, welches die Erhebung der Evaluationsbögen organisierte und durchführte. Wir danken ferner Ph. D. Zoran Martinovich (Northwestern University, Illinois, USA) für methodische Hinweise.

[2] EOS steht für "Evaluations- und Organisationsstudie" der Forschungsstelle für Psychotherapie Stuttgart.

[3] In der Inselhalle befand sich während der ersten Woche der LPW ein Informationsstand der Forschungsstelle für Psychotherapie Stuttgart zu dem Evaluationsprojekt.

Im folgenden wird das Evaluationsmodell beschrieben und ein Teil der durchgeführten Analysen vorgestellt.

Der Evaluationsbogen

Ausgangspunkt des Konzepts ist ein zweiseitiger Evaluationsbogen, welcher in einem mehrstufigen Feedbackprozeß im Rahmen von EOS 4 entwickelt wurde (Lutz et al. 1996a). Dieser Evaluationsbogen ist im wesentlichen beibehalten, allerdings um einige Fragen ergänzt worden. Insbesondere sind einige Fragen hinzugekommen, welche eine differenziertere Beschreibung der Teilnehmerinnen und Teilnehmer zulassen und damit die Untersuchung von Gruppenunterschieden ermöglichen. Im Anhang befindet sich ein Exemplar des Evaluationsbogens, welcher während der Lindauer Psychotherapiewochen 1996 eingesetzt wurde. Dieser Bogen ist in allen Seminaren, Kursen und Übungen verteilt worden. Insgesamt sind 4132 ausgefüllte Bögen eingegangen.

Die Rückmeldung an die Mitarbeiterinnen und Mitarbeiter

In einem ersten Auswertungsschritt haben wir jeder Mitarbeiterin und jedem Mitarbeiter (ca. 200) der Lindauer Psychotherapiewochen einen spezifischen graphischen Report zur jeweiligen Veranstaltung zugesandt. Dieser graphische Report enthält die Einschätzungen der Teilnehmerinnen und Teilnehmer dieser Veranstaltung im Vergleich zu allen Teilnehmerinnen und Teilnehmern in der jeweiligen Veranstaltungsgruppe (Seminare, Kurse, Übungen). Das Rückmeldekonzept beruht - vergleichbar einer praxisbezogenen Qualitätssicherung in der Psychotherapie - auf einem graphischen Rückmeldemodell (z. B. Kächele u. Kordy 1992; Kordy u. Lutz 1995; Grawe u. Braun 1994; Lutz et. al. 1996a; Laireiter 1995, Howard et. al. 1996). Den Mitarbeiterinnen und Mitarbeitern sollten in einer leicht verständlichen Form die Einschätzungen der Teilnehmerinnen und Teilnehmer rückgemeldet werden. Zur Kommunikation der Ergebnisse wurden daher Hilfsmittel aus der Qualitätssicherungsforschung und der Forschung zur graphischen Präsentation von Daten eingesetzt (vgl. dazu auch Kamiske u. Brauer 1992; Selbmann 1995; Kordy u. Lutz 1995; Berwick et al. 1990; Cleveland 1985).

Ziel dieser Rückmeldung ist es, den Veranstaltungsleiterinnen und -leitern eine empirisch gestützte Anregung für die zukünftige Veranstaltungsplanung zu geben (Wottawa u. Thierau 1990; Wittmann 1985). Diese Art der graphischen Rückmeldung kann als Schritt in Richtung "Qualitätsmanagement" verstanden werden, wie er gegenwärtig auch im Bereich der Qualitätssicherungsforschung allgemein und der Qualitätssicherung in der Psychotherapie vollzogen wird (vgl. Berwick et al. 1990; Kamiske u. Brauer 1993; Richter 1994; Kordy u. Lutz 1995; Laireiter 1995; Grawe u. Braun 1994; Howard et al. 1996). Ziel eines Qualitätsmanagements ist nicht die Identifikation von "schwarzen Schafen", wie das v. a. in den Anfängen der Qualitätssicherung in Form einer Qualitätskontrolle versucht wurde, vielmehr soll durch den kontinuierlichen Einsatz von Feedbackkonzepten und der Fokussierung auf Optimierungsmöglichkeiten ein umfassenderes Qualitäts- und Rezipienten- bzw. Interaktionsverständnis ermöglicht werden.

Das im vorliegenden Projekt eingesetzte Feedbackkonzept beruht auf zwei unterschiedlichen Herangehensweisen, die für die unterschiedlichen Frageblöcke beibehalten wurden (Frageblock 1: allgemeine Fragen; Frageblock 2: Fragen zu Veranstaltungen mit überwiegend Selbsterfahrungscharakter[4]). Im Anhang findet sich ein Beispiel für den veranstaltungsspezifischen Ergebnisreport, wie er den Mitarbeiterinnen und Mitarbeitern zugesandt wurde.

Das Konzept dieses Reports ist im Prinzip vergleichbar mit EOS 4, wurde allerdings an einigen Stellen optimiert. Der Report ermöglicht den Mitarbeiterinnen und Mitarbeitern zwei unterschiedliche Perspektiven: es werden sowohl die positiven Resultate als auch die Optimierungsmöglichkeiten fokussiert.

Erstens wurden die positiven Angaben (ja, eher ja) zusammengefaßt und deren Häufigkeit in Prozent für die Gesamtgruppe sowie die jeweilige Veranstaltung vergleichend in einer Grafik (sog. Dot-Charts) dargestellt (vgl. Cleveland 1985). Die Rückmeldung wurde dabei auf die Häufigkeiten der jeweiligen Veranstaltungsart (z. B. Informationsseminare oder Kurse) bezogen (eine Anregung aus dem Kreis der Mitarbeiterinnen und Mitarbeiter). Auf diese Weise konnte jede(r) Mitarbeiter(in) den Prozentsatz positiver Rückmeldungen zur eigenen Veranstaltung mit den positiven Rückmeldungen der entsprechenden Veranstaltungsart insgesamt vergleichen.

In einem weiteren Schritt wurde von den positiven Bewertungen abgesehen und der Fokus auf die negativen Rückmeldungen gelegt. Dazu wurden die Angaben (weder noch, eher nein, nein) zusammengefaßt und die Häufigkeit dieser Angaben pro Frage in Form von Pareto- Diagrammen dargestellt (vgl. Kamiske u. Brauer 1992; Berwick 1990). Pareto-Diagramme erleichtern die Identifikation von

[4] Eine Rückmeldung zu dem Selbsterfahrungsteil erhielten nur Mitarbeiterinnen und Mitarbeiter, deren Veranstaltung unter der entsprechenden Rubrik im Programmheft ausgeschrieben war. Allgemein wurde nur eine Rückmeldung erstellt, wenn mehr als 7 Evaluationsbögen für eine Veranstaltung vorlagen.

Fragen, die für einen Großteil der Antworten in negative Richtung verantwortlich sind (ausführlicher dazu vgl. Lutz et al. 1996b). Ziel dieser Darstellung ist es nicht, nachträglich die positive Bewertung herabzusetzen, vielmehr soll den Veranstaltungsleiterinnen und -leitern die Möglichkeit gegeben werden, die Blickrichtung zu wechseln und solche Fragen zu betrachten, welche am häufigsten in eine negative Richtung eingeschätzt wurden. Das muß nicht unbedingt ein Zeichen dafür sein, daß ein Kurs in diesem Bereich nicht gut war (vgl. etwa den Selbsterfahrungsteil), kann aber in bestimmten Fällen gegebenenfalls einen Hinweis auf Verbesserungsmöglichkeiten liefern und daher für die/den Kursleiter/in nützlich sein. Zusätzlich wurden in den Report von EOS 5 noch Angaben zur Rücklaufquote und der Geschlechterverteilung in dem spezifischen Kurs rückgemeldet. Weiter-hin wurden erstmals auch die Angaben der Teilnehmerinnen und Teilnehmer auf die offene Frage: "Waren Sie mit einem ganz speziellen Punkt unzufrieden?" vermerkt. Im Kreis der Mitarbeiterinnen und Mitarbeiter wurde der Wunsch geäußert, neben der quantitativen Rückmeldung auch eine qualitative Rückmeldung bezüglich der offenen Frage nach der "Unzufriedenheit" zu erhalten. Zu dieser Frage sind folgende Dinge anzumerken: Der Vorteil dieses Vorgehens ist, daß auf diese Weise direkt die von den Teilnehmerinnen und Teilnehmern formulierten Angaben an die Mitarbeiterinnen und Mitarbeiter weitergegeben werden. Der Nachteil ist darin zu sehen, daß diese Angaben subjektiv und nicht unbedingt repräsentativ für die Teilnehmerinnen und Teilnehmer einer Veranstaltung sind. Diese Angaben können daher den Aufmerksamkeitsfokus leicht in eine Richtung verschieben, wie sie u.U. nur von einer/m Teilnehmer/in gesehen wird. Ein weiteres Anliegen der Mitarbeiterinnen und Mitarbeiter war es, den Rückmeldereport so schnell wie möglich nach Beendigung der Lindauer Psychotherapiewochen 1996 zu erhalten. Entsprechend haben wir die graphischen Reports umgehend erstellt und im Juli versandt.

Methodologisches Vorgehen bei der Suche nach Gruppenunterschieden

Neben der mitarbeiterspezifischen Rückmeldung stellt sich natürlich auch die Frage, inwieweit es Unterschiede zwischen verschiedenen Teilnehmergruppen gibt bzw. inwieweit bestimmte Teilnehmergruppen die Veranstaltungen positiver einschätzten als andere. Zu diesem Zweck haben wir die zu Beginn des Evaluationsbogens erhobenen Fragen verwendet, um die Teilnehmerinnen und Teilnehmer in verschiedene Gruppen aufzuteilen. Prinzipiell haben wir auch auf dieser Ebene der Evaluation das gleiche Konzept der empirisch gestützten

Entscheidungshilfe verfolgt. Es werden keine (Kausal-)Hypothesen im Sinne der Grundlagenforschung untersucht, vielmehr geht es darum, im Sinne einer angewandten Evaluationsforschung empirisch gestützte Argumente für den Dialog von Interessengruppen bereitzustellen (vgl. Wittmann 1985; Wottawa u. Thierau 1990; Kordy 1992).

Wir haben versucht, dieses Denkmodell auch auf der statistischen Analyseebene umzusetzen: In letzter Zeit ist der Signifikanztest - besonders bei Fragestellungen, für die keine Information zu quantitativ zu erwartenden Unterschieden zwischen zwei Gruppen vorliegt, - stark in die Kritik geraten. Vor allem Cohen (z. B. 1994) bemängelt, daß der Signifikanztest in Form der Nullhypothesentestung zu einer Reihe von Fehlinterpretationen verleitet, v. a., wenn die theoretische Ableitung der Hypothesen mangels theoretischer Fundierung es kaum möglich macht, einen zu erwartenden Effekt zu bestimmen (dies liegt in der angewandten Forschung praktisch immer vor). Er empfiehlt den Einsatz von Methoden der graphischen Datenexploration, die Angabe von Konfidenzintervallen der untersuchten Variablen sowie eine stärkere Standardisierung der Erhebungsinstrumente.

Die Relevanz von Methoden der graphischen Datenexploration und Präsentation wird auch in der Literatur zur Qualitätssicherung bzw. zum Qualitätsmanagement betont. Hier werden graphische Methoden und Tools als wichtiges Hilfsmittel zur Datenanalyse, Präsentation und Verbesserung der Prozesse "vor Ort" eingesetzt (z. B. Berwick et al. 1990). Ziel ist es, durch dieses Vorgehen die Transparenz und Nachvollziehbarkeit für den Anwender zu erhöhen.

Im Rahmen der in der vorliegenden Studie vorgenommenen Auswertungen haben wir ebenfalls auf den Signifikanztest verzichtet und die Vergleiche auf das Konfidenzintervall der Prozentwertdifferenz zwischen den jeweiligen Gruppen gestützt[5]. Die Abbildung 1 verdeutlicht das Vorgehen. Zunächst wurden wiederum nur die positiven Angaben in Prozent pro Frage betrachtet (ja, eher ja). Dann wurde die Differenz der Prozentwerte zwischen den jeweils relevanten Gruppen (in Abb. 1: zweistündige Blockveranstaltung versus Übung) gebildet. Für diese Differenz der Prozentwerte wurde nun ein 95%iges Konfidenzintervall bestimmt[6]. Wie in Abb. 1 ersichtlich, kann man so einen Überblick über das *Ausmaß* des

5 Damit einher geht eine Reduktion der Skalenqualität. Die hier vorgenommene Prüfung ist daher im Vergleich etwa zum Einsatz des U-Testes ohne Fehleradjustierung konservativer. Nicht diskutiert wird hier ein weiteres Problem des Einsatzes von Signifikanztests bei Problemstellungen wie der vorliegenden und zwar das Problem der a-Fehleradjustierung bei globalen Unterschiedshypothesen (vgl. z.B. Bortz et al. 1990).

6 Die folgende Formel bzw. Approximation wurde dazu herangezogen

$$\Delta_{Crit(95\%)} = P_1 - P_2 \pm 1.96\sqrt{\frac{P_1 \times Q_1}{n_1} + \frac{P_2 \times Q_2}{n_2}};$$

P repräsentiert die Wahrscheinlichkeit der jeweiligen Gruppe für ein positives Ergebnis; Q die Gegenwahrscheinlichkeit (1-P) und n die Stichprobengröße der jeweiligen Gruppe.

Unterschiedes der beiden Gruppen in der untersuchten Frage erhalten. Schneidet die untere bzw. obere Grenze des 95%igen Konfidenzintervalls nicht die Nullinie, so liegt hier ein statistisch relevanter Hinweis vor, daß die Differenz zwischen den beiden Gruppen in dieser Variablen nicht Null ist (mit einer Irrtumswahrscheinlichkeit von 5%). Liegt die untere Grenze des 95%igen Konfidenzintervalls gar über der 10% Differenzlinie bzw. liegt die obere Grenze des Intervalls unter der -10% Differenzlinie, so kann man davon ausgehen, daß der Unterschied nicht weniger als 10% zwischen den beiden Gruppen beträgt (mit einer Irrtumswahrscheinlichkeit von 5%).

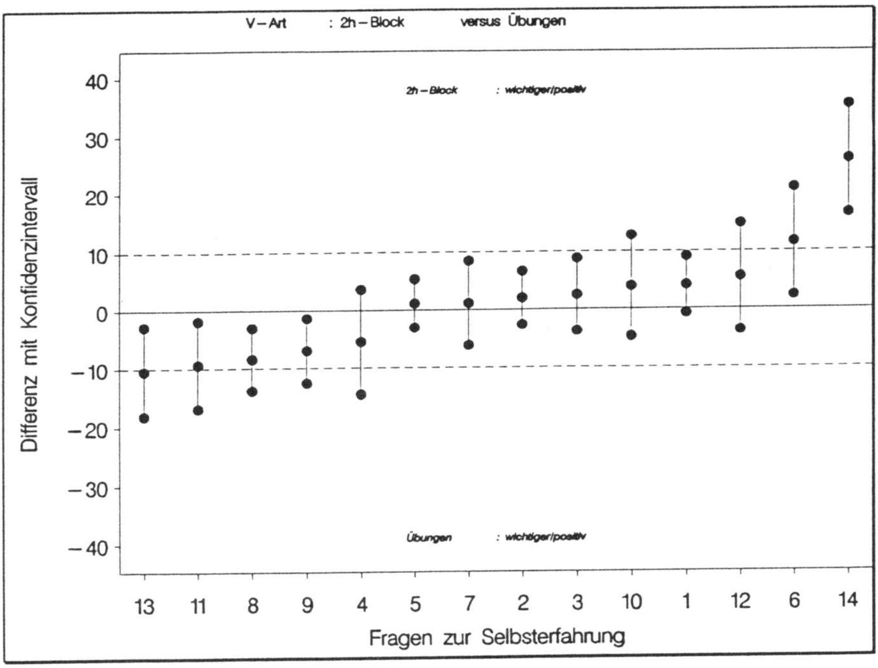

Abb. 1. Differenz der Prozentwerte (positive Angaben) mit Konfidenzintervallen der Fragen zum Selbsterfahrungsteil bezogen auf die Veranstaltungsarten: zweistündige Blockveranstaltung versus Übungen

Zum Beispiel sieht man in Abb. 1 zum einen, daß das Konfidenzintervall der Prozentwertdifferenz der beiden Veranstaltungsgruppen (zwei Stunden Doppelblock Veranstaltungen versus Übungen) der Fragen 13, 11, 8 und 9 sowie 6 und 14 des Selbsterfahrungsteils nicht die Nullinie überschreitet und damit nach dem besprochenen Verfahren *nicht von keiner* Differenz ausgegangen werden kann.

Zweitens läßt sich erkennen, daß die entsprechenden Fragen der linken Hälfte der Abb. (13: persönliche Schwierigkeiten bearbeiten; 11: sich in Beziehungskonfliktfeldern erleben; 8: ein besseres Verständnis für die eigene Person bekommen; 9: viel Raum zum Selbsterleben zu haben) den Teilnehmerinnen und Teilnehmern der Übungen häufiger wichtig waren als denen der zweistündigen Blockveranstaltungen. Betrachtet man nun die rechte obere Seite der Abb. 1 sieht man, daß die Fragen 6 (Entscheidungskriterien für die Wahl eines therap. Verfahrens) und 14 (Gelegenheit zu entspannen) den Teilnehmerinnen und Teilnehmern der zweistündigen Blockveranstaltungen häufiger wichtig waren. Insbesondere die Frage 14 scheint deutlich häufiger den Teilnehmerinnen und Teilnehmern der zweistündigen Blockveranstaltungen wichtig gewesen zu sein (das Konfidenzintervall der Differenz liegt über der 10%- Markierung).

Tabelle 1. Kurzbeschreibung der Fragen zum Selbsterfahrungsteil

1	Ich habe viel gelernt	8	Es war mir wichtig, daß ich ein besseres Verständnis von meiner eigenen Person bekomme
2	Ich konnte viel für mich persönlich profitieren	9	Es war mir wichtig, daß viel Raum z. Selbsterleben vorhanden sein wird
3	Ich haben neue emotionale Erfahrungen gemacht	10	Es war mir wichtig, daß ich Bekannte wiedertreffe
4	Ich erhielt leider zu wenig persönliche Rückmeldung	11	Es war mir wichtig, daß ich mich in meinen Beziehungskonflikten erlebe
5	Der /die Leiter/in konnte m. E. einfühlsam mit der Gruppe umgehen	12	Es war mir wichtig, daß ich Kenntnisse über die Arbeit dieses Verfahrens mit spezifischen Krankheitsbildern bekomme
6	Es war mir wichtig, daß ich Entscheidungskriterien zur Auswahl eines zu erlernenden Verfahrens bekomme	13	Es war mir wichtig, daß ich persönliche Schwierigkeiten bearbeiten kann
7	Es war mir wichtig, daß ich frischen Wind für meine psychotherapeutische Arbeit bekomme	14	Es war mir wichtig, daß ich Gelegenheit habe, mich zu entspannen

Die Tab. 1 zeigt eine Kurzbeschreibung der Variablen des Selbsterfahrungsteils. Die vollständigen Formulierungen können dem Fragebogen im Anhang entnommen werden. Das beschriebene Vorgehen haben wir für alle untersuchten Gruppen und Variablen eingesetzt. Das bedeutet, daß vergleichbar zu Abb. 1 für alle Vergleiche entsprechende Berechnungen und Grafiken (insg. 144) erstellt wurden.

Tabelle 2. Beispiel für die Darstellung eines Überblicks zu den statistisch relevanten Unterschieden zwischen 3 Gruppen

	A	B	C
A	-		
B	+ 2; 13 - 7	-	
C	+ 4	- 5	-

Die Tabelle 2 zeigt an einem Beispiel für drei Gruppen, wie sich die aus diesen Analysen ergebenden statistisch relevanten Vergleiche zusammenfassend in einer Kreuztabelle darstellen lassen. Die Buchstaben in der ersten Zeile und der ersten Spalte repräsentieren die Gruppen, und die Zahlen in den Zellen verweisen auf die Fragen des Evaluationsbogens. Die aufgeführten Nummern entsprechen statistisch relevanten Vergleichen der Gruppen. Ein + vor den Fragenummern bedeutet, daß die Gruppe, welche in der jeweiligen Spalte steht, positivere Prozentangaben in dieser Frage hat, ein - bedeutet, daß die Gruppe in der entsprechenden Zeile positivere Prozentwerte in dieser Frage hat. Zum Beispiel sind in Tabelle 2 die Unterschiede zwischen der Gruppe A und B in den Fragen 2, 13 und 7 statistisch relevant. Für die Fragen 2 und 13 ist dabei die Prozentrate der Gruppe A höher, für die Frage 7 die Prozentrate der Gruppe B.

Die im folgenden dargestellten Ergebnisse beziehen sich nur auf einen Teil der vorgenommenen Auswertungen, welche in den Abschlußbericht an die Leitung der Lindauer Psychotherapiewochen eingegangen sind. Zur übersichtlichen Darstellung werden Dot-Charts für die Prozentwerte der positiven Antworten je Frage und Gruppe verwendet. Unterschiede zwischen den Gruppen werden nur diskutiert, wenn sie nach dem hier vorgestellten Prüfkriterium statistisch relevant waren.

Vergleich der Teilnehmerjahrgänge 1995 und 1996

Vergleicht man die beiden Teilnehmerjahrgänge 1995 und 199,6 zeigen sich nur geringfügige Unterschiede. Insgesamt werden auch die Lindauer Psychotherapiewochen 1996 von den Teilnehmerinnen und Teilnehmern sehr positiv beurteilt. Die Anzahl an Evaluationsbögen lag 1995 bei 4397 und 1996 bei 4132. Die Geschlechterverteilung hat sich von 62% Frauen und 38% Männer auf 65%

Frauen und 35% Männer verschoben[7]. Die Altersangaben variieren dagegen kaum zwischen den beiden Jahrgängen. Im Durchschnitt waren 1995 die Teilnehmerinnen und Teilnehmer 41,4 Jahren alt (Standardabweichung = 9,0; Minimum: 21 Jahre; Maximum: 82 Jahre) und 1996 41,9 Jahre (Standardabweichung = 9,3; Minimum: 21 Jahre; Maximum: 87 Jahre).

Betrachtet man die Unterschiede der beiden Jahrgänge bezüglich der allgemeinen Evaluationsfragen (vgl. Abb. 2 und Tabelle 3), so ergibt sich folgender Eindruck: prinzipiell gibt es keine großen Unterschiede in den Prozentwerten; tendenziell werden die Veranstaltungen 1996 allerdings etwas besser beurteilt. Keine der vorgelegten Fragen wird nicht zu mindestens 80% bejaht. Die Unterschiede sind, nach den im Abschnitt 2 vorgenommenen Kriterien, insbesondere wegen der Stichprobengrößen und trotz des konservativen Prüfkriteriums für folgende Fragen statistisch relevant: 4: Veranstaltung wirkte gut vorbereitet; 5: Leiter/in erklärte Sachverhalte deutlich; 6: Leiter/in benutzte anschauliche Beispiele; 11: Leiter/in war offen für andere Auffassungen; 13: Leiter/in ging auf Erfahrungen und Einwände ein; 14: Klima war kooperativ. In all diesen Fragen liegt der Prozentsatz der positiven Einschätzungen 1996 statistisch relevant über den Angaben des Vorjahres, wenn auch die Unterschiede der Prozentwerte nicht besonders ausgeprägt sind (s. a. Abb. 2 - die Nummern in der Ordinaten verweisen auf die Fragen, vgl. Tabelle 3). Auch für die Fragen des Selbsterfahrungsteils zeigt sich ein geringer Unterschied zwischen den Prozentwerten der beiden Jahrgänge (nicht abgebildet). Allerdings ist hier kein eindeutiger Trend bezüglich eines Jahrganges auszumachen. Die positiven Angaben bezüglich der Frage "Es war mir wichtig, ..." überwogen 1995 für die Antworten 6 (Entscheidungskriterien für die Wahl eines zu erlernenden Verfahrens zu bekommen), 7 (frischen Wind für die eigene Arbeit zu bekommen), 12 (Kenntnisse über die Arbeit des Verfahrens mit spezifischen Krankheitsbildern zu bekommen) und 1996 für die Fragen 10 (ich Bekannte wiedertreffe) sowie 14 (ich Gelegenheit habe, mich zu entspannen).

---

[7] Die hier gemachten Angaben gelten für die Stichproben von EOS 4 und EOS 5. Die Anzahl der Rückmeldungen zu EOS 5 liegt über der Anzahl an angemeldeten Teilnehmerinnen und Teilnehmern (Teilnehmerliste des Sekretariats), da die Teilnehmerinnen und Teilnehmer in der Regel an mehreren Veranstaltungen teilnehmen und diese "evaluieren" können. Die Stichprobe der angemeldeten Teilnehmerinnen und Teilnehmer ist im Vergleich zu den Rückmeldungen im Rahmen von EOS 5 im Durchschnitt etwas älter (Mittelwert=44, 2; Standardabweichung=10, 2; Median=43,) und es befinden sich mehr Männer in dieser Stichprobe (Männer=40%; Frauen=60%). Vergleicht man die Geschlechts- und Altersangaben zwischen den angemeldeten Teilnehmerlisten und der Teilnehmerinnen und Teilnehmer an EOS 5 etwa über einen Signifikanztest (Chi-Quadrat Test: Geschlecht; U-Test: Alter) dann sind diese Unterschiede auf dem 1%-Niveau signifikant.

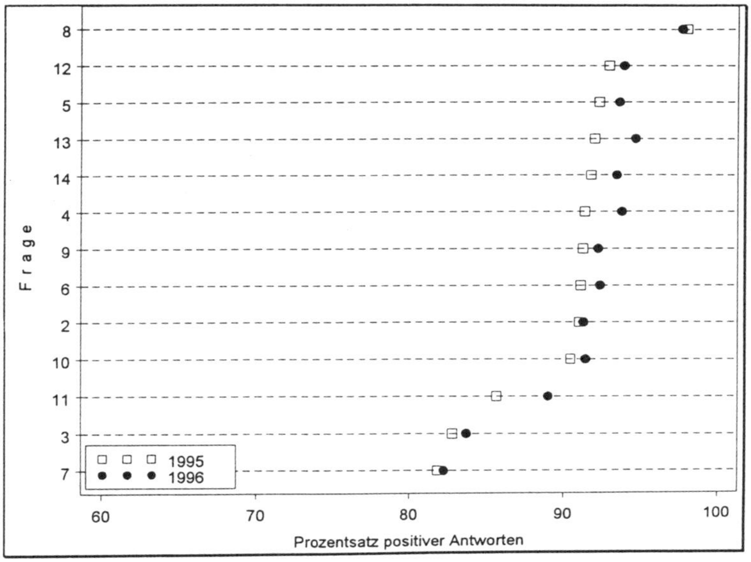

Abb. 2. Vergleich der Teilnehmerjahrgänge 1995 und 1996 bezüglich der allgemeinen Evaluationsfragen

Tabelle 3. Kurzfassung der Fragen des allgemeinen Teils des EOS 5-Evaluationsbogens

2	Insgesamt habe ich in der Veranstaltung die Ziele erreicht	9	Die Veranstaltung war lebendig und engagiert
3	Die Veranstaltung war, wie ich sie mir vorgestellt hatte	10	Die Veranstaltung vermittelte mir neue Einsichten
4	Die Veranstaltung wirkte gut vorbereitet	11	Der/die Leiter/in war offen für andere Auffassungen
5	Der/die Leiter/in erklärte die Sachverhalte deutlich	12	Der/die Leiter/in versuchte, die Tln. miteinzubeziehen
6	Der/die Leiter/in benutzte häufig anschauliche Beispiele	13	Der/die Leiter/in ging auf Einwände u. Erfahrungen ein
7	Es wurde versucht, an bekannten Inhalten anzuknüpfen	14	Das Klima war kooperativ
8	Der/die Leiter/in verfügt (m. E.) über gutes Fachwissen	15	Ich verfügte bereits vorher über ein ausgeprägtes Vorwissen zu dem Thema[8]

[8] Frage 15 wurde 1996 modifiziert und zur Differenzierung von Teilnehmerinnen und Teilnehmern mit und ohne ausgeprägtes Vorwissen eingesetzt. Diese Frage geht daher in den oben dargestellten Vergleich nicht ein.

Die Lindauer Psychotherapiewochen 1996 aus Sicht unterschiedlicher Teilnehmergruppen

Die Tabelle 4 zeigt die Teilnehmergruppen und die Ausprägungen für die Analysen, die im Rahmen von EOS 5 durchgeführt wurden. Die aufgeführten Gruppen sind jeweils auf Unterschiede nach dem in Abschnitt 2 dargestellten Verfahren für alle jeweils zur Verfügung stehenden Frageblöcke (allgemeiner Teil, Selbsterfahrungsteil, Fragen zu den Modulen) geprüft worden und im Abschlußbericht zu EOS 5 dokumentiert.

Tabelle 4. Gruppierungsvariablen und deren Ausprägungen

Gruppierungs-variable	Ausprägung	Gruppierungs-variable	Ausprägung
Geschlecht	weiblich männlich	**Vorwissen**	viel Vorwissen wenig Vorwissen
Alter	35 Jahre und jünger von 35 bis 45 Jahren 46 Jahre und älter	**Teilnahme an LPW**	z. ersten od. zweiten Mal z. dritten od. fünften Mal sechs Mal und mehr
Beruf	Ärztin/Arzt Psychologin/Psychologe anderer Beruf	**Veranstaltungs-art**	Informations-seminar/Vorlesung Übung Modul Kurs 2 h- Blockveranstaltung
Berufsgruppe	FA Psychiatrie FA Psych./ Psychosom. Med. and. Arzt mit Zusatztitel Psychol. Psychother. Kinder u. Jugendl.th.	**Theoretische Orientierung**	analytisch/ psychodyn. verhaltensth. - kognitiv humanistisch systemisch weitere
Dauer psychotherapeutischer Tätigkeit	keine 1-4 Jahre 5-9 Jahre 10 Jahre und länger		

Im folgenden kann aus Platzgründen nur eine Auswahl dieser Vergleiche vorgestellt werden.

Bisherige Teilnahmehäufigkeit an den Lindauer Psychotherapiewochen

Betrachtet man die Einschätzungen der drei Gruppen mit unterschiedlicher Teilnahmehäufigkeit hinsichtlich der allgemeinen Evaluationsfragen, so fällt auf, daß sich ein allgemeiner Trend in Richtung "größere Zufriedenheit bei häufigerer Teilnahme" zeigt (vgl. Abb. 3). Vergleicht man die Gruppe, die zum ersten oder zweiten Mal an der LPW teilgenommen hat, mit der Gruppe, die schon sechs Mal oder häufiger teilgenommen hat, nach dem von uns gewählten Prüfkriterium, zeigen insbesondere die Fragen 3, 7, 9, 11, 13 und 14 diesen Trend:

- 3. Die Veranstaltung war, wie ich sie mir vorgestellt hatte
- 7. Es wurde versucht, an bekannten Inhalten anzuknüpfen
- 9. Die Veranstaltung war lebendig und engagiert
- 11. Der/die Leiter/in war offen für andere Auffassungen
- 13. Der/die Leiter/in ging auf Einwände u. Erfahrungen ein
- 14. Das Klima war kooperativ

Auffallend ist auch das Ergebnis für die Fragen 3 und 6 (Leiter/in benutzte häufig anschauliche Beispiele). Am deutlichsten ist der Unterschied in Frage 3 zwischen den Gruppen. Hier ist auch der Unterschied zwischen der mittleren Kategorie (3-5 mal teilgenommen) und der Kategorie (6mal und mehr) relevant. Es ist allerdings auch nicht weiter verwunderlich, daß die "alten Hasen" wissen, was sie in der jeweiligen Veranstaltung erwartet (Frage 3). Die "Beginnergruppe" (zum ersten und zweiten Mal) und die mittlere Gruppe (zum dritten bis fünften Mal) unterscheiden sich am deutlichsten in Frage 6. Die mittlere Gruppe hält demnach am häufigsten die Beispiele, die von den Veranstaltungsleiterinnen und -leitern verwandt wurden, für anschaulich (Frage 6).

Allerdings ist zu vermerken, daß alle Fragen zum allgemeinen Teil der Evaluation von allen Gruppen zu über 80% positiv beantwortet wurden und die Differenzen der Prozentwerte nicht sehr hoch ausfallen (kein Konfidenzintervall der Prozentwertdifferenzen überschreitet die 10%-Marke).

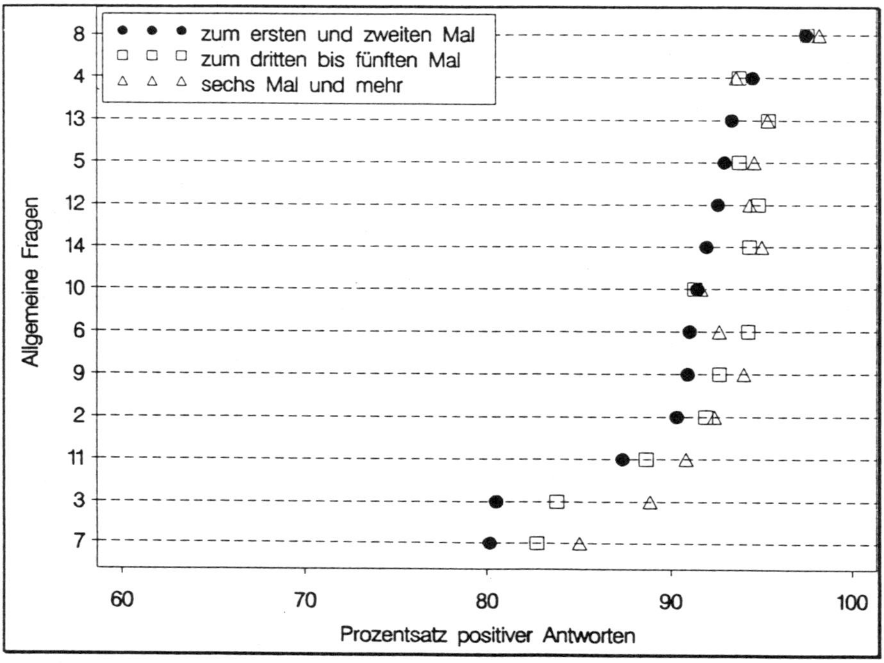

Abb. 3. Einschätzungen zur LPW 1996 gruppiert nach der bisherigen Häufigkeit der Teilnahme (allgemeine Fragen)

Die Abbildung 4 zeigt die Ergebnisse der drei Gruppen zum Themenblock "Selbsterfahrung" (die Nummern in der Ordinate verweisen auf die Fragen zum Selbsterfahrungsteil; vgl. Tabelle 1). Hier zeigt sich, daß die unterschiedlichen Gruppen in bezug auf die Thematik "Selbsterfahrung" unterschiedliche Schwerpunkte setzten. Vergleicht man die Teilnehmerinnen und Teilnehmer, welche erst einmal oder zweimal an den Lindauer Psychotherapiewochen teilgenommen haben, mit denen, die bereits 6mal und mehr daran teilgenommen haben, dann zeigt sich insbesondere in der Frage 6 (Entscheidungskriterien für die Wahl eines Verfahrens zu bekommen) ein deutlicher Unterschied (das Konfidenzintervall der Prozentwertdifferenz liegt über der 10%-Unterschiedsmarke). Die Frage 12 (Kenntnisse über die Arbeit des Verfahrens bei spezif. Krankheitsbildern zu bekommen) wird ebenfalls statistisch relevant häufiger von der "Beginner"-Gruppe bejaht. Dagegen sind den "alten Hasen" die Fragen 11 (ich mich in Beziehungskonfliktfeldern erlebe) und 9 (viel Raum zum Selbsterleben vorhanden sein wird) häufiger wichtig. Im Vergleich der "Beginnergruppe" mit der mittleren

Gruppe (3-5 Teilnehmer) ergab sich zusätzlich[9] auch für die Frage 13 (ich persönliche Schwierigkeiten bearbeiten kann) ein relevanter Unterschied. Dieser Aspekt wird von der Gruppe mit einer mittleren Teilnahmehäufigkeit im Vergleich am häufigsten als wichtig oder eher wichtig betrachtet.

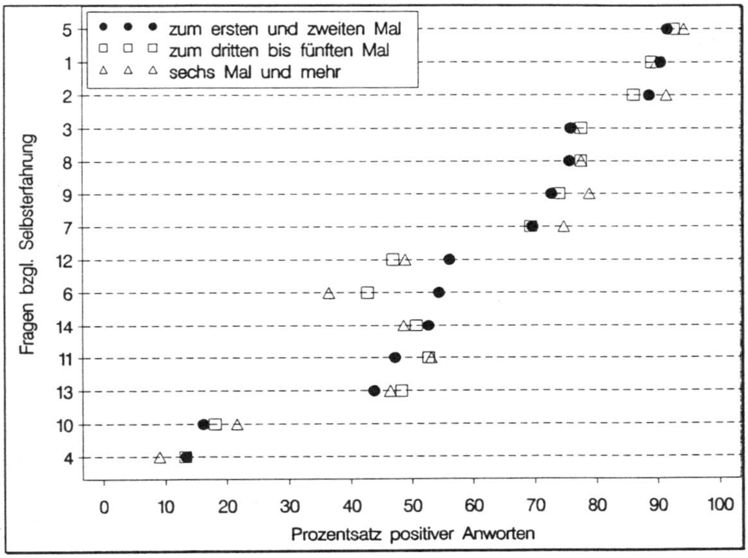

Abb. 4. Einschätzungen zur LPW 1996 gruppiert nach der bisherigen Häufigkeit der Teilnahme (Fragen zum Themenblock "Selbsterfahrung")

Ein Vergleich zwischen den beiden "erfahrenen" LPW-Gruppen (3-5 Teilnahmen versus 6 und mehr Teilnahmen) zeigte, daß in den Veranstaltungen mit Selbsterfahrungsanteil die Teilnehmerinnen und Teilnehmer der Gruppe mit der höchsten Teilnahmerate statistisch relevant häufiger angaben, viel für sich persönlich profitiert zu haben (Frage 2).

Die Abbildung 5 zeigt die Einschätzungen der drei Gruppen zu den Weiterbildungsmodulen. Die Tabelle 5 enthält die zugehörigen Fragen (die Nummern der Ordinate in Abb. 5 verweisen auf die jeweilige Frage in der Tabelle). Ein statistisch relevanter Unterschied liegt hier nur bei Frage 1 (Waren Sie mit der Zusammenstellung der Veranstaltungen zum Modulthema zufrieden?) zwischen der "Beginnergruppe" und der Gruppe mit der höchsten Teilnahmezahl (6 und mehr) vor. Auch hier sind die erfahreneren Teilnehmerinnen und Teilnehmer prozentual zufriedener mit der Zusammenstellung der Veranstaltungen.

---

[9] Zu den relevanten Unterschieden in den Fragen 6 und 11 sowie 12.

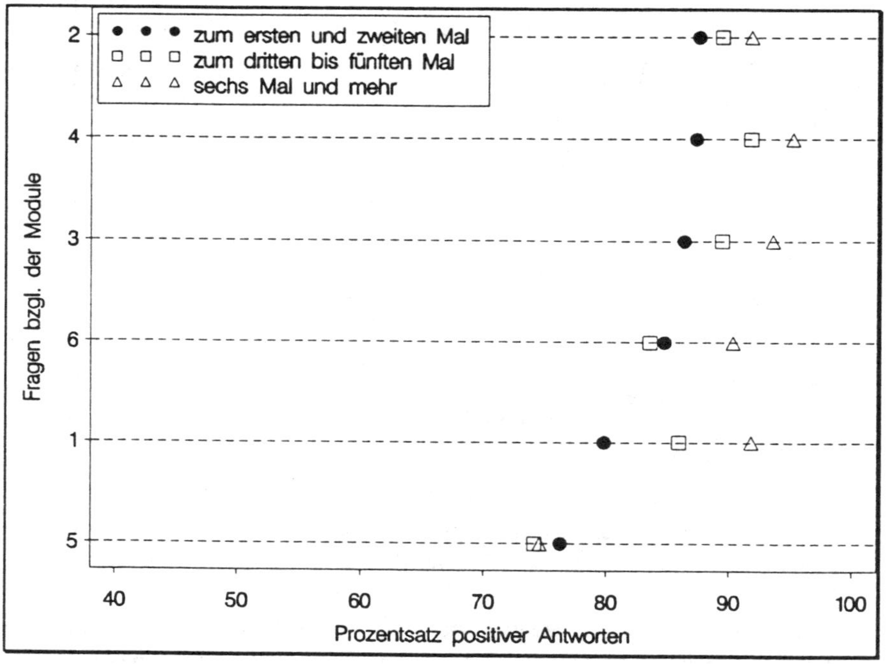

Abb. 5. Einschätzungen zur LPW 1996 gruppiert nach der bisherigen Häufigkeit der Teilnahme (Fragen zum Themenblock "Weiterbildungsmodule")

Tabelle 5. Evaluationsfragen zu den Weiterbildungsmodulen

1. Waren Sie mit der Zusammenstellung der Veranstaltungen zum Modul-Thema zufrieden?
2. Fanden Sie die Vermittlung der Inhalte ansprechend?
3. Konnten Sie neue Kenntnisse oder Fertigkeiten erwerben?
4. Fanden Sie die Veranstaltungsinhalte praxisnah?
5. Haben sich die Veranstaltungen des Moduls Ihrer Ansicht nach gut ergänzt?
6. Glauben Sie, die neuen Erfahrungen und Anregungen gut in die Praxis umsetzen zu können?

Alter

Ein Vergleich der Altersgruppen (vgl. Abb. 6) in bezug auf die allgemeinen Fragen des Evaluationsbogens ergibt ein ähnliches Bild. Die jüngeren Teilnehmerinnen und Teilnehmer machen weniger häufig positive Angaben, wenn auch in allen Gruppen insgesamt die Rate der positiven Angaben sehr hoch ist (in keiner Gruppe unter 70%)[10].

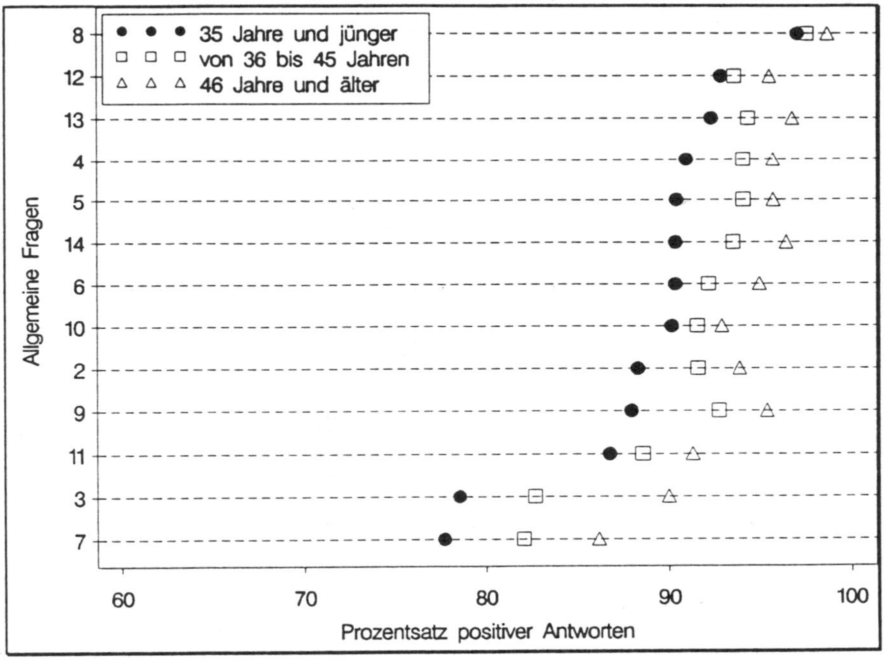

Abb. 6. Einschätzungen zur LPW 1996 gruppiert nach dem Alter der Teilnehmerinnen und Teilnehmer (allgemeine Fragen)

[10] Statistisch relevante Unterschiede beim Vergleich der Altersgruppe 35 Jahre und jünger versus 46 Jahre und älter: alle Fragen außer 8 und 10; beim Vergleich der Altersgruppe 35 Jahre und jünger versus 36 bis 45: Fragen 2, 3, 4, 5,7,9,14 ; beim Vergleich der Altersgruppe 36 bis 45 versus 46 Jahre und älter: Fragen 2,3,6,7,9,11,13,14

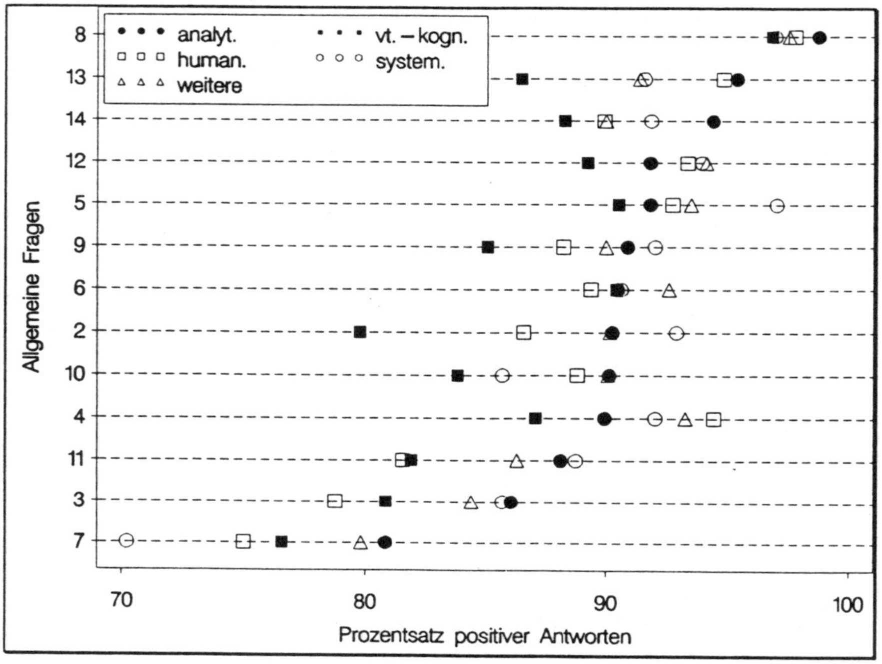

Abb. 7. Einschätzungen zur LPW 1996 gruppiert nach den theoretischen Orientierungen der Teilnehmerinnen und Teilnehmer (allgemeine Fragen). Mehrfachangaben waren möglich

Theoretische Orientierung

Die Abbildung 7 und Tabelle 6 zeigen die Einschätzungen und Vergleiche bezüglich des allgemeinen Teiles des Evaluationsbogens gruppiert nach der theoretischen Orientierung der Teilnehmerinnen und Teilnehmer. Die Einteilung der Gruppen bezüglich der theoretischen Orientierung erfolgte nach Orlinsky et al. (1996).

Tabelle 6. Statistisch relevante Vergleiche der unterschiedlichen Gruppen zur theoretischen Orientierung

	analytisch	verhalt.-kognitiv	humanistisch	systemisch	weitere
analytisch (n=321)	-				
verhalth.-kognitiv (n=95)	+ 2; 13	-			
humanistisch (n=179)	+ 3; 11	-13	-		
systemisch (n=100)	+ 7; - 5	-5; 2	-	-	
weitere (n=123)	-	-2	-	-	-

Die Tabelle 6 zeigt die statistisch relevanten Unterschiede zwischen den Gruppen zur theoretischen Orientierung (zur Erläuterung der Tabelle siehe Abschnitt 2).

Unter Berücksichtigung der Interpretationseinschränkungen in Folge der vorgenommenen Gruppierung zur theoretischen Orientierung[11] und dem Sachverhalt, daß die Angaben durchweg über 70% liegen, zeigt sich, daß die Teilnehmerinnen und Teilnehmer mit einer analytischen Orientierung gegenüber den an humanistischen Verfahren orientierten eher angaben, daß die Veranstaltung ihren Vorstellungen entsprach (Frage 3) und der Veranstaltungsleiter offen für andere Auffassungen sei (Frage 11); gegenüber den verhaltenstherapeutisch orientierten Teilnehmerinnen und Teilnehmern gaben sie häufiger an, ihre Ziele erreicht zu haben (Frage 2) und bescheinigten dem Leiter häufiger, auf andere Auffassungen einzugehen (Frage 13). Gegenüber den Teilnehmerinnen und Teilnehmern mit systemischer Orientierung gaben die analytisch orientierten häufiger an, daß an bekannten Inhalten angeknüpft wurde (Frage 7).

Die verhaltenstherapeutisch orientierten Teilnehmerinnen und Teilnehmer gaben im Vergleich etwa zu den analytisch orientierten, den systemisch orientierten sowie der Gruppe "weitere Verfahren" weniger häufig an, ihre Ziele erreicht zu haben (Frage 2). Im Vergleich zu den an humanistischen Verfahren und den an

11 Die Frage zu den abgeschlossenen Aus-/Fort- bzw. Weiterbildungen war in dieser Form zu allgemein gestellt. Zur Auswertung wurden alle Nennungen, die eine Ausbildung in einem Psychotherapieverfahren beinhalteten, gezählt und unter die Rubrik "Theoretische Orientierung" zusammengefaßt. Mehrfachnennungen waren hier möglich und die Teilnehmer/innen können entsprechend in mehreren Gruppen auftauchen. Die 5 Gruppen sind, gemessen an der Gesamtstichprobe dennoch relativ klein, was an der offenen Formulierung dieses Items lag und die Interpretation der Ergebnisse einschränkt. Die Rubrik "analytisch" umfaßt allgemein analytisch/psychodynamische Verfahren; die Rubrik "verhaltenstherapeutisch" umfaßt allgemein verhaltenstherapeutisch und/oder kognitive Verfahren; die Rubrik "humanistische Verfahren" enthält zum überwiegenden Teil Gesprächstherapie und Gestalttherapie. Die Rubrik "weitere Verfahren" enthält zum überwiegenden Teil körperorientierte bzw. körpertherapeutische Verfahren. Unter die Rubrik "systemische Verfahren" wurden auch die hypnotherapeutischen Verfahren gezählt.

analytischen Verfahren orientierten Teilnehmer/innen gaben sie auch weniger häufig an, daß der Leiter auf Erfahrungen und Einwände einging (Frage 13). Eine Dokumentation aller statistisch relevanten Vergleiche für die Fragen des allgemeinen Teils des Evaluationsbogens befindet sich in Tabelle 6.

Veranstaltungsarten

Betrachtet man die Ergebnisse differenziert nach Veranstaltungsarten (Abb. 8 und Tabelle 7), so ergibt sich zusammenfassend, daß für die Rubrik Seminare/ Informationsseminare/Vorlesungen besonders häufig (im Vergleich zu Kurs, Übung, zweistündiger Blockveranstaltung) angegeben wurde, daß an bereits bekannten Inhalten angeknüpft wurde (Frage 7). Dagegen wurde für diese Veranstaltungsrubrik im Vergleich zu den übrigen Veranstaltungen weniger häufig angegeben, daß die Teilnehmerinnen und Teilnehmer in die Veranstaltung einbezogen wurden (Frage 12). Auffallend ist das positive Ergebnis der zweistündigen Blockveranstaltungen, welche insbesondere in den Fragen 2 (habe meine Ziele erreicht), 14 (Klima war kooperativ) und 10 (Veranstaltung vermittelte neue Einsichten) im Vergleich zu den Seminaren, Kursen und Modulen positiver abschnitten. Bezogen auf die Übungen wurde diese Veranstaltungsart hinsichtlich der Verwendung von anschaulichen Beispielen (Frage 6) und der Vorbereitung der Veranstaltung (Frage 4) positiver eingeschätzt. Eine differenzierte Auflistung der Ergebnisse des Vergleichs der unterschiedlichen Veranstaltungsarten bezogen auf das in EOS 5 verwendete Prüfkriterium befindet sich in Tabelle 7.

Tabelle 7. Vergleich der unterschiedlichen Veranstaltungsarten

	Info-Seminar	Kurs	Übung	2h-Block-veranstaltung	Modul
Info-Seminar	-				
Kurs	+ 7	-			
	- 12				
Übung	+ 6; 7; 4	+ 6; 4	-		
	- 10; 12	- 10			
2h-Blockveranst.	+ 7; 6			-	
	-9; 10; 2; 14; 12	-2;14;10;3	- 4; 6		
Modul		-	+ 10	+ 3; 2; 10; 9; 14	-
	-12		- 6	- 6	

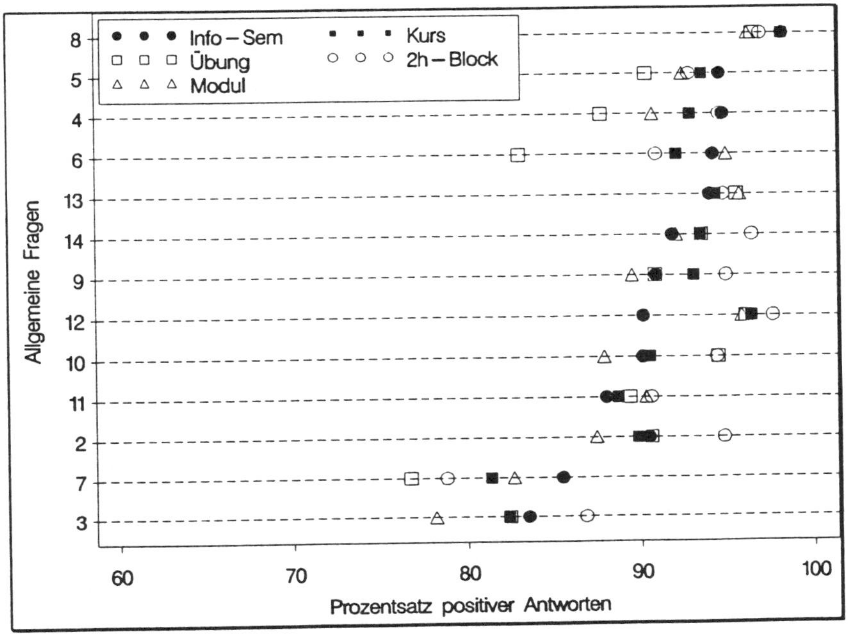

Abb. 8. Einschätzungen zur LPW 1996 gruppiert nach den Veranstaltungsarten (allgemeine Fragen)

Schlußbemerkungen

Abschließend kann festgehalten werden, daß sich das mehrstufige Qualitätssicherungskonzept der EOS-Studien als Bestandteil der Lindauer Psychotherapiewochen etabliert hat. Dies zeigen die verschiedenen Rückmeldungen sowohl der Teilnehmerinnen und Teilnehmer als auch der Mitarbeiterinnen und Mitarbeiter. Diese Rückmeldungen und konstruktiv-kritischen Anregungen belegen, daß hier ein Dialog entstanden ist und die Ergebnisse der Evaluation genutzt werden. Positiv ist auch zu vermerken, daß die meisten Mitarbeiterinnen und Mitarbeiter während der Lindauer Psychotherapiewochen 1996 versucht haben, das Austeilen und Einsammeln der Fragebögen verdeckt vorzunehmen. Der Evaluationsbogen ist bezüglich der Gruppeneinteilung insbesondere in bezug auf die Frage zur bisherigen Aus-, Weiter- und Fortbildung weiter verbesserbar.

Die Ergebnisse von EOS 5 zeigen weiterhin, daß die Veranstaltungen der Lindauer Psychotherapiewochen durchweg positiv beurteilt werden. Der Jahresvergleich mit den Ergebnissen von 1995 verdeutlicht, daß diese Einschätzung für die LPW 1996 tendenziell sogar noch zugenommen hat. Zu beachten ist allerdings, daß es Unterschiede bezüglich verschiedener Teilnehmergruppen gibt. Insbesondere die jüngeren Teilnehmerinnen und Teilnehmer sowie die "Beginner" (zum ersten oder zweiten Mal Teilnehmer der LPW) scheinen zwar nicht gravierend, aber tendenziell etwas zurückhaltender in ihrer Einschätzung zu sein.

Literatur

Berwick DM, Godfrey AB, Roessner J (1990) Curing health care. Jossey-Bass Inc., San Francisco

Bortz J, Lienert GA, Boehnke K (1990) Verteilungsfreie Methoden in der Biostatistik. Springer, Berlin Heidelberg New York

Cleveland WS (1985) The elements of graphing data. Wadsworth, Monterey

Cohen J (1994) The earth is round (p<.05). Am Psychol 49: 997-1003

Grawe K, Braun U (1994) Qualitätskontrolle in der Psychotherapiepraxis. Z Klin Psychol 23: 242-267

Howard KI, Moras K, Brill P, Martinovich Z, Lutz W (1996) The evaluation of psychotherapy: Efficacy, effectiveness, patient progress. Am Psychol 51:

Kächele H, Kordy H (1992) Psychotherapieforschung und therapeutische Versorgung. Nervenarzt 63: 517-526

Kamiske B, Brauer D (1993) Qualitätsmanagement von A bis Z: Erläuterungen moderner Begriffe des Qualitätsmanagements. Hanser, München Wien

Kordy H (1992) Qualitätssicherung: Erläuterung zu einem Reiz- und Modewort. Z Psychosom Med 38: 310-324

Kordy H, Lutz W (1995) Das Heidelberger Modell: Von der Qualitätskontrolle zum Qualitätsmanagement stationärer Psychotherapie durch EDV-Unterstützung. Psychother Forum 3: 197-206

Laireiter AR (1995) Auf dem Weg zur Professionalität: Qualität und Qualitätssicherung für die Psychotherapie. Psychother Forum 3: 175-185

Lutz W, Richard M, Kächele H (1996) Qualitätssicherung und Evaluation der Weiterbildungsveranstaltungen der Lindauer Psychotherapiewochen 1995. In: Buchheim P, Cierpka M, Seifert Th (Hrsg) Lindauer Texte. Springer, Berlin Heidelberg New York, S 311-336

Lutz W, Stammer H, Leeb B, Dötsch M, Bölle M, Kordy H (1996) Das Heidelberger Modell der Aktiven Internen Qualitätssicherung stationärer Psychotherapie. Psychotherapeut 41: 25-35

Orlinsky DE, Willutzki U, Meyerberg J, Cierpka M, Buchheim P, Ambühl H (1996) Die Qualität der therapeutischen Beziehung: Entsprechen gemeinsame Faktoren in der

Psychotherapie gemeinsamen Charakteristika von PsychotherapeutInnen? Psychother Psychosom Med Psychol 46: 102-110

Richter R (1994) Qualitätssicherung in der Psychotherapie. Z Klin Psychol 23: 233-235

Selbmann HK (1995) Konzept und Definition medizinischer Qualitätssicherung. In: Gaebel W (Hrsg) Qualitätssicherung im psychiatrischen Krankenhaus. Springer, Wien, S 3-10

Wittmann WW (1985) Evaluationsforschung. Aufgaben, Probleme und Anwendungen. Springer, Berlin Heidelberg New York

Wottawa H, Thierau H (1990) Lehrbuch Evaluation. Huber, Bern

Anhang 1

Waren Sie mit einem ganz speziellen Punkt unzufrieden? *(Bitte hier vermerken)*

Was veranlaßte Sie, die 1. bzw. 2. Woche zu belegen?

- ☐ das Leitthema
- ☐ meine persönliche Zeitplanung
- ☐ einzelne Veranstaltungen
- ☐ sonstiges: ____________________

Wie hilfreich fanden Sie die Erläuterungstexte bei der Auswahl der Veranstaltungen?

sehr hilfreich	hilfreich	weder/noch	wenig hilfreich	gar nicht hilfreich
☐	☐	☐	☐	☐

Den nächsten Frageblock bitte **nur** ausfüllen, wenn es sich um eine Veranstaltung **mit Selbsterfahrungscharakter** handelt.

	Treffen folgende Aussagen auf Sie zu ?	ja	eher ja	weder noch	eher nein	nein
1.	Ich habe viel gelernt.	☐	☐	☐	☐	☐
2.	Ich konnte viel für mich persönlich profitieren.	☐	☐	☐	☐	☐
3.	Ich habe neue emotionale Erfahrungen gemacht.	☐	☐	☐	☐	☐
4.	Ich erhielt leider zu wenig persönliche Rückmeldung.	☐	☐	☐	☐	☐
5.	Der / die Leiter/in konnte m.E. einfühlsam mit der Gruppe umgehen.	☐	☐	☐	☐	☐
	Es war mir wichtig, daß ...	wichtig	eher w.	weder noch	eher unw.	unwichtig
6.	ich Entscheidungskriterien für die Wahl eines zu erlernenden Verfahrens bekomme.	☐	☐	☐	☐	☐
7.	ich frischen Wind für meine psychotherapeutische Arbeit bekomme.	☐	☐	☐	☐	☐
8.	ich ein besseres Verständnis von meiner eigenen Person bekomme.	☐	☐	☐	☐	☐
9.	viel Raum zum Selbsterleben vorhanden sein wird.	☐	☐	☐	☐	☐
10.	ich Bekannte wiedertreffe.	☐	☐	☐	☐	☐
11.	ich mich in meinen Beziehungskonfliktfeldern erlebe.	☐	☐	☐	☐	☐
12.	ich Kenntnisse über die Arbeit dieses Verfahrens mit spezifischen Krankheitsbildern bekomme.	☐	☐	☐	☐	☐
13.	ich persönliche Schwierigkeiten bearbeiten kann.	☐	☐	☐	☐	☐
14.	ich Gelegenheit habe, mich zu entspannen.	☐	☐	☐	☐	☐

Falls Sie an einem **Weiterbildungs- Modul** teilgenommen haben, beantworten Sie bitte noch folgende Fragen: (Diese Fragen beziehen sich auf **alle** Veranstaltungen des Weiterbildungs-Moduls. Füllen Sie bitte daher diesen Fragenkomplex insgesamt nur *einmal* aus. Wenn Sie diesen Fragekomplex schon in einer anderen Veranstaltung dieses Moduls beantwortet haben, brauchen Sie dies hier nicht erneut zu tun.)

		ja	eher ja	weder noch	eher nein	nein
1.	Waren Sie mit der Zusammenstellung der Veranstaltungen zum Modul-Thema zufrieden?	☐	☐	☐	☐	☐
2.	Fanden Sie die Vermittlung der Inhalte ansprechend?	☐	☐	☐	☐	☐
3.	Konnten Sie neue Kenntnisse oder Fertigkeiten erwerben?	☐	☐	☐	☐	☐
4.	Fanden Sie die Veranstaltungsinhalte praxisnah?	☐	☐	☐	☐	☐
5.	Haben sich die Veranstaltungen des Weiterbildungs-Moduls Ihrer Ansicht nach einander gut ergänzt?	☐	☐	☐	☐	☐
6.	Glauben Sie, die neuen Erfahrungen und Anregungen gut in die Praxis umsetzen zu können?	☐	☐	☐	☐	☐

Vielen Dank für Ihre Mitarbeit!!

EOS 5
EVALUATIONS- UND ORGANISATIONS-STUDIE
DER FORSCHUNGSSTELLE FÜR PSYCHOTHERAPIE STUTTGART
Horst Kächele unter Mitarbeit von Wolfgang Lutz, Matthias Richard und Marion Schowalter
im Auftrag der Lindauer Psychotherapiewochen

Das Ziel von EOS 5 ist die Evaluation und Qualitätssicherung von Veranstaltungen. Ihre Einschätzungen werden in die zukünftige Programmgestaltung der Lindauer Psychotherapiewochen eingehen und dienen den Mitarbeiterinnen und Mitarbeitern als Orientierungshilfe.

Die Fragen im ersten Teil beziehen sich auf das Seminar, den Kurs oder die Übung, *die Sie gerade besucht haben*. Bitte füllen Sie diese **auf jeden Fall** aus! Der zweite Fragenblock bezieht sich gezielt auf Veranstaltungen mit einem größeren **Selbsterfahrungsanteil**. Der dritte Fragenkomplex zielt auf eine Bewertung der **Weiterbildungs-Module**. Diese beiden letzten Fragenbereiche sollten Sie nur ausfüllen, wenn die Veranstaltung einen größeren Selbsterfahrungsanteil hatte (Frageblock 2) bzw. Bestandteil eines Weiterbildungs-Modul war (Frageblock 3). **Vielen Dank für Ihre Mitarbeit!!**

Bezeichnung der Veranstaltung: |________| **(nur bei Modul-Veranstaltung:** Beginn ____ Uhr)
(Bitte geben Sie die Abkürzung aus dem Begleitprogramm an; z.B.: B 14 oder CC 91)
Geschlecht: ☐ **weiblich** ☐ **männlich** **Alter:** ____ **Jahre**
Beruf: ☐ **Ärztin/Arzt** ☐ **Psychologin/Psychologe** ☐ **anderer Beruf**________________________
abgeschlossene Aus-/ Fort- bzw. Weiterbildung: ____________________________________
Wie lange sind Sie insgesamt schon psychotherapeutisch tätig? _______Jahre
Wie oft haben Sie bereits vor 1996 an den Lindauer Psychotherapiewochen teilgenommen? _______ Mal

1. Ich besuchte diese Veranstaltung, ... *(Bei dieser Frage ist eine Mehrfachnennung möglich)*

- ☐ als Teil meiner Fortbildung
- ☐ als Teil meiner Weiterbildung
- ☐ zum Erwerb neuer Kenntnisse
- ☐ zum Erwerb neuer Fertigkeiten
- ☐ um mein Verständnis für psychotherapeutische Probleme und Zusammenhänge zu erweitern
- ☐ um Information über neue wissenschaftliche Erkenntnisse zur Psychotherapie zu erhalten.

	Treffen folgende Aussagen auf Sie zu?	ja	eher ja	weder noch	eher nein	nein
2.	Insgesamt habe ich in der Veranstaltung meine Ziele erreicht.	☐	☐	☐	☐	☐
3.	Die Veranstaltung war, wie ich sie mir (aufgrund der Ankündigung) vorgestellt hatte.	☐	☐	☐	☐	☐
4.	Die Veranstaltung wirkte gut vorbereitet.	☐	☐	☐	☐	☐
5.	Der / die Leiter/in erklärte die Sachverhalte deutlich.	☐	☐	☐	☐	☐
6.	Der / die Leiter/in benutzte häufig anschauliche Beispiele.	☐	☐	☐	☐	☐
7.	Es wurde versucht, an bereits bekannten Inhalten anzuknüpfen.	☐	☐	☐	☐	☐
8.	Der / die Leiter/in verfügte m.E. über gutes Fachwissen.	☐	☐	☐	☐	☐
9.	Die Veranstaltung war lebendig und engagiert.	☐	☐	☐	☐	☐
10.	Die Veranstaltung vermittelte mir neue Einsichten.	☐	☐	☐	☐	☐
11.	Der / die Leiter/in war offen für andere Auffassungen.	☐	☐	☐	☐	☐
12.	Der / die Leiter/in versuchte, die Teilnehmer/innen miteinzubeziehen	☐	☐	☐	☐	☐
13.	Der / die Leiter/in ging auf Erfahrungen und Einwände ein.	☐	☐	☐	☐	☐
14.	Das Klima war kooperativ.	☐	☐	☐	☐	☐
15.	Ich verfügte bereits vor der Veranstaltung über ein ausgeprägtes Vorwissen zu dem angebotenen Thema.	☐	☐	☐	☐	☐

Anhang 2

EOS 5
EVALUATIONS- UND ORGANISATIONSSTUDIE
DER FORSCHUNGSSTELLE FÜR PSYCHOTHERAPIE STUTTGART
im Auftrag der Lindauer Psychotherapiewochen

Horst Kächele, Wolfgang Lutz, Matthias Richard, Marion Schowalter

An
XXX

Sehr geehrte(r) Frau/Herr ....,

anbei möchten wir Ihnen auf der Basis der Evaluationsstudie (EOS 5) eine Rückmeldung zu Ihrer Veranstaltung während der Lindauer Psychotherapiewochen 1996 geben. Die Rückmeldung soll Ihnen als eine Art „empirisch gestützte Anregung" dienen. Diese Rückmeldung beruht hauptsächlich auf zwei unterschiedlichen Grafiktypen und den Angaben der TeilnehmerInnen zu der offenen Frage.
Die zentralen Informationen, die den einzelnen Grafiken zu entnehmen sind, werden jeweils beschrieben. Die Bewertung der Information bleibt völlig Ihnen überlassen. Manche Ergebnisse werden Ihnen eher selbstverständlich erscheinen, andere, so hoffen wir, könnten anregend für Ihre weitere Seminargestaltung sein.
Wir haben 5 Kategorien von unterschiedlichen Veranstaltungen gebildet und Ihre Veranstaltung nur mit denen gleicher Kategorie verglichen. Die Angaben für "*Insgesamt*" beziehen sich also nur auf die jeweilige Kategorie:

1) Vorlesungen / Informationsseminare /Seminare
2) Kurse
3) Übungen
4) Doppelblock-Veranstaltungen
5) Module

Wir haben diesen Unterlagen einen unausgefüllten Fragebogen hinzugefügt, auf dem Sie den Wortlaut der Fragen nochmals nachlesen können.

Viel Spaß mit der Rückmeldung
und vielen Dank für Ihr Interesse!

Auswertung für die Übung: XX 77
„Titel der Veranstaltung"

Im folgenden finden Sie die Anzahl der für Ihre Veranstaltung abgegebenen Bögen und die entsprechende Geschlechterverteilung. Falls nur wenige TeilnehmerInnen an Ihrer Veranstaltung teilgenommen haben, bzw. wenige Rückmeldebögen abgegeben wurden, schränkt dies die Interpretation der Ergebnisse ein.

angemeldet	abgegeben	Rücklauf (%)
18	11	61.11

Geschlecht	Anzahl	Prozent
Frauen	7	63.6
Männer	4	36.4

Das Geschlechterverhältnis insgesamt lag bei
***60 %** Frauen und*
***40 %** Männern*

Die nächste Grafik zeigt Ihnen die von den TeilnehmerInnen angegebenen Gründe für den Besuch der Veranstaltung (hier waren Mehrfachnennungen möglich).

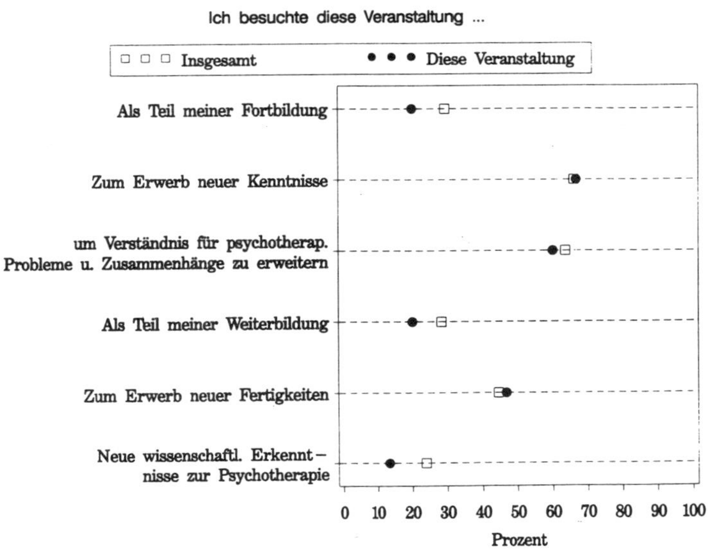

Die folgende Grafik zeigt Ihnen den Anteil der positiven Antworten (ja, eher ja) in Prozent für die Fragen, die sich allgemein auf Seminare, Kurse und Übungen bezogen. Sie können die Angaben zu Ihrem Kurs (schwarzer Punkt) mit dem Prozentsatz der Angaben für alle anderen Veranstaltungen dieser Kategorie vergleichen. Auf der senkrechten Skala befinden sich die Nummern der entsprechenden Fragen. Eine Kurzfassung der Fragen befindet sich in der Legende am unteren Ende der Seite.
Allgemein können Sie sehen, daß Ihr Kurs sowie die Veranstaltungen insgesamt deutlich positiv bewertet wurden.

Frageblock 1:
Allgemeine Fragen zu der Veranstaltung

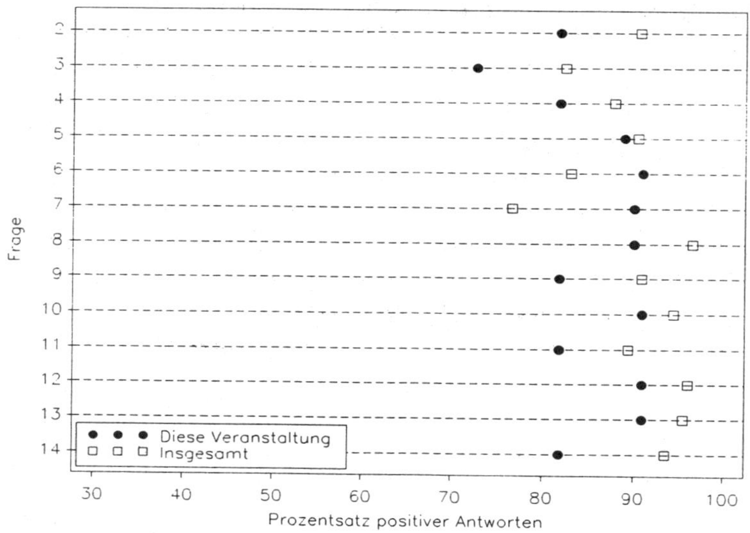

2	Insgesamt habe ich in der Veranstaltung die Ziele erreicht	9	Die Veranstaltung war lebendig und engagiert
3	Die Veranstaltung war, wie ich sie mir vorgestellt hatte	10	Die Veranstaltung vermittelte mir neue Einsichten
4	Die Veranstaltung wirkte gut vorbereitet	11	Der/die Leiter/in war offen für andere Auffassungen
5	Der/die Leiter/in erklärte die Sachverhalte deutlich	12	Der/die Leiter/in versuchte, die Tln. miteinzubeziehen
6	Der/die Leiter/in benutzte häufig anschauliche Beispiele	13	Der/die Leiter/in ging auf Einwände u. Erfahrungen ein
7	Es wurde versucht, an bekannten Inhalten anzuknüpfen	14	Das Klima war kooperativ
8	Der/die Leiter/in verfügt (m. E.) über gutes Fachwissen		

Das folgende Diagramm zeigt Ihnen die Ergebnisse aus einer anderen Perspektive. Auf der waagrechten Achse befindet sich eine Rangreihe der Fragen. Ganz links finden Sie die Frage, bei der am häufigsten „nein“, „eher nein“ oder „weder noch“ angekreuzt wurde. Ganz rechts sehen Sie demnach die Fragen, bei denen am seltensten in die entsprechende Richtung geantwortet wurde.

Die Linie von links unten nach rechts oben zeigt Ihnen die entsprechenden kumulierten Häufigkeiten in Prozenten. Die dazugehörigen kumulativen Prozentangaben finden Sie auf der rechten senkrechten Achse. Sie sehen hier, daß ein großer Anteil der „nicht positiven“ Antworten auf nur wenige Fragen zurückzuführen sind.

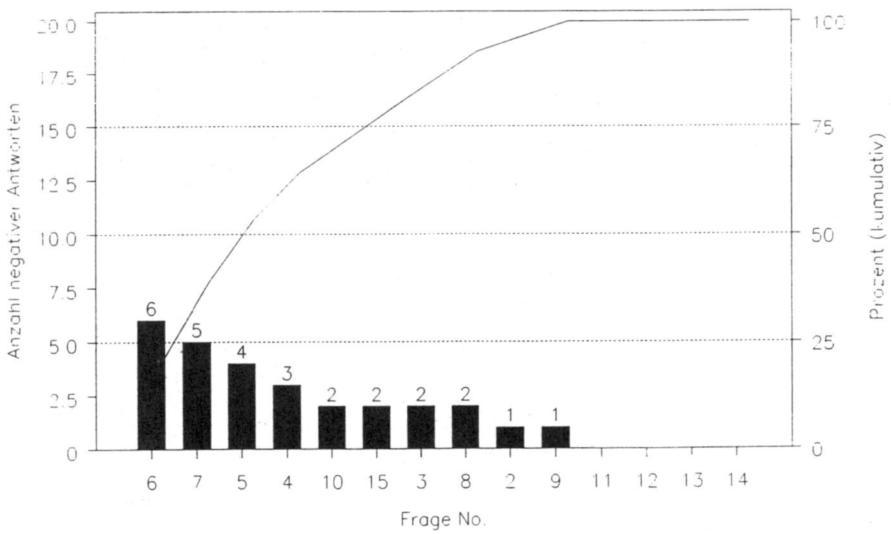

Nachfolgend haben wir Ihnen noch die Bemerkungen der Teilnehmerinnen und Teilnehmer Ihrer Veranstaltung zu der offenen Frage bezüglich „Unzufriedenheit" abgedruckt. Diese Frage beinhaltet entsprechend subjektive Statements von Teilnehmerinnen und Teilnehmern, welche nicht unbedingt repräsentativ für die Gruppe sind.

Bemerkungen auf die Frage `Waren Sie in einem ganz speziellen Punkt unzufrieden ?´

- ÜBER WEITE STRECKEN HAT GRUPPE NICHT HARMONIERT
- GRUPPE ZU GROß
- UNBEQUEME STÜHLE
- MIT DER UNGENAUEN FRAGESTELLUNG DER EOS STUDIE
- ZWEIWÖCHIGE VERANSTALTUNGEN PLANEN

Falls Sie noch Fragen zur Auswertung oder allgemein zu EOS 5 haben, können Sie sich gerne an uns wenden!
Rückfragen bitte an[i]:

Dipl. Psych. Wolfgang Lutz
Forschungsstelle für Psychotherapie
Christian-Belser Str. 79a
70597 Stuttgart
Tel.: 0711/ 6781 413 Fax: 0711-6876902

[i] Bei dem vorliegende Beispiel einer veranstaltungsspezifischen Rückmeldung handelt es sich **nicht** um einen Veranstaltung während der Lindauer Psychotherapiewochen 1996. Es wurden vielmehr verschiedene Grafiken aus unterschiedlichen Veranstaltungen zusammenkopiert. Für Veranstaltungen mit einem Schwerpunkt auf der Selbsterfahrung wurde der Report entsprechend erweitert.

Sachregister